U0118115

国家出版基金项目
NATIONAL PUBLICATION FOUNDATION

"十三五"国家重点图书

日本远东战争罪行丛书

对审判的审判

罗素勋爵眼中的日军战争罪行

总顾问｜张宪文

[英] 爱德华·弗雷德里克·兰利·罗素｜著

Edward Frederick Langley Russell

崔学森　李应鹰｜译

重庆出版集团 重庆出版社

THE KNIGHTS OF BUSHIDO: A HISTORY OF JAPANESE WAR CRIMES DURING WORLD WAR II

Copyright © Lord Russell of Liverpool, 2002, 2013, 2016, 2018

Foreword copyright © Skyhorse Publishing, Inc., 2016, 2018

Published in UK by Greenhill Books,Lionel Leventhal Limited

All rights reserved

Simplified Chinese rights arranged through CA-LINK International LLC
（www.ca-link.com）

版贸核渝字（2021）第049号

图书在版编目（CIP）数据

对审判的审判：罗素勋爵眼中的日军战争罪行 /
（英）爱德华·弗雷德里克·兰利·罗素著；崔学森, 李
应鹰译. — 重庆：重庆出版社, 2022.12

　　书名原文：The Knights of Bushido: A History of
　　　　　　　Japanese War Crimes During World War II

　　ISBN 978-7-229-17333-3

　　Ⅰ. ①对… Ⅱ. ①爱… ②崔… ③李… Ⅲ. ①侵华日
军—战争罪行—审判—史料 Ⅳ. ①K265.606

中国版本图书馆CIP数据核字（2022）第249673号

对审判的审判：罗素勋爵眼中的日军战争罪行

［英］爱德华·弗雷德里克·兰利·罗素　著　崔学森　李应鹰　译

策　　划：华章同人

特约策划：季我努学社

出版监制：徐宪江　秦　琥

责任编辑：秦　琥

特约编辑：高芳芳

营销编辑：史青苗

责任校对：曾祥志

责任印制：白　珂

重庆出版集团
重庆出版社　出版

（重庆市南岸区南滨路162号1幢）

北京博海升彩色印刷有限公司　印刷

重庆出版集团图书发行有限公司　发行

邮购电话：010-85869375

全国新华书店经销

开本：787mm×1092mm　1/16　印张：21　字数：282千
2022年12月第1版　2022年12月第1次印刷
定价：88.00元

如有印装质量问题，请致电023-61520678

再塑从全球视野揭露日本罪行的"典范之作"

时光如白驹过隙，自2015年12月《日本远东战争罪行丛书》第一辑出版后，四年时间已经过去了。《日本远东战争罪行丛书》第二辑的作品已经陆续出版。我还清晰地记得在南京民间抗战博物馆召开丛书第一辑新书讨论会的情景。诸多与会专家高度肯定了丛书第一辑，将其誉为响应习近平同志"从全球视角整理抗战史料"号召，从全球视角揭露日本战争罪行的典范之作。

中宣部、新闻出版总署给予《日本远东战争罪行丛书》很高的荣誉。第一辑（四卷本）获得"十二五"国家重点图书、中宣部及总署"一百种抗战经典读物"称号。第二辑（三卷本）获得了"十三五"国家重点图书称号及2019年度国家出版基金资助。

我一直主张要将日本侵华战争的视野扩充到亚洲太平洋领域，日本在二战期间对被其侵略的亚洲各国人民及西方国家的平民和战俘犯下了罄竹难书的、令人发指的战争暴行。在我主编的教育部重大委托项目"抗战百卷"中，我将日本在东南亚战争暴行的研究交给了季我努学社的三位青年学者。重庆大学历史文化研究中心的钱锋副教授负责"巴丹死亡行军"暴行的研究；南京大学政府管理学院的刘超教授负责"缅泰死亡铁路"暴行的研究；武汉大学历史学院的王萌教授负责日本在东南亚地区整体暴行的研究。这三位都是季我努学社青年学者群体当中的优秀代表。

我非常鼓励季我努学社与重庆出版社持续地对日本在中国以外地区战争暴行领域进行开拓性研究及出版。由于语言和资料搜集的障碍，也由于中国本土的日本战争暴行更加容易获得各类科研项目资助的体制性原因，国内学者愿意将关于日本战争暴行研究的学术视野放到中国以外地区的不多。然而，日本在二战中的战争暴行，不仅仅伤害了中国人民，也伤害了被其侵略的东南亚国家和遭受其蹂躏的西方国家的战俘和平民，并且它对在其殖民统治之下的朝鲜、中国台湾和所谓"满洲国"的人民也造成了伤害。

现在中国国力日益强盛，国内的科研经费相对充裕，在国内利用外文资料，走出国门搜集外文资料进行研究的学者越来越多。季我努学社的青年学者们普遍外语能力较好，资料搜索、翻译能力在国内青年学者中堪称翘楚。重庆出版社北京华章同人文化传播有限公司一直非常重视《日本远东战争罪行丛书》，在这一课题上持续投入资金和编辑力量，确确实实且扎扎实实地为国内日本战争暴行研究外延的拓展做出了突出贡献，展现出了高度的历史使命感和社会责任感，令人称道。

在不远的将来，季我努学社将与重庆出版社密切协作，争取将丛书扩展到日本在亚洲太平洋战争期间犯下的主要战争暴行，如将新马华人"检证"大屠杀、马尼拉大屠杀等纳入其中；放大对于日本战争罪行研究的视角，关于日本战争罪行的审判，关于日本军国主义军队的体制等诸多与日本战争罪行研究相关的课题，也将纳入丛书。

作为季我努学社荣誉社长、丛书总顾问，我要表示一下感谢。感谢中国日本史学会荣誉会长汤重南教授、上海师范大学历史系苏智良教授等一批著名抗战史专家对丛书的支持。教授们为丛书撰写了精彩的序言、推荐语，并希望季我努学社与重庆出版社继续高标准、严要求地来规划、翻译、出版本丛书。我希望本丛书能够一如既往地当得起学界给予的"从全球视角揭露日本战争罪行的典范之作"这个极高的赞誉。学界对于本丛书极为关注，希望学社和重庆出版社不忘初心，牢记使命，继续做好这套已经进入中国抗战史学术界的重量级丛书。

国内对于日本在中国之外的战争暴行的研究才刚刚起步，希望《日本远东战争罪行丛书》成为抛砖引玉之作，希望国内有更多的学者可以关注日军在东南亚国家及对西方国家战俘和平民犯下的战争暴行。

张宪文

南京师范大学日本战争罪行研究协同创新中心名誉主任

季我努学社荣誉社长

2019年5月21日

全球视野下的日本远东战争罪行研究方兴未艾

《日本远东战争罪行丛书》是由季我努学社翻译、重庆出版社北京华章同人文化传播有限公司出版的"十二五""十三五"国家重点图书。已经出版的丛书第一辑四部著作，学界专家们给予高度肯定，称其为"典范之作"，并被中宣部、新闻出版总署授予"一百种抗战经典读物"的荣誉。丛书第二辑三部著作，获得2019年度国家出版基金资助。我对重庆出版社的领导、编辑人员和丛书策划者季我努学社及各位译者表示衷心的感谢！

丛书充分揭露了日军的惨无人道，其罪行罄竹难书，是不分种族、不分国家的普遍性犯罪：奴役、迫害东南亚被侵占国家及西方国家的平民和战俘，强征"慰安妇"，对战俘进行活体解剖，掳掠战俘、劳工到日本多个工矿企业强制劳动。骇人听闻的缅泰死亡铁路、巴丹死亡行军、马尼拉大屠杀等，都是日本军国主义对全人类的犯罪。丛书第二辑中的《被折断的花朵：八个荷兰"慰安妇"的伤痛回忆》，真实揭露了日军在东南亚的残暴罪恶；《侵略的证言：日军在港战争罪行》收集整理了日本奴役香港的历史资料，用日本战犯的自供状揭露了日本对香港的侵略、奴役罪行；《对审判的审判：罗素勋爵眼中的日军战争罪行》，从律师的视角还原了日军屠杀中国平民、战俘，强迫欧美战俘修建缅泰铁路，谋杀、囚禁飞行员，以及在战俘集中营、平民拘留营、日占区等犯下的令人发指的暴行。

丛书具有很高的学术意义。毋庸置疑，近二三十年来，我们对日本侵华战争中的日军罪行和中国人民抗日战争的研究，取得了丰硕成果；但是我们也要承认，对中国大陆以外地区，特别是对日军在东南亚地区的暴行和对东南亚各国及人民抗日斗争的研究却一直未受到国内学界应有的关注和重视，投入的研究力量有限，因而研究成果也极为稀少。我们以往的研究，取材主要来源于政府、军队、战役、战争等史料，材料的单一性局限了学者们关于日本在远东地区战争罪行的研究视角。本丛书则聚焦战争中不同国家、不同身份、不同遭遇的个人或者群体身上，比如劳工、战俘、"慰安妇"，甚至被奴役者的家属等，让日本远东战争罪行的全貌越来越清晰地呈现在世人面前。这表明全球视野下对日军罪行的研究方兴未艾。

丛书又具有很强烈的现实价值和社会意义。所辑录作品对日本歪曲历史、否认历史的言行进行了有力批判。日本军国主义在对外扩张中，侵略到哪里，奴役就到哪里，罪行也就延伸到哪里。日军所到之处，残忍施暴，毫无人性。然而，在日本投降七十多年后的今天，日本右翼团体非但丝毫不敬畏历史，反而处心积虑地想要篡改历史，这种掩耳盗铃的行为，是日军战争罪行的又一次重演。日军侵略战争罪行铁证如山，被侵略国家人民的悲惨遭遇历历在目，日本为何矢口否认？日本为什么不向中国人民、东方各国人民、全世界人民道歉、谢罪？主要原因在于日本国内的民族主义恶性膨胀、日本右翼化社会思潮泛滥，而根本原因则是美国在二战后对日本战争罪行和战犯进行包庇（特别是不对昭和天皇战争罪行进行追究）。

重庆出版社和季我努学社的各位同人，为丛书的出版付出了艰辛的努力。丛书总顾问、学术委员会主任张宪文先生一直主张从全球视角研究抗战史，值得充分肯定！张先生对丛书的后续翻译、出版方向作了前瞻性的擘画：关于日本在亚洲太平洋地区的主要战争暴行，如新马华人"检证"大屠杀、马尼拉大屠杀；关于对日本战争罪行的审判；关于日本军国主义军队的体制研究；等等。我们始终清醒地认识到，我们的抗日战争史研究任重道远，尚待学界不懈努力。我们殷切地期望更多的学界同人关注日军在亚洲太平洋地区，特别是东南亚地区的战争罪行研究，并不断涌现出优秀的研究成果。

汤重南

中国社会科学院世界历史研究所研究员

中国日本史学会荣誉会长

2019年2月4日

序　言

本书是作者罗素勋爵继对于德国纳粹战争罪行研究著述出版之后的又一部力作，作为一位著名法学家和历史学家，他曾担任莱茵河英军副检察长，并任第二次世界大战后战争罪行审判的首席法律顾问。他对于战争犯罪不但有丰富的取证、审判经验而且还进行了深入的分析研究。作者在广泛阅读日本战争罪行审判资料和诉讼记录的基础上，从国际法原理和人道主义角度对日本军国主义的战争罪行及其行动心理进行分析论述。作为一部揭露和研究日本军国主义战争罪行的重要著作，本书影响广泛。

战争犯罪就是对于战时国际法的挑战与违反。早在第一次海牙和平会议上，国际社会就讨论制定出一些战时国际法基本原则，由此形成的战时国际法体系一直影响到20世纪前期。日本在1912年也批准了有关条约，其中包括给予俘虏人道待遇的规定。1929年国际上又制定出改善俘虏待遇条约，日本却以帝国军人对于俘虏的观念不同而没有签字，但是对于国际公认的战时法律准则和条文，任何的挑战与违反都应受到严惩。

作为一名法学家，作者对于日军发动的战争及其犯罪进行了详细论述。本书主要内容包括：日本从发动九一八事变、入侵中国东北到偷袭珍珠港都是对国际秩序的挑战和破坏，违反了国际法基本准则；日军制造南京大屠杀，作为对中国政府和人民坚决抗战的所谓"惩罚"，是一种残暴威胁与恫吓，这种灭绝人性的大屠杀，完全违反了国际法的有关规定；日军普遍虐待战俘，特别是对机组成员，按照其武士道逻辑对战俘肆意枪杀、斩首，动用酷刑，百般羞辱，没有一点人道待遇，严重违反国际战俘公约；在修建缅泰铁路时，野蛮使用战俘，造成大量死亡；日军在东南亚和太平洋战场上大量屠杀战俘，被俘人员待遇恶劣，转移战俘的船舱封闭拥挤、肮脏不堪，强迫俘虏长途跋涉，沿途不得休息，再加上食物和饮水的缺乏，导致大量俘虏死亡；在条件恶劣的战俘营，战俘得不到最低限度的待遇，挣扎在死亡线上；更加惨无人道的是日军以人肉为食、活体解剖和肢解人体，灭绝人性；日军对于占区平民大量屠杀、奸污，不分男女与年龄，肆意蹂躏；日本宪兵队是纳粹盖世太保的日本版，手段更为残忍，其酷刑就有灌水、火烧电击、膝关节脱臼、悬梁、拔指甲、夹手指、跪利刃以及鞭打等，受刑者即使不死也会落下终身残疾。日军的累累暴行，罄竹难书，骇人听闻，今天人们读到这些就会不寒而栗，精神受到强烈刺激。为此作者写道，本书中的一些内容会"令人不适"，但不这样做就不能实现本书的全部目的，但即使这样"还是省略了上百件令人作呕的类似的事例"。对于这些惨绝人寰的大量暴行，作者指出，日军的战争犯罪并不是个别军人所为，而是有组织的行动，日军高级军官负有推脱不掉的责任，虽然他们烧毁罪证，百般狡辩，但没能逃脱正义的审判。

本书的一个重要特点就是对于战争罪行审判中围绕有关法律的辩论进行专业解说。例如在战争罪行审判中，往往有人以服从"上级命令"为自己免责。作者指出，《德国军事法典》规定，士兵在明确知道命令违法的状况下仍然执行，这并不能使其受到宽恕。根据国际法惯例，这一原则已经不仅限于德国国内，而是已为国际社会公认。再如有德国和日本高级军官以"军事的必要性"对其行为进行抗辩，作者则引用一位国际法制定者的话说到，如果这种观点被视作正当，那么战争法将不复存在，因为它的每一条规则都有可能因违背军事需要而被宣布为无法施行。还有关于游击战争和居民反抗的辩论，被告往往说指挥官有权采取任何必要措施，以保护他的部队不受游击队和游击队员的伤害；如果个别居民对占领者采取敌对行动并不能保证类似情况不再发生，占领者有权惩罚居民，以确保不再发生进一步的敌对行动。但作者指出，自20世纪初以来，即便是那些未经授权而自发建立、自给自足的部队也一直享有交战各方武装部队成员应有的特权，无论其规模大小，只要它符合特定条件并以单位作战即可。另外，当对被占领区居民采取敌对行动时，占领者必须履行其遵守法律和战争惯例的义务，占领者不得任意对居民进行报复。在国际法中，这种报复行为应该在进行调查并作出真正努力以逮捕到那些对报复事件负有责任的人之后才能进行，并且报复行为绝不能过于极端，也不应该超过敌人的侵犯程度。战后根据当时的国际法和国际社会公认准则对于战犯所进行的审判合理合法，维护了正义，绝不是所谓胜者对于败者的惩罚。

对于日军战争犯罪的揭露与研究，除追究罪行与论述审判过程之外，我们还应思考日军的这种大规模、有组织、长时期的战争犯罪，其社会组织与观念背景究竟是什么，由此才能揭示出其战争犯罪的深层原因，也才能从更广泛的视角讨论如何避免这种犯罪再度发生。学界对于纳粹的有组织犯罪及其思想背景已有研究，但对日本军国主义战争犯罪的社会、思想背景研究还远远不够。本书关于日军武士道精神与"惩罚"心理已有涉及，近年关于日军战争罪行的研究也越来越关注到这些方面。吸收已有成果，我认为至少还应该在以下几方面进一步思考。

首先是日军的所谓精神主义。日俄战争之后，日军竭力强调精神教育，宣扬所谓皇国至上的"日本精神"，主张"天皇中心的世界一体观"，要建立"八纮一宇"的世界秩序。日军按照这种观念，对于所有反抗其侵略扩张的活动都要实行"惩罚"。"日本精神"成为日军野蛮残暴的观念支撑。九一八事变的制造者石原莞尔曾撰写《世界最终战论》，主张最后的大决战会使世界人口减半，由最终决战的胜利来确立世界的统一。他说道，为了实现全人类永远和平，这是不得已的大牺牲，虽然要有残酷的行为，但其根本精神与武道大会上双方选手出来拼命决斗一样。对于南京大屠杀负有责任的松井石根就把日本出兵中国说成是对中国的挽救，他在《亚洲联盟论》中就说："如果中国依然执迷不悟，继续拒绝日本的援助之手，中国就会被分割或共管，成为国际纷争旋涡的第二个巴尔干，或者赤化为第二个苏联。""虽然中国的没落是咎由自取，但是由此受到打击的是日本和亚洲全体。所以日本要坚持，对于中国的自掘坟墓和日益堕落深渊决不能袖手旁观。"原日军士兵小林太郎在日记中写道，在参加南京战役行军途中遇到师团司令部，中岛今朝吾师团长笑着对他们说："对于那些像猪一样的家伙不要多想，杀了他们就好。"就是在这种侵略有理观念之下，日军大开杀戒。

其次就是所谓的白刃战思想（日军称为"白兵主义"）。日俄战争之后，日军愈益注重白刃战，在改正后的《步兵操典》中就规定，最终决定战斗的要靠刺刀突击。强大的攻击精神、健壮的体力以及熟练的战术动作是步兵的必要条件，富有攻击精神的军队才能以少胜多。日军把白刃战与所谓的"大和魂"、武士道结合起来，叫嚣日军就是在这种传统精神的鼓舞下发挥"皇威"。日军将剑道作为精神和战术训练的必要科目，其《剑术教范》中就说剑术是日本传统，白刃战是日军特征，必须不断磨炼发挥这种特征。剑术在涵养武德、锻炼体力和振奋士气上具有重要作用，通过剑术训练增强体魄以取得白刃战的胜利。日军在中国进行新兵教育时为了使其适应战场环境、掌握杀人方法和提高胆量经常用活人练习刺杀。日军第59师团长藤田茂在被审判时供述说，训练新兵，用活人练习刺杀比枪杀效果好。其部队在济南进行刺杀训练，共杀害600名以上俘虏。原日军宪兵土屋芳雄后来忏悔说，他经过这种活人刺杀训练之后，对于人的看法有了变化，即使杀死中国人也没想到会受惩罚，因为在他眼里那些中国人已经不属于人类，就与昆虫一样。日军的残忍与其白刃战思想不可区分。

再次就是日军后勤兵站供给体制不足。日本由于经济水平和国力限制，打不起长期消耗战，在战略上回避长期战，强调"短期决战""速战速决"，对于保障长期作战的供给体制和兵站建设重视不足，日军甚至将《统帅纲领》中的兵站部分删除，主张"在需要补给之前就已经结束战斗"。前线日军弹药、食品、药品等物资存储量很少，后勤运输能力薄弱，一旦陷入长期作战，前线日军供给困难，由此不但造成日军士兵大量死亡，更无法保证俘虏的生存。根据藤原彰的统计，在第二次世界大战中，日军病死和由于营养失调这些广义上的"饿死"者达127万之多，超过战死者人数。日军后勤供给薄弱造成其对占领区的疯狂抢夺，还有就是对于俘虏的非人道待遇，在日军连自己都无法保障的情况下，对于俘虏就更不会提供最基本的人道待遇，饮食短缺、恶劣，得不到医疗救治。在食品极度匮乏时甚至出现日军吃人的兽行。后勤保障欠缺加重了日军在占领区的掠夺和对俘虏的虐待、杀害。

已有研究者指出日军犯下的人体实验、用活人进行手术演习等医学犯罪与近代日本畸形的科学观念有关。由于强调富国强兵，特别是经过日俄战争和第一次世界大战，日本盛行自然科学主义，偏重实际学问，忽视哲学和人文精神，731部队就是在这种思想土壤中产生。鉴于第一次世界大战中化学武器的巨大杀伤力，日本极力推进有关研究，20世纪30年代开始发展细菌武器。731部队主持者石井四郎在军医学校讲授细菌战时，让学生观看人体实验和巨大的细菌培养室，当时的军校学生们丝毫没有伦理上的抵触，反而十分兴奋。日军灭绝人性的医学犯罪离不开这种社会基础和思想氛围。

本书受资料和当时研究状况的限制，关于日军战争犯罪的记述虽然涉及到南京大屠杀，但主要部分是在东南亚和太平洋战场，对于遭受日军侵略最长，受害惨重的中国战场记述不多，所以十分需要对日军在中国战场的战争罪行进行广泛深入的调查研究，收集铁证，大白天下，以警世人。

长崎县立大学国际社会学院教授
国际东亚汉学研究学会副会长
祁建民
2022年12月2日

自　序

自从我撰写的纳粹战争罪行简史《卍字旗下的灾祸》[1]出版以来，很多人请求我撰写一本有关日本战争罪行的姊妹篇。

本书就是这些请求的产物。

就像本书的前篇《卍字旗下的灾祸》一样，本书是根据各种战争罪行审判中提供的证据、生成的文件，以及这些罪行的目击者向由同盟国设立的战争罪行调查委员会所作的口供和陈述汇编而成的——委员会成立的目的在于将罪犯绳之以法。

本书肯定包含很多令人不适的内容，对此，我感到非常抱歉。但如果不这样做，就不可能同时实现这本书的全部目的，即对日本的战争罪行进行简明而全面的描述。即使这样，我还是省略了上百件令人作呕的类似的事例。

1　书名全称为《卍字旗下的灾祸：纳粹战争罪行简史》。——译者注

致　谢

我谨向下列人士表示感谢：

尊敬的大英帝国司令勋章获得者、军功十字勋章获得者、国会议员、前陆军大臣安东尼·海德阁下，感谢他为我安排，使我有权使用日本战争罪行审判的诉讼记录。

英国王室法律顾问、陆军军法处处长弗雷德里克·金特尔爵士，以及他的司法常务官，感谢他们将这些诉讼记录供我使用。

英国王室法律顾问亚瑟·科明斯·卡尔爵士、上议院图书馆长多布森先生和他的助手们，以及外交部图书馆长威尔逊先生，感谢他们向我提供了远东国际军事法庭诉讼的速记誊本。

感谢以下人员将战争罪行审判诉讼记录、日记、报告和其他文件供我自由使用：摩菲少将、托特纳姆少将、大英帝国官佐勋章获得者以及医学博士麦克法兰上校、大英帝国官佐勋章获得者迈西上校、金十字英勇勋章以及军功十字勋章获得者奥尔斯布鲁克中校、大英帝国官佐勋章获得者弗劳尔中校、皇家空军中校皮茨、赫布登少校、卢卡斯少校、皮科克少校、中队长梅尹普莱斯。卡维尔夫人、迪肯夫人和威姆斯夫人以及大英帝国员佐勋章获得者阿特金斯先生、军功十字勋章获得者阿蒂威尔先生、戈登·巴恩斯先生、巴特拉姆先生、贝斯威克先生、查尔顿先生、圣乔治大十字勋章获得者奇斯曼先生、切特尔先生、科菲先生、科尔曼先生、大英帝国司令勋章获得者科林奇先生、库克先生、克雷格先生、E.戴维斯先生、F.G.戴维斯先生、费希尔先生、阿利斯泰尔·福布斯先生、福斯特先生、福克斯先生、哈沃德先生、希斯洛普先生、克尔先生、金登先生、利弗先生、米尔森先生、内维尔先生、普卢默先生、鲁西先生、夏普先生、泰勒先生、安德伍德先生、弗雷德里克·W.沃德先生、沃森先生、格雷厄姆·威廉姆斯先生、伍德布里奇先生、伍斯特先生。

目录

2016年版前言

1945年夏季第二次世界大战对日战争胜利纪念日后不久，11个曾与日本交战的同盟国在东京建立了远东国际军事法庭（1946—1948年），来审判日本帝国战时领导人的反和平罪、战争罪和反人类罪。现如今，它以"东京审判"的名称被人铭记，远东国际军事法庭的审判以纽伦堡国际军事法庭（1945—1946年）对24名德国战犯的审判为蓝本。在东京受审的被告，包括日本前首相兼陆军大臣东条英机（1941—1944年），以及一众于20世纪30年代和20世纪40年代初在任的政府高级官员和军事指挥官。只有裕仁天皇一人不在25名被告之列。此举由同盟国在最高政治层面共同决定，出于战略考虑而不将天皇列为战犯。未能解决日本国家元首的罪责问题继续给东京审判及其后续审判蒙上了一层阴影。

也就是说，盟军对日本人的战争罪行起诉并没有随着东京审判而结束。两项备受瞩目的国际刑事审判紧随其后（1948—1949年，对田村浩和丰田副武进行审判）。此外，在盟军当局于亚太前战区的51个不同地点同时运行的特别法庭中，也有涉及5700余名战争罪嫌疑犯的2240余起战争犯罪案件受到了审理。在这些审判中，有大量的证据材料被提交至国际军事法庭。其中包括日本武装部队的作战和统治记录，这些记录在整个日本帝国为了防止被盟军当局没收而努力销毁的过程中幸存下来。许多暴行的受害者、犯罪者和见证者也在法庭上提供了证言。法庭的法官在权衡这些不同证据材料的同时，还就战争犯罪的命令发布、战争犯罪的概念界定、日本的战时指挥和控制系统、对于受害个体的人身权利的保护责任、战争罪责的有罪和无罪的界定等进行了深入的探讨。这些审判，以这种方式增加了东京审判的记录，并形成了一个独特的数据库，为子孙后代保存了此次战争的口述和文献历史。

当读者以第二次世界大战后盟军战争罪行行动史为背景，阅读这本于1958年创作的经典作品时，他才能最大程度地理解这本书的重要意义。本书的作者是利物浦勋爵罗素先生，他是英国陆军的高级法务官员，对盟军在欧洲和远东地区针对轴心国战犯进行的审判有深入了解。在本书中，他对日本战争罪行的描述令人痛心，并且常常令人难以置信，但其全部内容均以《远东国际军事法庭庭审记录》中包含的大量证据材料作为基础。作者以故事讲述者和律师的眼光来分析审判记录，从而使密集的文本清晰易读。战争罪行的背景得到极大的补充，犯罪者的心态受到了独特的审视，因为作者不仅试图重建暴行的发生过程，还试图阐明犯罪者对其行为的自我评价。

本书和《远东国际军事法庭庭审记录》，在叙述日本的战争道路上有一些惊人的相似之处。例如，两者都认同一种阐释立场，即20世纪30年代日本文官失去了对政府的控制，从而导致了日本不计后果地追求扩张主义政策。这种阐释往往忽视了文官在制定日本战争政策中所发挥的能动作用。同样，本书和《远东国际军事法庭庭审记录》都将裕仁天皇描绘成一个和平主义者，即他反对轴心国联盟，试图避免与西方列强开战，尽管他并未成功。这种认知违背了以下事实：天皇曾行使职权升级对华战争，对美国及其盟国发动战争，并命令、授权或以其他方式允许其士兵做出违反战争法规和惯例的行为。值得一提的是，自1937年11月20日日军大本营再度设立以来，天皇一直直接掌控大本营。根据战后日本政府的调查成果——《泰国—缅甸铁路战俘使用报告》（1945年底完成），大本营负责发布有关缅甸—泰国铁路建设的命令，并"决定使用战俘是否合适"。这个特别的证据受到东京审判和英国战争罪行审判的双重承认，足以让作者推断出帝国的罪责。

本书不是《远东国际军事法庭庭审记录》的复述品。前者在以下三个重要方面与庭审记录有所不同。首先，作者回避了"蓄谋犯罪"这一模糊的概念，从而使自己远离了远东国际军事法庭审判中备受争议的"东京审判历史观"[1]；其次，作者用大量文字记录日本战争罪行，其作用不同于《远东国际军事法庭庭审记录》，判决书叙述的日本战争罪行是作为证据使用的[2]；最后，作者介绍了与战争罪行有关的关键性法律概念（见附录1），以帮助读者了解国际军事法庭如何据此处理复杂的法律责任问题。这些特点使得本书超越于《远东国际军事法庭庭审记录》之上，也是本书被誉为介绍日军二战战争罪行的经典之作的根本原因。

户谷由麻

历史教授

2015年12月

1　东京审判是战胜者对战败者的审判。——译者注

2　作者可谓撷取了东京审判庭审记录的精华。——译者注

"有武士道精神的骑士"

在将所有酷刑的"常规流程"走了一遍之后，他们被逐个带走，被蒙住眼睛走了相当长的距离，然后被下令停止。随后，这名受害者听到了日军行刑队的口令声、行进的脚步声，随着日本军官下令行刑队立定，受害者又听到了行刑队预备射击的装填步枪子弹的声音。

一名日本军官走到这名美国飞行员面前，说："我们是有武士道精神的骑士，我们听从天皇陛下的命令，我们的天皇犹如上升的太阳，所以我们从来不在日落时处决战俘，只在日出时行刑。"

随后这名飞行员被押回他的单间囚室，被日军告知，只要他在日出前老实交代就还有活路，否则就会被枪决。

（在远东国际军事法庭开庭前，飞行员的这段回忆被纳为证据）

第一章

从奉天到珍珠港

作为导论性章节，本章会简要回顾日本在珍珠港事件发生前10年间的政治权力斗争，概述日本外交政策的发展，描述其为侵略战争所作的战前准备，以及日本的主要战犯在这些事件中扮演的角色。

在那个决定日本命运的年代里，日本军队步步为营地摄取国家大权。虽然也会时不时地遭遇暂时性挫折，但它最终横行于内阁与国会，成为一股即便天皇的顾问们也无法约束的军事力量。

颇具讽刺的是，日本立国之初奉行的两条颇受日本历史学家好评的政策，这两条政策在日本贯彻超过2600年，却成为日本在20世纪实施军事扩张主义的政策依据，这两条政策就是"八纮一宇"和"孝道"。简单地说，前者就是要一统天下；后者强调恪行孝道首要地就是为天皇尽忠、对天皇保持绝对忠诚是践行孝道的首要条件。

这两个看似无害和滥用的概念，在近代被那些急切地鼓吹领土扩张政策的日本人，一再利用和滥用。那些把军事侵略作为日本国策的人，把"八纮一宇"和"孝道"上升到日本民族道义的高度。

为天皇实现八纮一宇是日本人的最高目标，忠于天皇是实现八纮一宇的唯一途径。

大川周明博士是最初被带上东京法庭的主要战犯之一，但后来因精神错乱而被法庭宣布不适合接受审判。1924年，他出版了一部与这个主题相同的著作。他的观点是，日本是世界上最早建立的国家，统治世界是它的神圣使命。该书出版后的几年间，他经常给日本军事和参谋学院的学生授课，讲解极端民族主义精神的重要性。

当然，要了解1931年至1945年的中日战争，就必须了解在臭名昭著的九一八事变爆发前，日本发生的一些事件。[1]

根据某些条约和额外协定，日本在满洲拥有非同寻常的地位。

---

1 见本书第二章之"中国事变"，其中解释道，尽管1931年发生了武装冲突，但两国之间并不存在战争状态。

它以手握几乎全部主权的姿态管理着这块租借地。通过南满铁路，它控治着铁路地区，其中包括多个城镇和奉天、长春等人口稠密城市的大片地区；在这些地区，它控制着警察、税收、教育和公共事业。除此之外，它在中国境内的许多地方拥有武装部队，比如，租借地的关东军、铁路地区的铁道守备队和各行政区领事馆的警察队伍。

　　日本在满洲享有的这一长串权利，清楚地显示出日本与中国在满洲建立的政治、经济和法律关系的特殊性。

　　世界上可能没有任何一个地方会发生与之完全相同的情况了，也不存在一个国家在其邻国领土上享有如此广泛行政特权的先例。如果这种情况是双方所期望并接受的，或是两国几经思虑制定经济、政治领域密切合作方针的标志和体现的话，那么可以想象，主权共享的情况是可以维持的，也不会导致无休止的混乱和争端。但是，在缺乏这些前提条件的时候，这种情况只会导致摩擦和冲突。[1]

　　然而，中日双方都不接受这种境况。日本不再满足于现有的巨大权力，野心勃勃地希望获取更多的权益，而这只能通过军事征服来实现。

　　随后便有了对华积极政策，诸如黑龙会之类的诸多政治社会团体以及大川博士之类的政治作家都在为日本的扩张而不断努力。大川在其著作中坚持认为，国际联盟存在的唯一目的就是"维持现状，进一步促进盎格鲁－撒克逊人统治世界……东西方之间的战争是不可避免的……"[2]

　　然而，"积极政策"也有起有落。1929年，田中内阁垮台后，新政

1　《李顿调查团报告书》摘录。
2　《亚洲、欧洲和日本》，1925年。

府恢复了新任外务大臣、军事派眼中刺币原男爵一贯支持的"友好政策"。这个政策是指将睦邻友好作为一切与中国交往的基础。

就在这个关键时刻，军队及其政治支持者决定巩固自身地位。桥本（欣五郎）中佐最近刚结束为期三年的驻伊斯坦布尔军事武官任务并回到本国，他对"如何改革日本"有明确的想法。[1]

他在东京偕行社召开了一个由陆军士官学校新毕业军官参与的会议，和他们一起成立了"樱会"，也称樱花协会，其目的是进行国家改造，必要时不惜使用武力来解决"满洲问题"。

协会成员认为，满洲是日本的生命线，应该处于日本的绝对控制之下，成为一块建立在"王道"之上的乐土。

这个"王道"正是"孝道"的概念，因此桥本在他的一本书中这样描述道：[2]

> 有必要把政治、经济、文化、国防和其他一切都集中在一个人——天皇身上，把整个国家的力量集中在一个点上并展现出来……按照帝国之路的唯一纲领进行重组。这个体系是所有体系中最强、最大的……没有哪个民族能与我们民族的血脉团结[3]相媲美，这种团结使我们这样一个以天皇为中心的联合成为可能。

以其"王道"建立"满洲国"之后，日本才能实现对亚洲各国人民的统治。

樱会成立两个月后，日本首相滨口遭暗杀，并于9个月后死于伤口恶化。但这并没有推动桥本及其朋友的计划，因为外务大臣币原喜重郎代替滨口成为新首相，长久以来，他都是一名战争侵略政策的反对者。

1　《重建世界之路》。
2　《革新的必然性》。
3　很奇怪地让人联想到希特勒。

除此之外，还有更多的麻烦即将到来。大川和桥本策划了一场意图推翻政府、借助军事管制组建军事内阁的阴谋，但以失败告终。失败原因只是因为同谋者选出的新首相、陆军大臣宇垣不愿参与计划好的政变。因此，所谓的"三月事件"化为乌有，但是政府和军队之间的斗争并未就此结束。

然而，这一事件加速了政府内阁的衰落，在新首相若槻的领导下，另一届政府取代了它。但是，币原继续担任外务大臣，军部势力进展甚微。

新内阁奉行紧缩政策，大川和桥本则继续煽动对其的抵制，并主张武力占领满洲。黑龙会举行群众性集会，宣传声势渐盛，九一八事变的构想就在此时萌生。

与此同时，1931年9月20日，重光[1]和中华民国财政部长原定于奉天进行会晤，解决"日本和张学良元帅之间的所有悬而未决的分歧"。但是，他们注定无缘相会了——9月18日晚上，九一八事变发生了。

9月18日晚9时许，驻扎在奉天兵营的中国东北军第七旅的一名林姓军官向上级报告说，一列有4节车厢的火车，由一个外形奇特的发动机牵引，停在军营对面的铁路线上。晚上10点整，军营外传出一声巨大的爆炸声，步枪的射击声接踵而至。根据日本版本的说法（后来被证明是完全虚假的），一支日本巡逻队在铁道上进行夜间行动时，在他们身后大约200码[2]处发生了爆炸。调查中，巡逻队长发现一段铁轨被炸毁。随后，巡逻队遭受来自两侧的同时射击。

当天晚上11时30分左右，在得到大量增援后，日军袭击了一片寂静且灯火通明的中方兵营，他们用大炮、机关枪和步枪进行射击。大多数中国士兵逃走，但日本声称有320名中国士兵死亡，20名中国士兵受伤并被俘。与此同时，另一支日军袭击了奉天城，但那里无人抵抗，唯一的伤亡发生在日方与警察的冲突中，有大约75人被杀。

1　见本书第十五章。

2　1码≈0.9144米。

次日（9月19日）上午7时30分，日军占领了军火库和机场。关东军的高级参谋板垣大佐后来承认，在这次攻击中发挥作用的重炮，于"事件"发生前一星期就已经在日本步兵大院秘密组装完毕。

与此同时，日本总领事接到电话通知，南满铁路发生爆炸，需要立即派一名领事工作人员前往特务机关。到达特务机关之后，这位名叫森岛的代表，发现板垣大佐和花谷少佐已经到场。板垣告诉森岛，中国人已经炸掉了铁路线路，并且下达了采取适当军事行动的命令。森岛劝说板垣冷静并稳妥行事，他确信整个事件可以以友善的方式得到解决。

大佐问道，总领事是在质疑军方无权采取必要行动吗？森岛予以否认，但他依然坚信，通过正常的外交渠道可以得到令人满意的答复。

协商到这个地步时，之前还未发过言的花谷少佐再也按捺不住了。这位蛮横的少佐拔出剑来，威胁这个拼尽全力想要搅乱计划的麻烦文员，并大声喊道，谁想插手就杀了谁。此次协商就此结束。

夜里，张学良大元帅的司令部试图通过努力让日本总领事说服日军停止进攻，但毫无用处。

由于板垣大佐的坚持，总领事本人于9月19日上午电告日本外务大臣币原男爵，内容如下：

> 鉴于中方多次提出以和平方式解决这一问题，我曾致电板垣参谋并劝说：由于日本和中国尚未正式进入战争状态，而且中国已经宣布绝对按照不抵抗原则行事，此时我们有必要努力防止"事件"恶化，并敦促军方通过外交途径处理此事。但板垣参谋回答，由于事关国家和军队的威信，军队打算彻底解决此事。

然而，日本政府没有采取任何行动。

有压倒性的证据表明，九一八事变是陆军总参谋部军官、关东军军官、樱会成员等精心策划的，目的是为日军占领满洲、建立一个作为其附属国的新国家而提供借口。虽然原计划中此次行动的规模更大，但它本质上更类似于9年后纳粹党卫军在德国—波兰边境的格莱维茨电台进行的"希姆莱行动"。那场演习的目的是制造波兰人突袭车站的假象。[1]

东京审判的几名主要战犯牵涉其中，许多人后来承认参与了此次行动。他们的抗辩理由是，日本的行动属于报复性质，中国军队的优势兵力对在奉天的日军进行突然袭击，随后日军反攻，击溃了中方并占领了这座城市。

事实上，当晚日军并未遭到袭击，中方才是真正意义上的措手不及。当营房遭到攻击时，中国人都在里面，他们手无寸铁，兵营里灯火通明，几乎没有任何抵抗。

也有充分的证据表明，这是一个在日本人尽皆知的阴谋，日本驻奉天总领事也早在9月8日就知晓了。这位好心的官员收到消息，一周之内"将发生一件大事，关东军的部队将在9月18日晚上从釜山转移到奉天进行夜间演习"。

根据这些情况，总领事联系上了日本陆军大臣南次郎[2]，后者同意派遣建川将军去满洲"阻止阴谋"。由于建川将军本人就是阴谋的主要策划者之一，所以他不太可能设法阻止自己的计划。他在本次行动当天的下午1时抵达奉天，当时关东军司令官本庄将军不在，故而由板垣大佐负责接待。他被直接带到沈阳旅馆，两人在那里共进晚餐。将军说他舟车劳顿不想谈论工作。

晚饭后，板垣留下将军一人后离开，并答应第二天早上来接他。据建川将军所说，他本就无意取消当晚的计划，所以就顺水推舟，任由板垣将其诱骗到旅馆里去。"在那里"，他后来说，"我一边听着远处的枪声，一边享受着艺妓们的服务。我睡得很晚并熟睡到早上被人叫醒。"

1　《卐字旗下的灾祸》，第一章。
2　见本书第十五章。

这就是"奉天事变",很快,它就演变成了"满洲事变"(九一八事变)。

9月19日,这位陆军指挥官回到奉天,并宣称打算发动一场"惩罚战争"。3天后,中国向国际联盟提出抗议。但在日本代表作出所有日本军队都在向"铁路沿线"撤退的保证后,国际联盟理事会休会三个星期。

然而,日方军队并不认同政府的这份保证,于是极端分子又开始策划用军事政变推翻政党制度,建立一个实行军国主义政策的新政府。

桥本和他的樱会成员策划了这场后来被称为"十月事件"的阴谋。然而他们并不知道队伍中藏着一个叛徒,他向警察告密,随后陆军大臣命人逮捕了事件的主谋者。

政变计划最终流产,但军队无视内阁政策,继续在满洲采取军事行动。不到两个月,首相便意识到内阁对军队没有任何控制权,故而辞职。他和内阁曾努力限制(而非压制)"满洲事变"的发生和发展,但发现自己并不是军队的对手。

正如东京法庭在判决书中所述,日本陆军已经实现了在满洲进行征服战争的目标,并显示出它的实力比日本内阁更强大。

以犬养毅为首的下一届政府的情况也并无改善。新首相甚至与蒋介石总司令展开谈判,然而,当首相所属政党中的一个强大亲军事派系领导人森恪得知此次谈判的存在后,谈判被迫终止。

与此同时,大川和桥本正在努力进行一项全新的尝试,借以彻底而永久地推翻日本的民主政府。两人毫不掩饰自己的目的。桥本写下"民主政府与帝国建立的原则互相矛盾"的字眼,大川则希望组建一个新的社会,用于"发展民族主义,激励日本领导东亚,粉碎现有政党"。

1932年5月,首相发表演讲,谴责法西斯主义,捍卫民主制度。7天后,他在首相官邸被一群海军军官谋杀。遭遇暗杀迅速成为日本首相可能面临的职业危险之一。

军队终于如愿以偿。首相暗杀事件后成立的新联合政府决定,"满洲国"需要发展经济和工业，但应该处于日本的统治之下。

与此同时，国际联盟理事会休会3周后，讨论了日本在满洲的行动，任命李顿伯爵及其领导的委员会调查此事。

李顿委员会如期进行报告，国际联盟对日本的种种行动表示强烈反对。此举最终导致日本退出联盟，开始着手进行对苏作战的准备工作。

日本退出国际联盟的决定具有重大意义。人们将铭记大川的言论：国联纯粹是盎格鲁－撒克逊人行使霸权的工具。如今日本人将完成他们的崇高使命，称霸东亚。

八纮一宇和孝道再次大行其道。人们要追随"天皇之道"，任何阻挡天皇的人都是军队的敌人，因为军队归天皇所有。

荒木贞夫[1]在1933年担任陆军大臣时就这样说过，很快另一个国家，即德国的领导人也说出了类似的话。而赫伦沃克学说也称优等种族论，同样起源于德国。

在日本的作战计划中，征服满洲只是一个开始，接下来整个中华帝国都将臣服于它。随后，法属印度支那、马来亚、荷属东印度群岛和菲律宾也将归于日本。印度本来也该被列入计划之中，更早一点摆脱英国统治，但如此一来它将取代日本在亚洲的地位，对日本来说这并不是一笔划算的买卖，于是印度被排除在计划之外。最后，澳大利亚和新西兰也将被日本帝国吞并。

主要情况如上所述。日本退出国际联盟之后，前路似乎更加清晰，至少它面对的障碍更少了。

在随后的两三年间，准备工作在掩人耳目的骗局下飞速进行着。虽然新任外务大臣广田弘毅否认日本政策存有侵略意图，但陆军仍在继续推进其进攻计划，并以常规手段处理那些试图阻碍它的人。大臣、将军或海军大将一旦被怀疑并非全心全意支持军方的政策，就会遭受威胁，被驱逐下台，或者因一种更有效的手段——暗杀而被清除。

1936年，一群年轻军官和上千名民众发动了一场暴动。他们占领

1　在东京接受远东国际军事法庭审判。

了所有政府大楼，暗杀了两名大臣，并企图谋杀首相。

现在军方的管控越来越严。就像在希特勒统治下的德国，当他采取措施将第三帝国握在他的手心时，丑恶的审查制度开始抬头。新闻自由几乎被扼杀，报纸仅仅是政府的宣传机构，警察却被赋予了控制公民表达任何个人意见的广泛权力。

同年，内阁发表了一项重要的国家政策声明，明确表达了日本外交政策的目标，并将其毫不夸张地描述为"日本整个战争准备大厦的基石"[1]。这项政策只有经过充分的组织和动员才能圆满完成。整个日本将不得不进入战争状态，并且显而易见的事实是，就海军力量而言，日本正在考虑组建一支足够强大的舰队来保证西太平洋的安全；就军事力量而言，则是组建一支军队，强大到足以击败苏联在东部边境部署的任何武装力量。此外，全国所有工业和金融资源都将被调动起来用于"这一天"。造船业也得到了补贴，到1936年底，日本拥有了世界上同等规模下最先进的商船队。

显而易见，这些年来日本国内对《伦敦条约》各种限制条款的不满情绪日益增长，美国驻日大使适时将这一情况上报至美国政府。1934年，日本政府决定在年底终止《华盛顿条约》。

一年后，在《华盛顿条约》共计五个签约国代表出席的伦敦会议上，美国代表团提出一项建议，即全面削减海军军备。日本并不赞同，其代表团随后正式退出会议。此举为日本海军的扩张扫清了道路。如今这些军舰即将就位，而对于西太平洋海军基地的掌控权也同样是必不可少的。

第一次世界大战后，根据《凡尔赛条约》，日本接受国际联盟委任，统治了在太平洋上的三个群岛，即马里亚纳群岛、马绍尔群岛和加罗林群岛。

按照联盟盟约的规定，受任管理国有义务阻止在这些岛屿上建立军事防御工事和海军基地。

1　见《远东国际军事法庭审记录》，1948年11月4日，第48560页。

然而，数年来，日本人违背承诺，在那里秘密建立了军事和海军设施以及防御工事。到1935年，一个海军航空基地正在马里亚纳的塞班岛上建造，此地距离美国的关岛只有200英里[1]。

为了保密，从1933年起，日本对前往这些群岛旅行的外国人进行限制。到1935年底，限制程度大大增强。出于安全考量，日本还采取了另一项措施，即任命现役海军军官为群岛的行政官员。

在教育和宣传方面的战争准备工作也未被忽视。如今桥本从陆军退役，是预备役名单上的一名大佐，成为日本的自由"戈培尔"，并创立了另一个协会，"孝道"和"八纮一宇"再一次成为思想主题。这个被称为"大日本青年党"的社团的两个目标，分别是极权主义和统治世界。日本的年轻人将成为实现这些抱负的主力军。

同时，桥本正在开展面向日本平民的战争动员工作，他所有的著作和演讲都在重申一个主题，即日本是一个以"结束白人种族的暴虐统治和压迫"为使命的优等民族，英国海军是日本实现这一目标的主要障碍之一，解决的办法就是建造一支无可匹敌的空中部队。

与这场运动并行的还有对言论自由的抑制以及宣传计划的传播。这一时期通过的法律规定了各种形式的公开表达。

日本的新闻自由一直是有限的，如今更甚。所有的东西都要经过审查，包括演讲材料、剧本、书籍和文章手稿。警察严格执行这些法令，违者会被罚款或监禁，除此之外还有一个名为"特高课"的特别安全警察组织，负责监视所有反对或涉嫌反对当权政府的人。

不仅如此，陆军还拥有自己的警戒委员会。委员会成员将会约见令军事派系不悦的作者或出版商，除非他们能认识到自己的错误，否则将承担严重的后果。

军队逐渐占了上风，反对的声音越来越小。然而，在政友会内部仍有一些人批评广田政府迎合军队的行为，并且不断警告日本国民，如果允许士兵主宰政治舞台，政府便会徒有虚名，这个国家将由一个

---

1   1英里≈1.61千米。

残暴专制的军官小集团来接管。

两天后，广田内阁土崩瓦解。这时，陆军意识到危急时刻已到并接受了这场挑战。宇垣将军受天皇之命组建新内阁，但陆军通过阻止所有将军接受陆军大臣这一职位的手段，迫使宇垣将军拒绝任命。之后此诰命被授予深受军事派系欢迎的林铣十郎将军。

这是政友会为阻止腐败所做的最后一次积极尝试。它虽然失败了，却清楚地表明，不与陆军为友，任何内阁都无法继续执政。

所有这些战争准备不仅仅是为了征服中国。长久以来，日本一直认为对苏作战不可避免。到1937年，日本才意识到，这一目标可能最终导致它与西方列强发生冲突。

到1937年中期，日本投入征服中国之中，[1] 已无法回头。但当时没有人意识到这场战争将导致日本兵力枯竭。战争爆发时，东条英机将军正担任关东军的参谋长，他认为这场战争只是一件小事，是与苏联进行较量之前的一道开胃小菜。然而，他们认为的"闪电战"竟然持续了将近8年。

1937年底，日本试图让德国介入调停，以结束在中国的战斗，但德国依旧强烈反对日本在中国的种种行动。日本内阁曾经万分期望战争能以一种协商的方式在1935年12月内和平结束，如今这只能化为泡影。

到这时，连日本总参谋部也完全放弃了速战速决的希望。中日开始谈判，但随后谈判破裂。1938年1月，德国大使坚信日本将赢得战争，敦促德国内阁收回对日本行动的反对，接受既成事实。与此同时，日本向德国承诺，一旦未来日本统治中国，便和德国一起管控中国的经济。

1938年2月20日，希特勒宣布德国承认伪"满洲国"，并表示希望日本在中国取得胜利。这开启了德日之间关系更加密切友好的新时期，这种关系在多年后的三国同盟中达到顶峰。

1　又一个"事变"，这次被称为"七七事变"。见本书第二章。

日本人曾一度妄图两全其美，奉行两面派政策。日本承诺，作为对德国承认中国新局势的回报，只要情况允许，德国在中国获取的利益将优先于任何其他强国，但如果德国"威胁甚至完全不允许英美在未来插手中国的经济发展"，则将失去这种优惠。[1]

尽管如此，日本和西方列强之间的关系还是在持续不断地恶化。日军对英美在华公民和财产的袭击与掠夺屡见不鲜，1937年，连长江上的英美海军也遭到无端攻击。虽然抗议之声不断，但在1938年的前半年里这些袭击仍在继续，最终导致美国禁止向日本出口飞机和其他战争物资。

从此时起，日德关系变得越来越重要。尽管两国之间没有多少共同点，但希特勒统治下的德国和日本一样，都在为侵略战争作准备。正如1936年的《反共产国际协定》所证实的那样，日德都对苏联有所企图。日本甚至还想建立一个军事联盟。日本驻德武官大岛浩大佐自希特勒掌权以来，已经做了很多前期的基础工作。

到1938年初，日本政府似乎成功地使希特勒相信，日本将在"中国事变"中取得胜利，这实在令人惊讶，毕竟我们注意到，事实上有些日本人自己都已经开始怀疑这一点。不过，在1938年结束之前，第三帝国也对日本能够获胜产生了严重怀疑。

即便如此，冯·里宾特洛甫还是在春天提出了建立军事联盟的建议。日本总参谋部全权设计了这项协议，相关协议的初稿则由德国外交部长和日本驻德武官大岛浩起草形成，日本驻德大使东乡茂德对此却并不知情。

一个月后，大岛浩被任命为日本驻德大使，代替东乡茂德。如此一来，在过去10年间持续进行的这场军人对阵政治家的博弈中，陆军再得一分，因为这项新任命将一名完全信赖陆军的军人放在了一个之前一直由专业外交官担任的职位上。这也标志着陆军的战备工作又向前迈进了一步。

1　在东京远东国际军事法庭上提供的证据，1947-1948年。

然而，对于军队来说，还有一个更好的消息即将到来。拥有更高地位和声望的大岛浩已经回到德国，专心致力于让德国人相信日本诚心希望与德国和意大利建立三方军事同盟。与此同时，日本还需要一名合适的代表负责在意大利开展与大岛浩相同的工作。这时陆军再次走运，几乎在大岛浩被任命为驻德大使的同时，白鸟敏夫成为日本驻意大使。白鸟长期与军事派保持联系，5年前，当他还是外务省情报部长，他就曾表明自己是军队征服和扩张政策的坚定支持者。他曾是呼吁日本退出国联的先锋人物，并极力拥护传统的"孝道"。

　　如今，日方准备向德国示好的舞台已搭建完毕。《慕尼黑协定》签订的第二天，日本陆军大臣就向希特勒发函，祝贺其在捷克斯洛伐克解决了苏台德问题。他写道："愿德国国运昌盛"，"愿在反共产国际战线上团结一致的德日两军之友谊比以往任何时候都更加牢固。"

　　在同一时间，三国同盟的条款及涉及的范围开始得到详细讨论。很明显，德国正在考虑建立一个至少在一定程度上对抗西方列强的军事联盟。当时它对国际形势的认识如下：与苏联的战争不可避免，匈牙利和捷克斯洛伐克是潜在的盟友，罗马尼亚会保持中立。离间法国和英国是不可能的，如果这些国家和德国发生战争，美国可能会给予它们财政援助，而不是军事援助。

　　与此同时，西方列强与日本的关系逐渐恶化，因为在中国，针对英美人民及其财产的攻击仍在继续。两国政府都提出了外交抗议，但没有得到任何令人满意的结果。内阁的军事派系成员比以往任何时候都更渴望加强与轴心国的关系，但其他人仍然希望新的联盟能够预先阻止而不是加速与西方的战争。

　　1939年1月，平沼骐一郎组建新内阁，陆军大臣板垣公开支持大岛和白鸟想要建立一个共同对抗苏联和西方列强的军事联盟的想法。这也是德国所期盼的。可是，天皇却希望条约只针对苏联，某些内阁成员也持与之相同的观点。

　　这种意见分歧引发了一场持续数月的长期斗争。直到第二次世界大战爆发前政府垮台，这场斗争才宣告结束，斗争双方的主角分别是外务大臣有田和陆军大臣板垣。

就在这场纷争进行的过程中，1939年4月16日，希特勒和墨索里尼在罗马会面，并就欧洲战争达成协议。他们将继续做好战争准备，等时机一到，就发动对英国和法国的战争。

由于日本仍然犹豫不决，冯·里宾特洛甫警告日本大使，除非日本迅速决定加入三国同盟，否则德国可能认为将有必要自行与苏联达成某种约定。

形势变得危急起来，于是日本首相绕过在柏林和罗马的日本大使，直接与希特勒和墨索里尼接洽，试图达成一种折中的协议。但他没有成功，局面继续僵持不下。

陆军准备结成全面联盟，桥本不出所料地通过一些恶毒的反英宣传来支持军方观点，并将英国是日本的头号敌人作为永恒的主题。他认为，英国是日本在中国实现目标的主要阻碍，除非所有支持蒋介石的势力都被消灭，否则永远无法结束在中国的战争。他甚至主张攻打英国，因为一旦英国退出国际舞台，苏联就会被孤立。桥本写道："日本必须攻打英国；打败英国轻而易举。"他认为日军应该占领香港，夺取上海和天津的英租界。这些目标都可以通过与德国和意大利组成军事联盟得以实现，因为轴心国和日本的利益是一致的。

4月至6月整整3个月，斗争一直在继续。首相、陆军大臣和陆军对抗天皇、外务大臣和海军。裕仁天皇一贯反对任何可能导致日本在欧洲冲突中陷入战争状态的政策。政府如何克服这个障碍呢？他们最终决定由陆军大臣板垣向天皇谎称，外务大臣终于改变主意，在是否和德国、意大利建立三方联盟的问题上与陆军取得了一致。然而，这个计划最终失败了，因为天皇发觉受骗，并严厉地斥责了陆军大臣。

只要天皇、外务大臣和海军持反对意见，军事派系就无法在其视若珍宝的联盟上取得任何进展。陆军在中国和伪满洲国边境的活动也没有减轻内阁的负担。关东军的部队袭击了驻扎在伪"满洲国"边境的苏联军队，这次行动发展成一场规模相当大的战役[1]，1939年9月，此战以日军失败而告终。

与此同时，8月初，欧洲战事临近的态势越发清晰，陆军大臣板垣加倍努力劝说内阁同意与轴心国结成一个毫无保留的攻防联盟。

关键时刻，一记致命打击落向内阁。1939年8月23日，德国、苏联签订《苏德互不侵犯条约》。一夜之间，日本内阁的政策彻底败北。德国这个曾被日本视为抗苏盟友的国家，已经站在了日本潜在敌人的一边。

内阁垮台后，日本寻求与西方列强共存的道路就此敞开，这种政策深受天皇青睐，但陆军却对其心存畏惧。

天皇也确实竭尽所能确保这种政策得以推行。他召集阿部信行将军组建内阁，并指出他心目中陆军大臣的人选。他还叮嘱首相，内阁必须奉行与英美合作的外交政策。

在负责外交事务的野村（吉三郎）大将的领导下，日本没有重新与德国和意大利谈判，而是采取了一些措施改善与西方列强的关系。在前首相任期的最后几周内，没有实施入侵东南亚的计划，并为在法属印度支那发生的爆炸事件支付了一笔赔款。

尽管有了这一新的政策取向，军事派系仍旧希望与轴心国同心同体。《苏德互不侵犯条约》的签订无疑给日本政府和人民造成了巨大的打击，平沼内阁已就此向德国提出抗议。

然而，受希特勒和国防军完全信任的日本驻德大使大岛，直到德国成功入侵波兰后，才向德国递送日本政府的抗议文件。谈及此举，他表示，自己确信冯·里宾特洛甫肯定会"私下并带有主观意向地"接受这份文件。

日本驻意大使白鸟也明确表示，他认为《苏德互不侵犯条约》的本质，是德方为避免发生可怕的双线战争而采取的一种策略。

大岛和白鸟的共同努力没有付之东流。冯·里宾特洛甫告诉大岛，

1　这场战役就是著名的诺门罕战役。——编者注

日本和德国的命运一如既往地紧密相连。如果德国被击败，西方列强的联盟将阻止日本进一步扩张，并夺走日本在中国的地位；但如果日本维持并加强与德国的关系，德国的胜利最终会保障日本的地位。轴心国之间密切合作的想法丝毫没有动摇。与苏联达成协议的三个国家根据世界形势，将行动目标直指英国。[1]

冯·里宾特洛甫试图鼓动日本放弃反苏思想，南下深入东南亚地区，那里有丰厚的战利品，包括荷兰东印度群岛的石油、马来半岛的锡和橡胶以及澳大利亚的羊毛。

另外，新内阁外交政策的目标，即与西方列强重建友好关系，从未有任何实现的机会，原因如下：没有任何一个以放弃在中国建立日本"新秩序"为目标的日本政府能够长期掌权，而不愿意切腹谢罪的阿部政府没有放弃这一目标，这必将成为一个阻碍与英、法、美三国友好共存的永久障碍。

1939年12月，美国就日本军队对其财产造成的损害提出了新的申诉，并在已经对日本新材料出口施行的"道义禁运"[2]中又增加了一份清单。3周之后，荷兰政府宣布有意废除荷兰和日本之间的仲裁条约。这两件事导致阿部内阁倒台，日本与西方列强保持友好关系的外交政策也随之瓦解。

由米内光政首相领导的新内阁，在其任期的最初几个月内，坚持施行不干预欧洲战争的政策。该政策得到了陆军的支持，后者想要成功结束在中国的战争，并希望日本在巩固自己的地位之前不要干涉欧洲事务。但是，日本从未否认这只是一项旨在保留日本未来自由行动的权宜之计。与此同时，南进计划也在秘密准备和进行中。

此时，中日战争还没有要结束的迹象，日本国内对事态发展的警醒和沮丧情绪越来越高，支持亲德的呼声也越来越高。当一场场德国

1　《远东国际军事法庭庭审记录》，第48878 — 48879页。
2　"道义禁运"是美国政府针对日本轰炸广州采取的应对措施，但其意义不止如此。——编者注

胜利接踵而至时，国会中几个政党的成员开始呼吁加强与德国和意大利的关系。

刚从东京访问归来的德国特使斯塔默先生向冯·里宾特洛甫提供了一份关于日本公众情绪状况的非常激动人心的报告。"德国的成功，"他说，"给日本留下了深刻的印象，并削弱了英国在远东地区的重要性。日本军队和人民内部反英情绪明显更加强烈……即使日本与美英之间的紧张态势不再加剧，也一定会继续保持而非减弱这种紧迫状况。"虽然如此，该报告还是以一句警告结尾："在中国问题得到解决、国内的紧急救济措施得到落实之前，日本无力改变其外交政策。"

还有一些坚定的日本政府成员，抵制公众日益增长的对于德日更加紧密关系的需求，尽力避免完全中断与英、美的友好关系，但没有人能比日本驻英大使重光更加坚持、更加努力了。[1]

即使希特勒已经在低地国家和法国取得胜利，重光葵仍在报告中坚称，欧洲战事结果尚未确定，英国决心继续战斗。他敦促日本军队放弃以德国在欧洲的胜利为掩护而向南推进的计划，并辩称，无论战争结果如何，如果能在中国通过和平协商解决问题，日本的地位将得到加强。

然而，日本政府在米内统治下的日子所剩无多，亲德派准备搞垮米内内阁，并暗杀首相和其他几个已知反对与德国合作的大臣，但这场阴谋最终被人发现，共谋者也被逮捕。

1940年7月，日本新任特使佐藤贤了刚抵达柏林，就立即不遗余力地说服冯·里宾特洛甫，使他相信德国能够通过加强日本在远东的地位，来强化自己在欧洲的地位。于是，就日本在法属印度支那和荷属东印度群岛的诉求，德国应邀宣布了相关政策方针。

如今德国对欧洲战场的胜利充满信心，不再重视与日本的联盟，而冯·里宾特洛甫谨慎地避免发表任何此类声明，称他不知道日本在远东的目标是什么。这种外交回绝进一步削弱了米内内阁的地位，米

1　见本书第十五章。

内于月底前提出辞职。

陆军和政府的军事派系已经为此努力了几个月。1940年6月1日，木户幸一作为公爵近卫文麿领导下新政党的候任副首相，被提名并接受了内大臣的职位。该职位的任期不受政府变动的影响，职责是在所有国家事务上担任天皇的永久顾问。

从任命之日起到7月16日米内辞职时，木户一直在幕后为那些试图推翻内阁的人工作，从一开始，他就知道陆军计划让近卫上台。

新内阁的外交政策设想与德国和意大利恢复友好关系，成功解决印度支那战争问题，并全面动员全国人民参与其中。近卫和木户下定决心，通过镇压所有反对其政策的政治团体的方式，使内阁成为一个极权国家的政府。最后，使军事派系的领导人成为日本无可争议的统治者。

日本历史上伟大的历史性时刻已经到来。英国、法国和荷兰似乎已经被打败。由此，日本将占领英国、法国、荷兰以及葡萄牙在东亚、东南亚和太平洋的所有领地。这些宏大的目标一方面包括法属印度支那、泰国、马来半岛、荷属东印度群岛、菲律宾、新几内亚，以及所有位于东印度和缅甸之间的领土，另一方面则包括澳大利亚和新西兰。

日本的意图并不是干预欧洲，而是通过削弱欧洲在远东的地位，帮助和支持印度和缅甸的民族主义，同时采用除宣战以外的一切手段协助德国征服英国。此外，美国干预欧洲战争的可能性将因日本的行动而降低，因为日本的行动将在远东对美国构成威胁。

新任外务大臣立即将这个想法提交给德国驻日大使，同时，来栖三郎大使也与柏林的德国外交部就此进行了探讨。德国人认为，在某些条件下与日本合作可能对他们有利，于是斯塔默先生再次作为特使被派往东京。

当斯塔默还在途中时，首相近卫、外务大臣松冈洋右、陆军大臣东条英机和海军大臣举行了一次重要会议。这次会议决定了日本在接下来与德国的会谈中应遵循的策略。

5天后，松冈洋右和斯塔默会面，谈判开始。斯塔默说，德国和日本一样渴望缔结拟议的三国同盟。

德国希望尽快结束欧洲战事，目前暂不需要日本的军事援助，但如果日本能限制并阻止美国参战，德国将非常高兴……德国和意大利会尽一切可能来遏制美国，并向日本提供空闲的全部战争装备……德国承认并尊重日本在东亚的政治领导地位，并将协助日本与苏联恢复友好关系。[1]

斯塔默随后展示了德国宏大的侵略计划，在这份计划中，德国将日本视为盟友。"目前的战争，"他说，"可能很快就会结束，但伟大的斗争将以各种形式持续数十年……欧洲的战争最终注定要发展成为一场对抗整个盎格鲁–撒克逊世界的斗争。"

德国急切盼望日本在"与英国的战争结束之前"迅速加入轴心国。如果纳粹能够窥见未来，他们就会明白没有必要如此匆忙。

1940年9月27日，三国同盟缔结。在帝国诏书中，它被誉为一项可以使每个国家"在世界上拥有自己适当位置的和平工具"。但内大臣明白它的全部意义，他对天皇说，如果同盟成立，日本必须付出极大努力结束在中国的战争，且迟早要与英、美对抗，还将卷入与法国、荷兰以及所有英联邦国家的战争。

在东京对日本"主要战犯"的审判中，辩护方辩称，正如帝国诏书所说，该同盟是"一个和平的工具"。

法庭在判决书中论述这一点时使用了以下词句：

米内内阁垮台后日本领导人的种种决定非常重要……它们表明，阴谋者决心将日本的统治扩大到广阔的地区和人口中，必要时还会使用武力来达到目的。它们表明，阴谋者明

1　《远东国际军事法庭庭审记录》，第48994 — 48995页。

确承认其加入《三国同盟条约》是为实现这些非法目标争取支持。尽管表面上看《三国同盟条约》的防御性条款是为公开发表而设计的，但事实上如果某一方进行了防御性或进攻性的战争，各方相互支持的义务将开始履行。它们完全驳斥了辩方所主张的《三国同盟条约》的目的是促进和平事业的论点。[1]

虽然《三国同盟条约》本身没有提到它是针对苏联的，但日本军队在缔结同盟时对此毫不怀疑。外务大臣本人也对这件事深信不疑。在该条约签署前一天召开的日本枢密院调查委员会会议上，他说，尽管存在互不侵犯条约，但日本将在苏德战争时援助德国，德国也将在日苏战争中援助日本。

条约签署还不到9个月，德国就入侵苏联，于是日本完全无视它于1941年4月签署的《苏日中立条约》，立即设法援助德国，同时避免与苏联公开对战。

早在1931年，苏联就曾与日本接触，要求其签订《苏日中立条约》，但遭到日本拒绝。到1941年，国际形势发生巨变，德国和意大利几乎是日本仅有的朋友。因此，它非常愿意加入苏联当时提出的一项条约，该条约于1941年4月13日签订。1941年6月22日，希特勒入侵苏联。

日本签署条约后背信弃义，因为它已经能够肯定德国即将对苏联发起进攻。日本驻德大使在两个月前就收到了冯·里宾特洛甫的通知，冯不仅告诉他德国在1940年至1941年冬季的这段时间里成立了许多新的部门，还向其描绘了一番"苏德冲突将以德国胜利结束，且预示着苏维埃政权终结"的未来前景。[2]

这还不是全部。在《苏日中立条约》签订前不到三周，冯·里宾特洛甫在柏林与松冈交谈时曾说："德国军队在东方随时待命。如果苏联

1　《远东国际军事法庭庭审记录》，第49006页。

2　摘自东京审判主要战犯大岛所作的一份报告。

有一天摆出一种可以被解读为对德国构成威胁的态度，德国将击碎苏联。在德国，人人都确信这场战役一定会以德国军队的彻底胜利和苏联军队及其国家的彻底毁灭而告终。元首相信，如果对苏联发动进攻，几个月后，强国苏联将不复存在。"

松冈离开柏林前向希特勒保证，如果德国和苏联发生战争，日本将是一个忠诚的盟友，将会全身心投入与德国共同对抗苏联的努力中。然后，他乘火车前往莫斯科，两周后，他在那里签署了《苏日中立条约》，并在返回东京时告诉德国大使，没有任何一个日本政府会在苏德冲突时保持中立。他说："出于必要，日本将会站在德国一方攻击苏联，任何中立条约都无法改变这一点。"

显然，从入侵苏联的第一刻起，日本就将这次入侵视为一个夺取苏联远东领土的好时机。最初，日本甚至有些担心做军事准备的时间太迟了。

德国人也急切地希望盟友能尽早参战。在致德国驻日大使的一封电报中，冯·里宾特洛甫强调了尽早参战的重要性，原因是"目标必须是在冬季来临之前促成德日两国在西伯利亚大铁路上的会晤……随着苏联的崩溃，三国同盟[1]在世界上的地位会十分强大，不列颠群岛的彻底毁灭只是时间问题"。

当德国人最初在苏联境内的快速推进于夏末开始放缓时，日本政府也由冲动转为谨慎。德国驻日大使报告说："考虑到苏联军队对德国军队的顽强抵抗，日本总参谋部不相信德国有能力在冬季来临之前取得对苏联的决定性胜利……苏联对战德国时所表现出的坚韧不拔的精神表明，即使日本在8月或9月进攻，今年也不可能打通通往西伯利亚的路线。"

尽管如此，日本人并没有放弃任何以牺牲他们所谓的"死敌"为代价的扩张想法。他们坚持认为，符拉迪沃斯托克是他们侧翼永久的威胁，而在苏德战争的适当阶段，无疑会出现消除这种危险的时机。

1　即德国、意大利和日本。

但这种"或迟或早"的态度并不符合希特勒的意愿，他希望日本"能够尽早做出进攻符拉迪沃斯托克的决定，前提是它有足够的力量进行这样的行动，而不是撤回其他军队，使它对抗英美的实力受到削弱，比如撤回它在缅甸的军队……否则，它最好与苏联保持中立关系，因为无论如何，苏联一定会在东西伯利亚部署军队以应对日苏冲突"。

　　虽然日本仍未对苏联发起攻击，但它确实为德国提供了其他军事援助。通过在满洲集结一支庞大的军队，以及进行其他广泛的军事准备，使许多苏联军队被牵制在苏联的东部边境，如若不然这些军队将会被投入现在正在苏联西部肆虐的战争之中。

　　日本还向德国提供有关苏联军队的军事情报，并广泛干预苏联航运。停泊在香港附近的苏联船只遭到炮击，其余的则被日本飞机击沉，还有许多被日本海军非法俘获并带到日本港口，这些船只往往被长期扣留。

　　所有这些措施都是为了协助德国对苏作战，日本完全蔑视《苏日中立条约》第二条所规定的义务，即如果缔约一方成为一个或几个其他国家军事行动的目标，缔约另一方将会在整个冲突期间保持中立。[1]

　　《三国同盟条约》签订后，日本外务省立即制定了一份《南方地区暂行方案》[2]。它的主要目标是在不与苏、美对战的情况下，夺取和占领新加坡、马来半岛以及荷属东印度群岛。如果日本和美国之间爆发战争，其目标将更进一步包括夺取菲律宾、关岛以及美国在太平洋的其他属地。

　　为了争取公众对这一积极政策的支持，桥本发动了一场广泛的宣传运动。"下定决心战斗吧，"他恳请他的同胞们，"因为时间已经到了。请立即用各种方法发起一场强大的民族运动……开始一场反对英美同情者的大规模运动吧。"

　　"现在是时候了，"他写道，"在英国与德国和意大利交战时，攻击

1　原作者在此处使用了斜体。——译者注
2　见本书第十三章。

它以消除它对我们在亚洲和太平洋地区建立'新秩序'的反对。"

随后，为与美国、英国和其他西方大国作战而进行的准备工作广泛开展，到1941年初，美国国内敲响警钟。总统罗斯福对国会说："美国的安全受到前所未有的严重威胁。"

日本征服整个太平洋地区的一大障碍是驻扎在夏威夷珍珠港的美国太平洋舰队。于是，一项计划起草出来并提交给日本联合舰队司令，以摧毁停泊在珍珠港的这支舰队。特遣部队在两国仍处于和平状态时发起一场空中突袭。如果突袭成功，日本很有可能在美国从打击中完全恢复并发起反击之前，占领它在太平洋和印度洋的所有属地。

与此同时，1941年2月，日本新任驻美大使野村抵达华盛顿。他收到的指示是要让总统和国务卿科德尔·赫尔明白，"日本被迫签署《三国同盟条约》是因为美国和英国干涉共荣圈[1]的组建，如果美国停止干涉日本在东亚的目标，并与日本合作，以此来换取共同牟利的机会，事态或许会更好"。[2]

到这时，日本已经决定对新加坡发起进攻，以便在美国加入欧洲战争时剥夺它在太平洋的友军基地；这项行动的准备工作预计在1944年5月之前完成。

1941年3月初，野村受到了科德尔·赫尔的接见。日本大使说，美日两国卷入战争令人难以置信，这对双方来说都是灾难。国务卿表示同意，但问道，当德国、意大利和日本开始征服世界其他地区时，怎么能指望美国无动于衷呢？

同样是在3月，松冈在莫斯科会见美国大使，并向其强调，日本在任何情况下都不会攻击新加坡或者任何美国、英国以及荷兰的领土，因为日本没有扩张领土的野心。几天后，松冈抵达柏林，将他在莫斯科同美国大使的谈话转述给希特勒，并解释道，他否认政府的意图是在日本突袭新加坡的那一天到来之前误导英国和美国。

1　共荣圈是以前的"东亚新秩序"的新名称。

2　《远东国际军事法庭庭审记录》，第49479页。

此时此刻，德国和日本的关系变得有些紧张。科德尔·赫尔制定了一些特定条件作为开启日美谈判的前提。

条件如下：

（一）尊重各国主权和领土完整。

（二）不干涉他国内政。

（三）商业机会均等。

（四）除非采取和平方式，否则不能干扰太平洋地区的现状。

当冯·里宾特洛甫听说此事时，日本已经决定与美国展开谈判。他向大岛大使表示了惊讶之情，并指责日本内阁放弃攻击新加坡的计划。冯·里宾特洛甫坚持认为，除非美国同意保持中立，否则日本应该拒绝就科德尔·赫尔的条件进行谈判。此外，他还要求立即对新加坡发起攻击。大岛严肃对待这种局势，并敦促政府不要无视德国领导人的愤怒情绪，在他看来这种愤怒是情有可原的。

1941年5月28日，科德尔·赫尔和野村开始谈判。谈判刚一开始，重庆就遭到一百多架日本飞机的轰炸，美国的财产遭到破坏。国务卿随即告诉日本大使，美国政府认为，在继续谈判之前，他们"必须等待一些比目前更明确的、能够表明日本政府打算谋求和平的迹象"。[1]

愿望是美好的，但日本海军已经在为拟议的珍珠港袭击进行训练。俯冲轰炸和海上加油的训练正在进行，浅水鱼雷的研制也已经进入最后阶段。

与此同时，日本为了在法属印度支那获得更多的海军基地而与冯·里宾特洛甫进行商议，这些基地后来用于攻击新加坡和荷属东印度群岛。最终日本向维希政府发出了最后通牒，要求德国外交部长建议法国接受这一提议。维希政府不能拒绝日本的要求，于是1941年2月24日，载有4万名日本士兵的军舰向着法属印度支那南部地区航行，目的

1　《远东国际军事法庭庭审记录》，第49496页。

是占领该地，并在西贡附近建立空军基地，以及在西贡和金兰湾建立海军基地。

在6月至8月这几个月的时间里，美国和日本之间进行了几乎连续不断的外交讨论，但日本并未妄想谈判能够达成令人满意的结果。

事实上，他们也不想让谈判成功。他们不过是在为袭击新加坡和珍珠港的最后准备工作提供掩护，以及为日本军队在法属印度支那和泰国占据战略位置争取时间。

到目前为止，苏联还没有受到攻击。关于苏德战争，日本的政策是保持中立，同时秘密准备伺机进攻苏联，如东条所说的那样，"柿子成熟的那一刻我会过去将它摘下"。

至此，为了偷袭珍珠港而做的训练已经完成，为了在马来半岛进行联合作战而准备在中国沿海的登陆演习已经结束，1941年9月，最后的"战争运动会"也在海军军事学院举行完毕。在这些没有军队的操练中，两军的高级军官制定了航母袭击珍珠港的细节，并起草了占领马来半岛、缅甸、荷属东印度群岛、菲律宾以及所罗门群岛和中太平洋群岛的行动计划。

他们没有忽略任何细节。日本驻夏威夷总领事馆成了间谍的窝点，他们准备通过一种特殊密码将有关夏威夷水域美国舰队的情报传送到东京。

军需产品加急生产，一项动员所有工人的新计划也付诸实施，内阁印刷局大量印制比索、美元和荷兰盾的占领区纸币，供菲律宾、马来半岛和荷属东印度群岛使用。

无法挽回的、作出最终开战决定的时刻很快就要到来。以东条英机为首的陆军确信，继续与美国谈判没有任何好处，可是海军却有不同的想法。

公爵近卫文麿同意海军的观点，并试图说服陆军大臣放弃所有的南下推进计划，集中精神，下定决心，以使对华战争成功结束。

然而，在丝毫没能动摇东条英机的决定后，他最终选择辞职，原因正如他在辞职信中所写的那样，他觉得自己无法"承担使国家再次陷入一场无法预测结果的巨大战争的责任"。

1941年10月18日，被提升为大将的东条英机，继任近卫文麿公爵的首相职位。东条英机掌权后，同时担任首相、陆军大臣和军需大臣，并仍以将军身份留在现役军人的名单上，陆军战争计划的所有政治障碍就此消除。

1941年11月1日，最终计划完成，充当掩饰作用的最后一次与美国的外交谈判即将开始。两项备选提案分别称为"A"和"B"。提案"A"将首先提交给科德尔·赫尔，提案"B"则只有在不能就提案"A"达成协议的情况下，才会被提交。这两份文件的内容都不重要，因为日本从未期望过美国政府会接受它们。

话虽如此，野村大使还是于11月7日向国务卿提交了提案"A"，也就是在联合舰队作战命令的最终草案得到日本参谋长联席会议批准的两天后。这一命令不仅涵盖了已被提议的对新加坡、荷属东印度群岛、菲律宾和珍珠港的攻击；连在香港和上海进行的其他小型行动也包括在内。

三天后，根据另一条联合舰队作战命令，"行动日"[1]的具体时间确定为12月7日至8日的午夜。

在谈判期间，美国政府与英国、荷兰和中国政府保持密切联系。11月10日，英国首相在伦敦发表的一场演讲中，说了这样几句话："我们不知道美国为维护太平洋地区的和平而作的努力是否会成功。但如果他们失败了，我借此机会表示，我也有责任表示，如果美国卷入与日本的战争，英国的战争宣言将在一个小时内紧随而至。"[2]

在英国首相说这些话的同时，日本空军正在为进攻新加坡而向西贡的位置进发，并且参与突袭珍珠港的日本航母编队也正在离开日本港口，前往单冠湾集合。

1　原文为"X day"相当于"D day"。——译者注
2　原作者在此处使用了斜体。——译者注

提案"A"被否决后，11月2日，日本政府将另一项备选提案提交给科德尔·赫尔。美国不可能接受这项提案，因为这无异于纵容日本侵略中国，以及放弃赫尔先生的"四个要点"。

11月26日，科德尔·赫尔向日本大使和特使来栖提出如下最后条件：

（一）在与远东有利益的所有国家均应签订一项互不侵犯条约。

（二）日本应该从中国和法属印度支那撤军。

（三）日本应撤回对其在华傀儡政府的一切支持。

就在当日清晨，准备袭击珍珠港的日本舰队起航，而日本外交官们则收到外务大臣东乡的指示："要避免给美国留下谈判破裂的印象。""告诉他们，"东乡在电报中说，"你们正在等待本国政府的指令。"日本人现在打算利用两国之间的这种外交交流进行掩护，在两国关系破裂的消息传到英国和美国之前，对选定的地点发动突然袭击。

1941年12月1日，日本召开了一次帝国会议，目的是就与美利坚合众国、英联邦和荷兰和平相处还是兵戎相见这个生死攸关的问题作出决定。这个决定最终结果如下："我们与美国关于执行我方政策的谈判最终失败了。日本将对美国、英国和荷兰开战。"

与此同时，野村和来栖留在华盛顿，按照他们收到的指示，尽其所能"防止美国起疑心"。12月7日上午10点左右（东京时间），东乡开始向他的两位特使传来中断谈判的消息。消息写明，稍后将以电报的形式通报将这一消息送至国务院的确切时间。

怀着维持和平的渺茫希望，罗斯福总统给裕仁天皇发了一封私人电报。这封电报于12月7日下午到达东京，当时日本外务省已获悉其内容，但直到晚间9点才被转交给格鲁大使。

当它被破译后，美国大使于12月8日凌晨12点15分将它带给东乡，并要求与天皇进行私人会面。东乡告诉格鲁，他会亲自把总统的信交给天皇。

午夜过去半小时后，美国大使回到大使馆。那时是美国时间12月7日的10点30分。太平洋战争已经开始。

远东国际军事法庭在其判决中对延迟递送总统给裕仁天皇的信息作出了这样的处理："关于总统给皇帝的信件迟迟未送达格鲁先生这件事，本法庭没有得到令人满意的解释。这种无法解释的延迟阻止了可能由该消息引发的任何影响的产生。"[1]

在这一天结束之前，日本军队袭击了珍珠港、马来半岛的哥打巴鲁、菲律宾、中国的香港与上海以及关岛和威克岛。他们在马来半岛东岸的其他选定地点登陆。他们还在巴东勿刹越过了马泰边境，在夜幕降临之前，新加坡遭受了第一次空袭。日本人通过这种巨大的外交背叛，确保了在"行动日"当天进行的军事行动中，所有计划都达到了最大限度的出其不意的效果。

就这样，日本与西方列强的战争开始了，这场战争持续了将近4年，充满了杀戮与苦难，直到1945年日本无条件投降才宣告结束。

在整个战争期间，日军所到之处，都有官兵大规模实施屠杀、谋杀、酷刑、强奸和许多其他野蛮性质的暴行。

东京国际军事法庭在判决书中如此写道："在几个月的时间里，法庭听取了证人的证词，这些证人详细证实了在所有战区犯下的暴行，其规模如此之大，却又遵循如此普遍的模式，因此只能得出一个结论。这些暴行要么是日本政府或它的个人成员以及武装部队领导人秘密下令的，要么是其故意允许的。"

1　《远东国际军事法庭庭审记录》，第49456 — 49459页。

第二章

中 国 事 变

无论如何，战争已经在中国持续了十多年，但从九一八事变开始到1945年战争结束，日本一直拒绝承认中日冲突是公认意义上的战争。

当日本驻日内瓦的国际联盟代表接受了实际休战的决议（这份决议后来也促成了李顿委员会的设立）时，他明确表示，日本接受该决议的条件不言而喻，即国联的行动不能阻止日本军队在满洲对"土匪"采取"惩罚"行动。

中国境内的敌对行动，不是战争，而是事变，抵抗日本侵略的中国军队，不是士兵，而是"土匪"。

日本人认为，尽管他们深知自身的侵略行动并没有遵守关于战争的法律和惯例，但采用这种委婉的名称可以为其行为提供一个借口。

因此，被日军俘虏的中国士兵，也以同样的借口被剥夺了战俘地位，其中许多人被屠杀、折磨或被征入日本劳工营。仅在本州岛的一个集中营里，就有将近50%的强征劳工，共计900多人，他们都死于饥饿或酷刑。

日本声称，这场战争是为了"惩罚中国人民拒绝承认日本民族的优越性和领导地位，以及拒绝与日本合作"。[1]

日本人希望通过野蛮的战争摧毁中国人民继续战斗和保卫家园的意志。因此，日方制定了实施恐怖空袭的计划。

1939年，华中派遣军参谋长向陆军大臣板垣[2]汇报形势判断时，提出如下建议：

> 陆空两军应该攻击内陆的战略要地，以恐吓敌方军民，从而在其中形成反战的和平主义倾向。我们所期望的针对内陆的进攻行动是在敌方军民中造成精神恐慌，而不是直接对敌方人员和装备造成实质性的物质损害。我们将拭目以待，

---

1 《远东国际军事法庭庭审记录》，第49595页。

2 与作为关东军的高级参谋、在奉天事件中扮演了重要角色的板垣是同一个人。见本书第一章。

看他们在过度恐惧中陷入神经衰弱，并疯狂地开始反蒋[1]和平运动。

没有比这更清楚的证据能够表明这场战役实际上是一场惩罚性的战争，日本领导人也从未停止宣称，目的是让中国人民"认真反思自己的错误做法"，并接受日本的统治。他们也从未停止过宣扬"灭绝"这一极权主义的委婉说法。同一时期，"灭绝"一词还受到了另一侵略国的青睐。

同年，平沼骐一郎在日本国会发表"鼓舞国民士气"的演讲，当谈到"中国事变"时，他说："我希望中国民众能够理解日本的意图，与我们合作。对于那些不理解的人，我们别无选择，只能消灭他们。"[2]

日本驻国际联盟代表接受国联决议的附带条件，被日本当作可以继续在满洲对中国军队采取军事行动的借口。

一场消灭"土匪"的无情军事行动开始了。到1931年底，中国军队的主力已经撤退到长城以北，但是中国的东北义勇军仍然在大范围内进行着相当程度的抵抗活动，尤其是在奉天、海城和营口周围的乡村地区。

1932年夏末，日军曾将撤退的东北义勇军追赶至抚顺附近的三个城镇。他们怀疑这里的居民在行动期间帮助了所谓的"土匪"，并在其撤退时提供了避难所。这三个城镇中包括妇女和儿童在内的所有百姓都被日本士兵拖出家门，沿着主干道旁的沟渠排成一列，并被迫下跪。随后他们惨遭机枪扫射，少数幸存者也被刺刀刺死。以这种方式被杀的男人、女人和儿童共有2700人，关东军总司令辩解称这是剿匪计划的一部分。

12年后成为日本首相的小矶将军[3]在大屠杀发生后不久，给日本陆

1　国民政府总统蒋介石。
2　原作者在此处使用了斜体。——译者注
3　见本书第十五章。

军次官发送了一份简报，其中写道："日本和中国之间的种族斗争在意料之中……必要时，我们必须毫不犹豫地使用军事力量。"

于是，中国战争中的大屠杀被认定为合理的军事需要。[1]这一策略贯穿始终，在一项早已被西半球遗忘的罪行中达到顶峰，这项罪行就是日本在占领南京的前6周内，对20万[2]中国百姓和战俘进行的那场大规模屠杀。

松井将军是在东京国际军事法庭受审的一名被告，1937年至1938年间他一直担任华中地区的总司令。正是他的军队制造了举世震惊的"南京大屠杀"，这是近代最骇人听闻的战争罪行之一。下面的叙述是对事件发生10年后在东京法庭上所提供的证据的一个非常简短的总结。

1937年12月初，当日本华中方面军逼近南京时，超过半数的人口逃离了这座城市。与此同时，中国主力军撤退，留下了大约5万军队保卫南京。

12月2日，日军猛攻南城门，大部分中国军队从北城门和西城门逃走。次日清晨日本人进城时，那些还没有撤离的中国士兵已经脱下军装，放下武器，躲进了由几个留下来的中立者组建的国际安全区，这些中立者正是为了组建安全区而留下的。所有的抵抗都停止了。

日本军队就像成吉思汗的游牧部落一样大肆烧杀掳掠。正如一位目击者描述的那样，"这座城市似乎已经落入日本人的手中，成为被俘获的猎物，而胜利军队的成员已经开始对战利品施行无限的暴力"。一小群日本士兵日夜在城市里四处游荡。许多人喝得酩酊大醉，但他们的指挥官或军官却并未试图在占领军中维持纪律。他们抢劫、焚烧、强奸、谋杀。士兵们在街上游行，在未被挑衅、毫无缘由的情况下，不分青红皂白地杀害中国的男女老少。

他们杀戮不断，直到排水沟里满是鲜血，受害者的尸体散落满街。正如屠杀现场的一名中国目击者证实的那样，南京的居民"像兔子一样

1　军事必要性原则在附录1"战争罪行审判中的一些法律内容"中得到讨论。

2　南京大屠杀遇难人数为30万。——译者注

被追捕，任何被发现逃窜的人都惨遭射杀"。

按照最低数值计算，在日本占领南京的头三天里，有12000名男女、儿童被枪杀或处死。强奸在当时是司空见惯的事，受害者试图保护她的家人的任何反抗几乎意味着死亡。连小女孩和年老的妇女都未能幸免于难。

无论是青少年还是老年人都没有受到尊重，目击者在东京法庭上提供的关于强奸者所表现出的异常和虐待行为的证据是不忍描述而且完全不宜出版的。并且，许多受害者遭遇强奸后被杀害，其尸体也被肢解，在日本占领南京的第一个月里，发生了大约20000起强奸案件。

接下来的几周内，抢劫变成了一种消遣，纵火变成了一种运动。百姓被拦在街上搜查，如果他们不交出任何值钱的东西，就会被日军开枪击毙。

成千上万的房屋和商店被破门而入、洗劫一空，并在遭遇日军洗劫之后，被放火焚烧。在南京的主要购物中心——太平路上，街区接连被大火损毁。所有私家住宅都被无故纵火，据估计，这座城市约有1/3的地方被大火烧毁。

日本指挥官允许其部队大规模屠杀城里的男性居民，理由是扔掉武器的中国士兵一定躲在了平民之中。

然而，大部分中国士兵都留在所谓的国际安全区内，即使他们没有这样做，对他们的杀戮也不符合国际法的规定，因为当他们扔掉武器不再抵抗时，他们就有权被当作战俘对待。

尽管如此，在这个借口下，成千上万的男性平民遭到围捕，双手反绑，走出城墙，在那里被机枪或刺刀杀死。就这样，超过20000名符合征兵年龄的中国男子惨遭杀害。

"日本军队的这种野蛮行径，"东京法庭在判决中说，"不能将其归咎于一个士兵在顽强防守的阵地终于投降时的暂时失控性的行为，继而妄想获得原谅。在这座城市被占领后的至少6周内，强奸、纵火和谋杀仍在大规模发生。"

南京发生的这些事似乎连纳粹都胆战心惊，他们将在接下来的6年内证明自己同样擅长大规模屠杀。在德国驻华大使馆向德国外交部提交的一份报告中，提到了"整个军队的暴行和犯罪行为"，指的就是在南京的日本军队，并且将军队本身描述为野蛮的机器。

但被日军俘虏并杀害的士兵并不止有这20000人。当日军逼近南京时，总共3万多人的庞大的中国军队已经放下武器投降。72小时之内，他们就都在长江岸边排成一排，被机枪扫射而死。

有人对日本占领南京前6周内屠杀的中国军人和平民的总数进行了非常仔细的估算，按最低数值计算，这个数字不少于20万。

殡葬协会和其他保存了可靠记录的组织已经说明其埋葬了超过15万具尸体。几乎所有这些人的双手都被绑在背后，这些记录显然不包括已知的成千上万具被火烧毁或被扔进长江的尸体。

这就是南京被洗劫和大批南京居民被屠杀的故事。日本最高司令部对他们的行为一清二楚，但没有采取任何行动去阻止其发生或停止这场屠杀。跟随陆军先遣卫队进城的日本大使馆官员对陆军的意图非常清楚。事实上，他们甚至向军事当局抱怨南京的宪兵力量不足，难以应对局势和维持纪律。专门执行这项任务的宪兵部队由不超过17名警察组成。

由于向军事当局发出的呼吁没有得到回应，使馆工作人员试图通过一些南京的外国传教士让日本知晓这些可怕的事实，寄希望于日本政府可以在舆论压力下对军队有所约束。

松井将军本人在他的军队进入南京仅4天后就到达了，那时至少已有15万无辜的居民遭到屠杀。松井在庭审中承认，他进城前就听说了后方司令部的暴行，并且在他到达南京两天后，整个南京商业区仍在燃烧之中。

但是，他似乎并不在意，因为他在凯旋进入这座城市的第二天，举行了一场悼念死者的宗教仪式，并发表了以下声明：

我向江北、浙江两地数百万遭受战争祸害的无辜人民表示深切同情。如今，旭日旗高高飘扬在南京上空，皇道在扬子江南熠熠闪耀，东方复兴的曙光即将出现。在此之际，我希望四万万中国人民能够重新考虑局势。

　　他们中有20万人没有机会考虑这一"慈悲"的劝说。他们的尸体被安葬在南京的墓地，他们烧焦的遗骸躺在被焚毁的家园的废墟之中，他们肿胀的尸体沿着长江漂流到最终的安息之地。

　　1937年，松井将军被召回，重新服现役，先指挥上海派遣军，后来又指挥华中方面军，当时他已在退役名单之上。有关他对这些罪行的责任以及知晓程度，东京法庭在判决书中这样说道：

　　在这些可怕事件发生的高峰时期，12月17日松井凯旋进入这座城市，并在此停留了5-7天。根据他自己的观察和工作人员的报告，他一定知道发生了什么。他承认，在某种程度上，他曾被宪兵队和领事官员告知其军队的不当行为。这些暴行每天都被报告给日本驻南京的外交代表，后者又将它们报至东京。

　　法庭确信松井知道发生了什么。他没有采取任何措施，或者说没有采取任何有效的措施来减少惨剧的发生。他确实在攻占这座城市之前发布了命令，要求他的部队遵守行为规范，后来又发布了更进一步的禁令。但显而易见，这些命令毫无作用，而且他也一定心知肚明。

　　代表他的人为他辩护说彼时他正在生病。他的病并不足以阻止他指挥军事行动，也没有阻止他在这些暴行发生的期间访问该城数日。他是军队的指挥官，对这些事的发生负有责任。他知道这些事的发生且有权力和义务管控他的军队，保护南京不幸的市民。他必须因未能履行这一职责而承担刑事责任。

南京的外国传教士在日本引发舆论关注而做出的努力，取得了一些成功，并在整个文明世界引起了强烈反响。这导致松井和他手下的一些军官被召回，但日本政府没有对他们采取任何行动，并且很快松井就作为内阁顾问委员会成员重新公开活动，他还因"在中国功勋卓著"而受到嘉奖。

与此同时，屠杀仍在继续。南京沦陷后，蒋介石将司令部迁至汉口，又将政府所在地迁至重庆。日本人则在北平建立傀儡政府。

几天后，在泰兴地区，一队日本宪兵在一个村庄里抓获了7名疑似中国非正规军的平民。他们被饿了3天，然后遭受日本惯用的酷刑，第5天他们被绑到树上，惨遭刺刀劈刺而死。

在另一个村庄，一队士兵到来之后强奸了所有的妇女，杀害了24名居民，还在离开前烧毁了2/3的房屋。大约在同一时期，40多名王家渡村村民惨遭杀害。

日军在上海也犯下了无数暴行。他们烧毁了上海市郊的所有农舍，农民及其家人的尸体也在其离去后被发现，其中还包括妇女和儿童。他们是被蓄意杀害的，因为他们的手被绑在身后，后背上有刺刀的伤口。

沿着从上海到南京的整个行军路线，松井的军队留下了血腥和破坏的痕迹。在他的部队占领的一个又一个村庄里，即使仅占领了一个晚上，抢劫和屠杀都猖獗成风。在中国，日军的野蛮之名众所周知。1937年11月初，日军进入苏州，许多未能在日军到来之前逃离的居民被聚集在一起，沿着主要街道排成队列，遭枪击而死。

1938年，战役进一步向南延伸至武汉[1]和广州。10月25日，畑俊六将军[2]的部队进入并占领了武汉，开始"处置"在武汉投降时落入他们手中的战俘。

1　作者原文写的是汉口。——编者注
2　后来的陆军元帅畑俊六，见本书第十五章。

在东京审判中，标准石油公司经理、目击者阿尔伯特·多伦斯讲述了这些囚犯的死亡过程。当日本人进入武汉时，正有4艘美国炮艇行驶在长江武汉段上，多伦斯就是在其中一艘船上目睹了暴行。

日本人在前一天下午占领了这座城市，第二天早上，目击者看到他们在海关码头集结了数百名中国士兵。当时，长江的水位极低，跳板（从船延伸到码头的走道）从河岸向河床延伸约半英里。中国士兵在这些长跳板上被分为三四组扔进水里。一旦他们的头露出水面，就会遭到射杀。

多伦斯和一群美国水手站在一艘炮艇的甲板上目睹了这场悲剧。当日本人看到有观众时，他们改变了计划。他们让受害者乘坐小型汽艇，带着他们顺流而下，直到他们看不见美国船只，然后像之前一样把他们扔进水里并开枪打死。

但是，做出这种野蛮行径的不仅仅是畑俊六和松井石根的军队。现在，整个陆军在中国的行为在日本更加自由开明和尚武精神较弱的公民中产生了一种使政府为难的不利反应。

德国士兵曾在1940年至1945年间吹嘘他们占领欧洲的英雄事迹，他们把一些令人毛骨悚然的暴行纪念品邮寄回家，并将许多纪念极恶罪行的相片存放于钱包之中。和他们一样，日本士兵也在信件中，以及在返乡休假与亲友讲述其经历时，述说了自己及同伴对中国士兵和百姓犯下的许多暴行。

根据上述这些故事，一位虚伪的日本中队长给了即将成为掠夺者的士兵们一些非正式的指导："为了避免麻烦，我们要么付钱给他们，要么事成之后在某个不显眼的地方杀了他们。"

一名士兵写给家里的信中有这样一段话："我在战斗中最喜欢做的事就是掠夺。在前线，上级对掠夺视而不见，有些人可以掠夺到心满意足为止。"

另一名士兵写道："在前线的半年里，我只学到了两件事，那就是强奸和抢劫……我们的军队所实施的掠夺是超乎想象的。从中国军队带走的俘虏有时会排成一排接受射击，只是为了让我们练习机关枪横扫的火力。"

还有一个人写信回家，讲述了下面的故事："在……我们抓到了一家四口。我们像对待妓女那样玩弄他们的女儿。由于父母一直坚持让我们把女儿还给他们，我们就杀了这对父母。然后我们又像以前一样玩弄这个女孩，到部队向前推进时，便将她杀死。"

日本军官允许含有此类内容的信件不经审查而随意邮寄回家，这一事实似乎清楚地表明，这些做法不仅被允许和宽恕，甚至都未被认为应该受到谴责。然而，我们注意到，虽然第三封即最后一封信中所记载的可怕情况如实发生了，但出于安全原因，事件发生地的地名被删除了。

这些越来越普遍发生的事情和行为，使陆军大臣板垣征四郎认为有必要采取一些行动，防止士兵写信回家或返回日本休假，如他所说，目的是避免日本军队的"好名声"遭到破坏。因此，陆军部兵役科制定了"绝密"类别的特别命令，并于1939年2月由陆军次长授权发给"所有在中国的日本陆军司令官"。

命令中包括上述日本士兵的陈述和信件的一些摘录，仅此一项就足以证明其真实性。命令规定，返乡士兵的这种"令人反感的行为"将被制止。请注意，"令人反感的行为"一词并不是指这些人所犯下的战争罪行，而是指他们已经向亲朋好友讲述了这些罪行的这一令人遗憾的事实。

这个"特别命令"以此结尾：

> ……归国官兵的不当言谈不仅成为谣言的起源，而且损害了人民对军队的信任，扰乱了拥军群众的团结……我再次重申这一命令，要加强管控，以颂扬战功，提高日本陆军的军事声誉，并确保没有任何事物能够影响圣战目标的实现。

没有证据表明特别命令所谴责的"令人反感的行为"在其发布后是否停止。然而，制定该命令的当局并没有采取任何措施来阻止这种行为的发生。月复一月，年复一年，在整个中日战争期间，日本军队一如既往地灭绝人性，无论走到哪里，都给无辜百姓和毫无防御能力的村庄带来死亡和毁灭。

1941年，梅津将军手下的一些军队正在为了征服所有抵抗溥仪皇帝傀儡政府的敌对势力而作战，他们在热河省所属的一个村庄里，一夜之间杀死了村内300个家庭的所有成员，然后又放火将该村落夷为平地。

同年晚些时候，在武汉和广州被相继占领很久之后，日军从这两个城市出发聚集到一起，深入内陆开展军事行动。

他们进入广东省卫阳城，屠杀600余名百姓。一位百姓当时腹部被刺刀刺伤，但幸免于难。这位幸存者作为证人被传唤到东京法庭，讲述了这一悲惨的往事。他告诉法庭，日本士兵"不分男女老少，一律用刺刀劈刺"。

1941年9月，日军一个师团从武汉南下至湖南长沙，以武力相威胁，迫使200余名中国战俘从长沙的粮仓中掠夺大量小麦和大米。然后，在俘房们带着赃物返回后，日本士兵为了掩盖自己的偷窃行为，用机关枪对准他们扫射，将其杀害。没有一个战俘幸存下来。

进入长沙后，日军做了很多曾在南京做过的事，不过规模稍小一些，并且在湖南、广西、广东三省各处都犯下了大规模的暴行和其他战争罪行。他们强奸、抢劫、焚烧以及谋杀。他们非法招募妇女强迫其从事劳动和卖淫。他们向上千名已经投降的战俘开枪。

我们永远无法清晰地了解这些罪行的全貌，但中国人民永远不会忘记这些侵略者犯下的暴行。

第三章

战 俘 的 普 遍 待 遇

18世纪晚期，战俘获得适当安置、食物供给和人道待遇的权利首次得到承认。之前，战俘经常被屠杀或作为祭品献给众神。如果他们没有遭到杀害，则通常会沦为奴隶，当然，有时也会存在被交换或赎回的情况。

随着基督教的传播，战俘的地位逐渐提高，但很久以后人们才接受这一观点，即与普通监禁不同，囚禁只是为了防止战俘重新回归部队并再次拿起武器。

根据1785年普鲁士和美利坚合众国之间缔结的友好条约，禁止将战俘关押在罪犯监狱或铐上手铐。他们必须住在健康的环境中，可以进行锻炼，并和俘虏他们的部队吃同样的食物。

后来，上述原则在19世纪得到普遍承认。1907年起草《海牙第四公约》时，《陆战法规和惯例》被附于该公约之后，并成为其中的一部分。

第一次世界大战期间，德国人对英国战俘的虐待[1]使世界注意到公约中关于囚禁的条款的缺陷。1929年7月27日，47个国家的代表在日内瓦召开外交会议，正式签订《关于战俘待遇的日内瓦公约》（以下简称《日内瓦战俘公约》）。

参加会议的日本代表也签署了该公约，但1941年12月日本参战时仍未正式批准。然而，1942年初，英国、美国和其他列强告知日本，他们将遵守该公约的所有条款，并要求日本给予互惠待遇。

日本外务大臣东乡茂德正式保证，虽然不受该公约约束，但日本仍会将该公约适用于所有美国、澳大利亚、英国、加拿大和新西兰的战俘。依据这一具体承诺，日本在道义上有义务在所有可能的情况下遵守该公约的规定，而在无法逐字逐句依从公约的情况下，日本则有义务采用最接近的切实可行的对等办法。

但无论如何，日本人都受到《海牙第四公约》的正式约束。序言中

1　《泰晤士报战争历史百科全书》，第六卷，1916年，第241—248页；麦卡锡，《德国的战俘》；议会白皮书第8984页、第9106页。

曾提到，当权者宣布，因为"意识到当时不可能使条例涵盖所有可能在实践中出现的情况"，他们也不打算让军事指挥官随意判断那些不可预见的情况，所以在一个更完整的法规发布之前，遇到条例中没有具体规定的情况，交战各方仍然"处于国际法的保护和管理之下，因为国际法起源于人类文明的惯例、人性的法则以及公众良知的要求"。

由此可知，日本领导人在东京审判中坚称的"因为我们从未批准1929年的《日内瓦战俘公约》，所以没有义务妥善对待俘虏"的主张根本是无稽之谈。

附在较早的1907年公约中的条例规定，战俘必须受到人道主义对待，其个人财产也必须受到尊重。所有被俘士兵，包括非战斗人员，都有权享有战俘待遇，不能从事过度的或者与战争相关的工作。他们必须得到妥善安置，和俘虏他们的人得到一样的食物供给。他们的详细情况应该得到妥善记录并提供给有权索要该记录的人。他们也必须得到红十字会等组织机构向他们提供的救济。

这些规定中的每一项都一再遭到违反。他们被杀害、被刺死、被折磨、被殴打。他们的财产被抢走。他们在恶劣的条件下，夜以继日地从事着违禁工作。他们被关在污秽肮脏的环境中，许多人被饿死或饿得瘦骨嶙峋。

日本人对战俘的野蛮虐待是武士道准则带来的后果，作为基本训练的一部分，该准则被灌输给日本士兵。武士道准则中，背对敌人被认为是懦弱的行为，这种做法还会令家族蒙羞。日本武士"将主君受难时没有为其而死视为自己的耻辱……他们自己的耻辱同时也是其父母、亲属、家庭和整个家族的耻辱。对于任何级别的武士来说，与维护名誉的纯洁无瑕相比，生命轻如鸿毛"。[1]

按照武士道准则，日本的年轻人被教导，为天皇而死是最大的荣耀，向敌人投降则是可耻的。正是因为在日本人看来，1929年的《日内瓦战俘公约》与这种军事行为准则背道而驰，所以日本从未批准其生效。

1　井上千吉，《忠臣藏》，丸善有限公司，第4版，1910年。

所有西方列强的士兵，如果战斗到打光最后一发子弹，发现自己被完全包围或面临绝境时，都会选择投降，他们并不会遭人耻笑。根据国际协议，他们的名字会被记录下来，其亲属也会被告知他们还活着，而且健康。

相同情况下，日本士兵唯一的可悲可叹之处就是战斗至死。他们永远不会投降，而是把最后一发子弹留给自己，或者向敌人发起最后的自杀式袭击。即便这个士兵受伤入狱，无法动弹或失去知觉，他也再无办法在日本抬头做人。他和他的家人将会永远蒙羞。

这种观念，无疑让日本士兵极度蔑视那些向日军投降的人。这些投降者已经丧失了作为正常战俘的合法权利。当第一批美国战俘在巴丹大量投降并要求将他们的名字报告给政府，以便其家人知道他们还活着时，日本士兵大吃一惊。

在日本士兵眼中，那些英勇战斗直至必须投降的人和那些不战而退的人并无差别，都没有资格受到尊敬，因为他们已经失去了荣誉。

这种观念在很大程度上解释了日本陆军和海军对待盟军战俘的方式，尽管它不能成为这种行为的借口。正如东条英机首相给战俘营指挥官下达指示时所说的那样，"在日本，我们对于战俘有自己的观念，这自然应该使战俘在日本的待遇与在欧洲和美国有所不同"。

从太平洋战争开始，普遍承认的关于监管战俘和被拘平民的规定被公然无视。战俘被枪杀、斩首、溺死和以其他方式杀害。他们在死亡行军中死去。在行军途中，生病且完全不能适应任何劳累环境的战俘，被迫在健康士兵也无法承受的条件下长途跋涉。许多掉队的战俘被押送者击毙或刺死。

他们被强迫在热带的高温下劳动，没有任何防晒措施，成千上万的囚犯在建设缅甸－泰国铁路的工作中死去，而他们根本就不应该做这些工作。

战俘营里的环境极为恶劣。住所不足，卫生设施缺失，医疗用品匮乏，这些问题导致数千人死于疾病。

囚犯被有组织地殴打并遭受各种酷刑，因为敌人试图从他们口中获取情报，或者是因为他们在集中营里犯下轻微的违纪行为。

逃跑后被重新抓获的战俘遭到枪决，被俘的飞行员被用刀斩首，这是日本惯用的方法。

战俘中甚至出现了吃人的惨况。

上面的清单绝不是详尽无遗的，在随后的章节中将为大家展示许多其他残暴和虐待的例子，详细描述这些可怕的罪行。

另外，我们能从以下这一重要的比较中体会到战俘的受虐程度。在欧洲战区，有235473名英美战俘被德国人和意大利人俘虏。其中有9348人在囚禁期间死亡，占俘虏总数的4%。而在太平洋战区，这一比例为27%。

除了实际的残暴和虐待之外，过度和非法的惩罚也被有组织地施加到俘虏身上。在东条英机发给战俘营和平民拘留营指挥官的指示中，他命令他们对战俘和被拘留者实行最严格的纪律，他写道：

> 在不违反人类法则的情况下，战俘必须被置于严格的纪律管控之下。必须注意不要被人道主义的错误观念所迷惑，也不要被对待战俘的个人感情所左右，这种感情可能会随着战俘的长期监禁而日益增长。

日本签署了1929年的《日内瓦战俘公约》，但并未批准，外务大臣东乡曾承诺，进行必要的修改之后，日方会将其适用于所有美国、澳大利亚、英国、加拿大和新西兰的战俘。该公约明确禁止下列行为："体刑、监禁于无日光的场所，以及任何形式之酷刑。"它还禁止对个人行为予以集体处罚。根据该公约，逃跑的战俘，如果在他们能够逃脱之前被重新抓获，只能受到纪律处分。

日本人完全理解他们在道义上有义务遵守的这些规定，因为1934年日本军事当局曾基于以下理由反对批准这些条款，即根据该公约，战俘不能像日本士兵那样受到严厉惩罚，如果要使日本士兵和战俘处于平等地位，则将涉及《日本军事和海军纪律守则》的修订，然而，这种修订对于纪律的维护来说是不可取的。

尽管东乡作出了保证，1943年日本陆军大臣还是发布了如下规定："如果一个战俘犯下不服从命令的罪行，他将受到监禁或逮捕，以及其他任何出于维护纪律目的被认为有必要增加的措施。"[1]

这一规定授予日军，特别是负责关押战俘的日军自由处理的权力，在此规定下，体刑、酷刑和集体处罚得以实施。所有被发现的战俘或被拘平民因轻微违纪或往往无违纪行为就受到体刑的情况中，出现了以下这些常见的体刑方式。其中最温和的形式包括掌掴[2]、击打和踢踹。如果受害者失去知觉，他会被冷水浇醒，并迎来第二轮惩罚。有数以千计的战俘因这种形式的惩罚而死，因为他们中的许多人早已因疾病和饥饿而即将走到生命的尽头。

许多其他形式的残酷、非法惩罚也得到了普遍使用：在没有任何保护的情况下将战俘长时间暴露在炎热的阳光下；绑住其手臂将其吊起来，这种方式有时会迫使手臂脱臼；将战俘捆绑起来，然后留在某个地方被昆虫叮咬；将战俘封闭在狭小的笼子里数日，且不提供任何食物；将战俘关在没有光线、没有新鲜空气、几乎没有任何食物的地下牢房，一次持续几个星期；迫使战俘长时间以一种局促的姿势跪在尖锐的物体上。

每当日本人找不到犯错的个人时，就会采用集体处罚。最常用的处罚方法是强迫同组或同屋的所有成员摆出一个紧绷的姿势，例如将双腿折叠在身体下面坐着，同时将双手手掌向上放在膝盖上，然后要求他们在白天连续数日保持这个姿势。

在马来半岛的河谷路集中营，作为一种集体处罚，囚犯们不止一次被要求在破碎的玻璃上赤脚绕圈奔跑，同时遭受来自日本卫兵的枪

1　原作者在此处使用了斜体。——译者注
2　《远东国际军事法庭审记录》，第49702页。

托殴打。

战争期间，日本的战俘条例被修改，以便允许逃跑的战俘受到与日本军队逃兵一致的惩罚。

> 共同采取行动逃跑的一群人的领头人应该被判处死刑或至少十年监禁。其他参与人员应该被判处死刑或至少一年监禁。[1]

根据该条例，几乎每一个试图逃跑或逃跑后被重新抓获的战俘都被判处死刑。

盟军战俘也一直受到日本人的欺侮和公开羞辱。这种做法的目的是让亚洲其他民族意识到东方优等民族的优越性，并降低西方文明的声望。

1942年3月4日，日本陆军部收到一份日本驻朝鲜陆军司令[2]发来的电报，内容如下：

> 我们希望能够在朝鲜拘禁1000名英国战俘和1000名美国战俘，因为这将非常有效地消除朝鲜人民对英美的尊重和崇敬，并让他们对（我军）的胜利树立起充分的信心，总督[3]和军队都强烈渴望促成此事。请对此事给予特殊考虑。

第二天，日本陆军部给他回复了一封信，大意是1000名"白人战俘"将被送往釜山。

板垣将军利用盟军战俘实现攻心计划的更多细节于同月晚些时候被送到东条英机手中。"我们的目的是，"板垣写道，"通过在朝鲜关押英美战俘，让朝鲜人清楚地认识到我们帝国的真正实力，同时以此助力心理宣传工作，以消除大部分朝鲜人仍深藏在心底的对欧洲和美国

---

1 摘自1943年3月9日的一项条例。
2 此时朝鲜军由日本甲级战犯之一板垣将军指挥。
3 总督是南次郎将军，他也是日本的甲级战犯之一。

的崇拜之情。"

5月，驻新加坡日军总司令接到通知，白人战俘将会在8月前移交给朝鲜和中国军队。

8月，第一批在马来半岛作战的战俘抵达朝鲜南部，在大约12万名朝鲜人和5.7万名日本人面前，游行穿过汉城[1]和釜山的街道。他们先前因营养不良、日军的虐待和疏于照料等原因而体重急剧下降，日军这样对待战俘的目的是让他们糟糕的身体状况引起观众的蔑视，此次游行也是为了加深观众的这种印象。

从日本人的角度来看，这似乎是一次绝对的成功。板垣的参谋长在其交给陆军次官木村的报告中，引用了人群中两名朝鲜人的话：

> "当我们看到他们虚弱和摇摆的样子时，他们输给了日本军队这件事就不足为奇了，"有人无意间听闻一位旁观者如此说道。
>
> "当我看到年轻的朝鲜士兵，"另一个人说，"是看守俘虏的皇军成员，我便流下了喜悦的泪水。"

参谋长在其报告的篇末评论道："总的来说，这个做法似乎非常成功地将朝鲜人对英国人的所有崇拜从其脑海中驱散，并让他们了解了如今的形势。"

釜山游行随后被一名参与其中的英国士兵如此描述：

> 上午9点左右，1000名来自英国和澳大利亚的战俘乘坐日本船只"深井丸"，历时5个星期，终于从新加坡抵达了朝鲜南部的釜山市。当他们上岸的时候，战俘们接受了消毒剂的喷洒和日本记者的拍照，然后被聚集在码头上，接受宪兵的检查。在这次检查中，宪兵拿走了战俘们的手表、结婚戒指、

1　今称首尔。

图章戒指以及个人照片，并且再也没有归还。

搜查结束后，包括生病的战俘在内的所有战俘都被强迫排成四排，并在被集结的釜山居民面前绕着釜山的街道游行，一个日本军官骑马走在纵队的前面，日本卫兵则走在纵队的两侧。游行在烈日下进行了一整天，只在两所学校的操场上停留了两次，孩子们被允许靠近囚犯，嘲笑他们并向他们吐口水。

下午5点左右游行在火车站结束，每个囚犯都领到一个长方形的小纤维盒子，里面装着冷米饭、一条鱼干和几片腌黄瓜。只允许他们在站台上吃这些东西，这是他们从早上8点开始吃到的第一顿饭。上火车之前，每个人都得到了另一盒类似的食物，战俘们将靠它在从釜山到汉城的火车上度过接下来的24小时。

抵达汉城后，战俘们再次在城镇周围被带着游行，最后进入战俘营，那里将是他们未来两年的家。由于这次宣传游行，以及在饥饿中度过的漫长的火车旅程，有几名囚犯抵达汉城几天后就死去了。

在第一次大规模羞辱盟军战俘的尝试取得成功后，这种做法变得普遍起来。1944年2月，在2000多英里外的缅甸毛淡棉市，25名盟军战俘在街上被迫游行。他们身体虚弱，被迫携带用缅甸语书写的告示，谎称他们于近日在阿拉干前线被俘。他们还遭到陪同游行的一名日本军官的奚落和蔑视。

同盟国和保护国瑞士频繁向日本提出正式和非正式的抗议，反对这些一贯违反国际法的行为。其中大多数抗议都被日本忽略，而当日本给出答复时，要么称其不真实，要么闪烁其词。

毫无疑问，日本政府的所有成员都知道这些抗议书，即使他们当时假装对盟军战俘的困境一无所知，他们也一定受到了询问。盟军抗议的文本由外交部门分发给所有其他有关部门，当然也包括服务部门。

在决定是否应当给予答复以及如果答复应采取何种形式给予答复时，官员在每两周一次的战争部各司司长会议上对此事进行讨论。

盟军广播电台不断播放有关日本暴行的详细报道，并警告日本的报应即将到来。这些会谈受到日本外务省的监听，并被传阅。这些报道传入了日本高层的耳中，因为宫内省大臣木户在他1942年3月19日的日记中如此写道："……宫内省大臣来到办公室，向我讲述了艾登在国会上发表的关于我军士兵在香港暴行的演讲，就此事我们交换了意见。"

有许多详细的抗议是美国政府通过瑞士大使馆发出的，而其中很多都是由日本外务大臣重光[1]处理的。他指责美国国务院"歪曲和夸大事实"，并拒绝接受这些抗议。

美国对这一指控作出如下回应："美国政府不能接受日本政府对其真实性提出质疑的声明……这些抗议全部都基于书面证据，不能以如此武断的方式加以驳斥。"

英国的抗议也遭遇了同样的命运。1942年7月，英国政府向日本外务大臣东乡提出抗议，称东京一家报纸上刊登了一张照片，照片显示英国战俘正在清理仰光的街道，此举显然是为了取悦公众。两个月后，英国就关押英国战俘的仰光监狱的条件提出了进一步的抗议。他们收到的唯一答复大意是"主管当局进行全面调查后声明，英国抗议中陈述的事实从未发生"。

英国就缅甸—泰国铁路建设中参与建设的盟军战俘的健康问题提出抗议。对此，外务大臣重光作以下答复。这些内容在了解事实的人看来，令人难以置信。

帝国政府对战俘的健康和卫生状况保持高度重视，并采取额外措施，例如每月对每个战俘营进行体检，以便在第一阶段治疗相关疾病。

1　见本书第十五章。

这是一种极其荒谬的说法，因为这些不幸的战俘没有得到丝毫的医疗照顾，数以千计的人死于脚气、霍乱、疟疾以及其他热带疾病和营养缺乏病。

1944年9月，载有1300名盟军战俘的"乐洋丸"号轮船在中国南海被鱼雷击沉后，真相才为世人所知。只有100名澳大利亚和英国战俘被人救起，当他们最终回到家时，他们讲述了整个故事。在新加坡和爪哇的所有可用的战俘都被派往缅甸和泰国去修建新的战略铁路。他们的工作条件和受到的恶劣待遇可见另一章。[1]

英国的照会中列出了从这些幸存者手中获得的所有信息。在回应这一照会时，外务大臣东乡否认日本军队犯下的所有暴行。

日本政府一直纵容虐待战俘和被拘平民的行为，且没有对他们知道的应对此负有责任的人处以任何相应的惩罚。此外，他们竭尽全力，通过阻止保护国的代表访问这些营地来掩盖事实真相，而当少数情况下类似的来访得到允许时，真相则被掩盖，除非有营地工作人员在场，否则就不允许囚犯接受采访。

他们还开展宣传，以给人留下一种所有盟军战俘和被拘平民都得到了很好待遇的印象。盟军返回巴达维亚后不久，在向日军投降后，他们拍摄了几部日本宣传影片。一部类似的影片也制作出来，准备在日军如他们早期满心期待的那样成功占领澳大利亚的时候，在澳大利亚放映。

英国、澳大利亚、荷兰的战俘和被拘禁者被迫出演这部电影：他们中的许多人后来去世了，但相当多的人在战争结束时依然活着。最终，由荷属印度群岛政府信息服务处决定，将这部电影发送至澳大利亚，并尝试将同样被日本以饥饿相威胁，被迫参与电影拍摄的战俘们聚集在一起，还在该影片中引入了一些其他电影的镜头，这些镜头展示了原电影拍摄时战俘和被拘禁者的真实生活状况。

这部电影由日本人于1943年制作，展示了盟军战俘过着舒适和安

1　见本书第五章。

逸的生活。有些场景是在漂亮的图书馆、最新的手术室和设备齐全的厨房里拍摄的，这些场景在爪哇的任何战俘营都不存在，甚至在其他任何地方的战俘营也都不存在。事实上，有关厨房的场景是在位于巴达维亚的豪华酒店中拍摄的，这家酒店正是日本的指挥部。有一天，一些澳大利亚人被送出营地，有人推测他们要去参加一个工作小组。而事实完全相反，他们是被带到了拍摄照片的酒店厨房。之后，他们回到营地，恢复了他们那些比垃圾好不了多少的正常饮食。

另一个场景描述了女性俘虏生活中本该正常的一天。脚本如下：

孩子们唱着："围着玫瑰转啊转（原文如此），口袋里装满了花束（原文如此），咔嚓，咔嚓，都倒下了。"

女人们说："谢天谢地，总算结束了。"

"对不起，我要拿着这件衣服去找马什太太。我会很快回来。"

"费伊，过来。"

"今天天气很好。"

"你想喝茶吗？"

"不，谢谢你，亲爱的，今天不行，改天吧。"

"你在担心什么？"

"嗯，当我来到这个营地时，我确实认为我能够瘦下来。然而正相反，我的体重每天都在上升。"

"你们俩在聊什么呢？"

"哦，只是梅布尔又在谈论她的身材罢了。"

在后来于第二次世界大战后在澳大利亚上映的电影修订版中，在现场的约翰逊夫人解释了妇女集中营的镜头是如何被拍摄的，她说："有一段时间，我们集中营的条件真的没有那么糟糕。它位于宜人的地方，食物很好，我们也有适度的自由，但事实上，我们生活在一个虚幻的乐园中。"

"当日本人拍完了你刚才看到的那些情景时，一切就结束了。"

"我们被带到了你在巴达维亚看到的老鼠成灾、臭虫滋生充满细菌并肮脏的贫民窟，那是一个充满了残酷鞭打、侮辱等现代苦难的地方，也是一个遍布虱子，大米里长着象鼻虫的闷热而令人彻底绝望的地方。这就是从那时起爪哇对我们的意义。"

另一个场景描绘了一男一女在一家服装店里的情景，对话如下：

"下午好。"

"格雷，你觉得这件适合我的孩子吗？"

"什么，大的那个吗？"

"不，是新的这个。"

"你已经有几件了？"

"五件？"

"哦不是吧！"

"当然是真的。"

为了达到目的，日本人给这两名在店里谈话的顾客一捆当地纸币，镜头一拍摄完毕，这些钞票就立即被拿走。这两名"女店员"是被拘禁的荷兰人，她们为这一场景精心打扮，还为此制作了特别的"发型"。在拍摄过程中，看守战俘的卫兵手持刺刀，站在摄像机拍摄范围之外的地方。

但是终极的屈辱是，某天早上，大约500名战俘为了他们认为的某种宗教仪式而列队游行。

皇家空军上尉诺布尔是在场的人之一，他曾这样描述当时的情景：

一天黎明时分，我们500人聚集在医院的院子里，一个大十字架放在那里，其底座上刻着"以免我们忘记"的字样。

当斋藤将军和他的参谋人员来到游行队伍时，一场宗教仪式正式开始了。它令人印象深刻。我们开始认为，日本人毕竟还是有一丝体面的。但是当斋藤将军在摄影师的拍摄中读完他的演讲，然后又重读一次，让他们拍某些特写时，当我们看到劣质的硬纸板做成的十字架在风中摇曳时，当我们意识到带刺的铁丝网被伪装成断裂的树枝时，当机枪正对着我们，隐藏在他们背后时，我们才恍然大悟，这只是一场闹剧罢了。我们基督徒对信仰的崇敬，只变成了对我们倒下的同志们的嘲弄和侮辱。

在这起亵渎神明的事件结束时，屏幕上出现了这样一段话："我们善待我们敌人的士兵。我们保护他们。愿他们的灵魂在天堂安息。"

从日本参战之初到宣布无条件投降为止，日方从未停止过对战俘的谋杀、折磨、虐待和刻意疏忽。犯下这些罪行的人们从未想到会遭到惩罚，正如其中一人所说，"我们将成为胜利者，不必回答问题"。

最终，当日本显然不得不投降时，它试图有组织地销毁所有关于虐待战俘和被拘平民的文件及其他证据。[1]1945年8月20日，战俘营总司令向所有战俘营所在的司令部发出信号，以下两份摘录就是日本人自知有罪的惊人证据：

（一）凡是落到敌人手中会对我们产生不利的文件，一律按机密文件处理，予以销毁。

（二）虐待战俘和被拘平民或在被拘留者中名誉极差的人员，准予通过立即转移或迅速逃离的方式来处理。

1　参见德国人制订的销毁有关集中营罪行的所有真实证据的计划。这些计划用于摧毁营地以及清理幸存的囚犯，只有盟军的快速推进才能避免这些计划的发生。见《卍字旗下的灾祸》，第六章。

第四章

谋 杀 被 俘 机 组 人 员

日本军事当局给出的极力反对批准《日内瓦战俘公约》的理由之一是，这将使敌方空军更容易对日本城市发动袭击。反对批准条约的人认为，一旦敌方机组人员知道，按照国际法规，他们若未从任务中返回，将被当作战俘对待，则将产生使敌方飞机的航程增加一倍的实际效果。

日本政府非常恐惧空袭可能会对日本拥挤不堪、建筑简陋的城市造成的影响。1942年4月18日，这种恐惧变为现实，因为当天盟军发动了第一次空袭，在杜立特上校的指挥下，多架美国飞机轰炸了东京以及日本的其他城市。正如其首相所说，这对他们所有人来说都是一个巨大的打击。

在日本参谋长坚持要求对所有轰炸日本的飞行员判处死刑的情况下，东条英机引入了有追溯效力的法规条例，允许对杜立特上校的机组人员处以死刑。这些条款适用于"那些袭击日本、伪满洲国或其他日本作战地区，以及进入日本远征军管辖范围内的中国地区的敌方飞行员"。当然，已经被关押在中国的美国飞行员也位于处决名单之内。

因此，下列罪行的公认处罚为判处死刑或10年以上有期徒刑：

任何空袭，

（一）针对普通公民；
（二）针对非军事性质的私有财产；
（三）针对非军事目标；
（四）"违反战时国际法"。

长久以来，日本人经常在中国犯下前三种罪行。早在1939年，华中派遣军参谋长就采取了狂轰滥炸的政策，使平民百姓感到恐慌。第四项罪行，即"违反战时国际法"的空袭，根据现行国际法是需要接受惩罚的，但这种惩罚必须经过适当的审判之后，并且在法律允许的范围内才能进行。

杜立特上校指挥的两架飞机在中国迫降，其机组人员被抓获，并像普通罪犯一样被戴上手铐。一组人员被带到上海，另一组人员被带到南京，在那里宪兵队以惯用的酷刑严加审问他们。

被捕一周后，两组人员都被戴上手铐，蒙上眼睛，转移到东京，并被关进宪兵队总部的牢房里。他们在此地被单独监禁了18天，并再次遭受逐日的酷刑审讯。最终，为了避免进一步的苦痛，他们签署了这些他们根本不明其意、用日文书写的声明。

1942年6月17日，他们回到上海，在监狱里待了两个多月。在这段时间里，他们忍饥挨饿，并遭受极端虐待。

7月28日，东条英机的新条例分发至所有司令部，当时在华日本军队的最高指挥官畑俊六将军的司令部也收到这一条例，同时畑俊六将军受命审判美国飞行员。

8月10日举行的这次审判完全是一场闹剧。一些被告到此时此刻，经历了一切苦难之后，已经不适合陈述申辩或参加诉讼；指控和证据都没有被译成英文；被告们也没有得到任何为自己辩护的机会。所有人都被判处死刑。当这些诉讼书被送往东京进行审查时，东条批准了三起死刑判决，并将其他五起减为无期徒刑。10月初，未获减免的三项死刑判决执行。

就这样，杀害被日本俘虏的盟军飞行员的政策开始实施，其后大批有权受到《日内瓦战俘公约》保护的飞行员也同样被处以死刑。在审判之前，使这些俘虏遭受相当长一段时间的饥饿或折磨是一种惯例，审判通常会被免除，即使进行了，也不过是一场虚伪的骗局。

一架美国轰炸机从菲律宾出发执行轰炸西贡铁路的任务时，在法属印度支那的堤岸区附近坠毁，两名幸存者被带到西贡的宪兵监狱，遭受了各式各样的酷刑和反复殴打。他们被从监狱带走，遭到捆绑，光着脚，由一辆汽车运送到机场附近的一个僻静地点。日本的押送队伍由3人组成，并由一名准士官指挥。当他们接近机场时，准士官停下汽车，和一名押送人员一起带着其中一名美国飞行员进入树林，其余两名押送人员则带着另一名美国飞行员进入树林。准士官命令那两名飞行员先后跪在一个已经挖好的墓穴旁边，然后将其斩首。日军的押送队伍随后返回西贡，其中一名押送者后来为了躲避英国的逮捕而自杀。这一准士官最终在新加坡的英国军事法庭受审，被定罪并判处绞刑。

尽管被告承认自己是执行处决的主要参与人，并且承认判决前根本没有进行任何审判，他还是提出了"自己是执行上级命令"的惯常辩护。国际法规定，当所犯行为明显非法时，执行上级命令的抗辩必须无效。不过，所提出的辩护可能构成减轻罪行的因素。被告虽然承认了所有事实，但仍在请愿书中恬不知耻地提出如下恳求：

> 我们的主耶稣基督教导我们，"你要爱你的仇敌，你要为诅咒你的人祈祷，你要善待恨你的人"——而他也亲自实践了这一点。耶稣基督平生所教导我们的伟大的博爱精神，给全世界的人类留下了深刻的印象。您的请愿人恩拙地认为，与严酷峻厉的惩罚的威胁相比，耶稣基督所教导我们的博爱精神将对人类历史产生更深刻、更持久、更强大和更美好的影响。

1945年7月，一架B24轰炸机上的7名被击落的美国飞行员被带到实里达海军基地，他们在那里被拘留了一段时间，一直到基地接收到来自当地海军指挥官冈本少佐对其进行处置的命令，这种状态才发生改变。冈本声称，耽搁了一段时间后，由于不得不将此事提交上级裁定，他命令海军中尉将其处决。于是基地作出安排，8名飞行员在义顺步枪靶场被斩首。[1]

1947年12月，英国军事法庭于樟宜对中尉兼士官冈本进行审判时，

1　原文就是前面为7名，后面为8名。——译者注

海军营地的厨师之一、日本人冈春满提供了以下证据：

大约在1945年7月中旬，一组B24机群飞来轰炸新加坡。经过港口时，他们扫射了两艘正在进行扫雷的日本船只，一架飞机被这两艘船只，即驱逐舰"神风"号和扫雷舰"寿丸"[1]击落。飞机坠入水中，7名幸存者被这两艘船只救起。他们被带到我们的营地，于是我出去凑热闹。他们被关在一个小监狱里，过去曾有14或15名其他战俘被斩首前也关在那里。

当我去看飞行员时，我注意到其中之一是一名军官。他穿着前面有拉链的工装裤，在胸前口袋的上方缝着一对布制的翅膀。有人告诉我他是领航员。其他飞行员都穿着迷彩服和战斗靴，但有些人上身只穿了衬衫。

他们被分成两组，3个人被关进一个小屋，4个人在另一个小屋。我往小屋里看，发现他们躺在地板上，双手被绑在身前，眼睛也被蒙住。他们中有一人腿受了伤，流了很多血，以至于血从绷带中渗了出来。我没有看到他们得到任何医疗照顾。看过飞行员之后，我回到了自己的岗位，并在接下来的两周内每天给他们送去食物。

然后某天早上，大约8月4日或5日，我看到以下人员准备登上一辆卡车，并拿着他们的刀（这里目击者给出了5名士官的名字）。他们告诉我，他们要将那些飞行员斩首，并问我是否想一起去。但我不喜欢参加这些事情，所以拒绝了。

那天下午两点钟左右，那5名士官回来了，我听到他们在讨论早上的事情。其中一人说道："今天砍得很费力。"另一个人说："在引地[2]的演示里，那脖子被切得很完美。"第三个人说，有一名飞行员跑掉了，所以他不得不追着砍掉他的头。似乎有

1　此处为音译。——译者注
2　此处为音译。——译者注

25人参加了此次行刑，并且在剑术教官示范完毕之后，其他人也被允许亲自尝试。

直到战争结束，我才听到更多跟这件事情有关的消息，那时我正在位于巴托巴哈的战俘营中。当时，在我提供的证据中负责行刑的顿士官告诉我，一听到日本投降的消息，他和其他刽子手们就立即前往尼乌松机场，挖出飞行员们的尸体，带回到营地，然后在军营广场上将其用大火火化，并将骨灰抛入海中。火光没有引起任何人的注意，因为当时所有不同的海军和军事机构都燃着火焰，以便在盟军到达之前烧毁所有军事文件和犯罪记录。

目击者冈说，日本投降后，所有海军人员都被警告要对这些事件保持沉默，以免盟军听到消息。然而，他自愿把这一切告知盟军当局，因为他觉得，那些已经投降的可敬的战俘不该和这些飞行员一样遭到屠杀。他认为，那些对此负有责任的人"应该为了日本和全人类的利益而受到惩罚"。

这些不幸的美国飞行员之所以被处以死刑，仅仅是因为第十特种海军基地部队人手不足，以及他们觉得看守俘虏是件麻烦事。"究竟该拿这些俘虏怎么办呢？"少佐的副手如此问道。少佐致电舰队总部："我们该如何处理这些俘虏？"收到的答复是："处决他们！"

这些有权被视为战俘的无辜者的死亡，似乎并没有令冈本少佐良心不安，因为他曾在1947年6月11日宣誓时发表声明，并以如下字句结尾：

影响我们做出将他们处死的判决的综合因素有：

（一）我们不能把他们送回日本。

（二）我们不能无限期地看押他们。

（三）虽然总方针是将战俘送回日本或将他们移交给陆军当局，但我们必须执行舰队总部的命令。

据我所知，今村司令从未反对过这些处决战俘的命令，松田大佐、斋藤大佐和我本人也是如此。当时我认为这种处决并不人道，作为一个个体，我也对此表示同情和惋惜；但是，我不能违抗舰队总部的命令。

我并不急于处理这些人。我之所以在乎这件事，只是因为小林大尉因执行其他任务而无法看押他们。

毫无疑问，在战争早期，处决被俘盟军飞行员的命令几乎都是由上级军事当局下达或批准的，但从1944年底开始，这种做法几乎变得普遍且无需申报。

1945年以前，虽然这些审判纯粹是遵循法律敷衍了事，但在1945年5月，日本宪兵司令认为，这种诉讼程序对处死被俘盟军飞行员造成了不必要的拖延，他向各宪兵队司令部发出信函，抱怨被俘飞行员处理工作的时间过长，并建议今后宪兵队应该在获得区指挥官的批准后取消军事法庭。收到此信后，东海军区有27人未经审判就被处死，而这一人数在畑俊六将军的管辖地区以及福冈地区则分别为43人和24人。

有时处决由行刑队负责执行，但他们通常会用不人道的方法。

东京陆军监狱位于该市主要阅兵场的边缘。它被用作军人惩戒所，关押被判刑的日本士兵。监狱场地很小，四周被大约12英尺[1]高的砖墙所包围。狱内建筑全部由木头制成，而且修建得十分紧凑，除了几条小巷之外，墙内的整个地面空间都被建筑物占着。

有一个牢房区被一堵7英尺高的木墙将它与其他建筑隔开。1945年5月25日晚，东京遭到轰炸，当时正有62名盟军飞行员关在这个牢区内。而监狱围墙内的其他建筑里，则关押着464名被判刑的日本士兵。听取了有关这起事件的所有证据的东京国际军事法庭在裁决时

1　1英尺≈0.3048米。

说道：

> ……监狱的木质建筑以及周围高度易燃的住宅被燃烧弹
> 击中后起火。监狱被彻底损毁；大火过后，人们发现62名盟
> 军飞行员全部遇难。值得注意的是，464名日本人以及狱卒都
> 没有遭受类似的命运。证据表明，盟军飞行员的命运是被人
> 精心策划的。

1944年12月，在中国武汉，日军采用了另一种谋杀盟军飞行员的方法，当时3名先前被击落并被俘的美国人正在街上被迫游行，并遭受居民的嘲笑、殴打和折磨。他们被迫承受公众的敌意，被浇上汽油并被活活烧死。此举由日本第三十四军司令官亲自批准。

一些盟军空军战俘被执行注射死刑。1945年5月，一名美国飞行员在西贡附近被击落，被俘虏并关押在宪兵监狱。他受了重伤，脸部也被烧伤，但他三天没有得到医治，并且在此期间每天都被带到宪兵队总部接受审讯。后来，他终于被送进一家军事医院，但即使在那里，他依然每天都被宪兵队以其惯用的"愉快"方式进行审问。[1]

到了6月底，在这名俘虏正在慢慢康复的同时，其主治医生接受了当地宪兵队长的来访。医生被告知，这名俘虏对宪兵队来说已经没有用处了，应该被医院"处理掉"。

大约10天以后，当宪兵队长再次来到医院时，那名俘虏还在那里，并且依然在世。然后，医生被礼貌但坚决地告知，这是来自宪兵队的命令，宪兵队将承担全部责任。这名飞行员必须被立即"处理"。

第二天，两名外科医生给这位现已完全康复的患者进行了手术。在其全身麻醉的情况下，医生在其颈部切出一个开口，暴露其右颈静脉的下端。随后，一剂致命剂量的诺沃卡因被注射进颈静脉中，不到两分钟，这位飞行员就死在了手术台上。

1　见本书第十四章。

这起犯罪的所有参与者，有关的3名医生以及宪兵队长最终被逮捕，被英国军事法庭审讯并被判处绞刑。[1]

1945年2月初，一架英国皇家空军的"解放者"飞机在下缅甸坠毁，由2名军官和4名飞行中士组成的6名机组人员被皮蓬的日本驻军俘虏，并被送到渺弥亚，关押在民事监狱中。这2名军官被宪兵队审讯失败后，4名飞行中士也经受了类似的磨难。他们拒绝提供任何军事情报，并且受到残酷虐待。

对飞行中士的审讯是在距离监狱约6英里的地方进行的，因为某种目的，他们被带到保留林区的边缘。日军意识到无法从战俘那里获得任何信息后，这些飞行员被押着沿一条道路前进了大约两英里，在这条路上，日本卫队的主要部队正等待着他们的到来。4名飞行员被带到新挖掘的壕沟的一侧，蒙着眼睛，被捆绑着，并被迫坐在壕沟边缘。随后，日本军官用刀砍下他们的头颅。随后，卫兵们被允许在无头尸体上进行刺刀练习。

这些只是屠杀盟军空军俘虏的几个例子，从1944年底到日本投降，这种屠杀越来越常规化，而且从现有的大量证据中可以看出，日军对这种屠杀抱有相当高的热情。

以下摘录引自一名被俘日本士兵的日记，描述了他有幸成为旁观者目睹这些暴行时的反应。

血色狂欢

1943年3月29日。下午3点，我们四个人（技术人员黑川、西口、八幡和我）聚集在总部前。道格拉斯号上的两名机组人员中有一人于18日被高射炮击落，在被第七基地部队审讯几天后，他被送回萨拉马瓦卫戍部队，并且部队已经决定将他处死。驹井队长今天来到观测站时，亲口告诉我们，出于日本武士道的慈悲之心，他要亲自用他最喜欢的刀杀死俘虏。

1　万宝少佐和中村少佐、若松大佐、军医团全体以及宪兵队的久川队长。

因此，我们为了见证这一切而聚在一起。

我们等了十多分钟后，护卫队来到警卫室，接管了俘虏，然后给他喝了最后一口水。

军医长和驹井队长与总部小队长佩戴着军刀，一起从军官食堂中走了出来。时间已经到了，于是这个被绑着胳膊、长发也被剪得很短的俘虏蹒跚着向前走去。他可能已经猜到要发生什么，很快被赶上了卡车，而我们也启程前往目的地。我坐在军医长旁边，还有10名卫兵和我们坐同一辆车。伴随着引擎悦耳的隆隆声，我们在渐浓的暮色中沿着公路飞速前进。灼热的太阳已经落到西山后面，巨大的云朵在我们面前升起，黄昏散落四周。

马上就要到行刑的时候了。当想象我们即将目睹的场景时，我的心跳得更快了。我瞥了一眼这名俘虏：他可能已经听天由命了，仿佛在向这个世界告别。他坐在车里，望着山，望着海，似乎陷入了沉思。一股怜悯之情涌上心头，我立刻转移了视线。

当我们走过前一年我们那令人悼念的队长火化的地方时，技术员西口一定也一直在想他，他说："自我们上次来这里后已经过去很长时间了。"的确过了很久了。我们每天都能从观测站看到这个地方，但从未得到过来的机会。队长火化已经快一年了。我不由地感慨，经过那个地方的时候，我闭上了眼睛，祈求清水队长的灵魂得到安息。

卡车沿着海岸行驶。我们已经离开了身后的海军警戒区，进入陆军警戒区内。我们看到草地上到处都是士兵，我从心里感谢他们，感谢他们在我们行军时所付出的辛劳。他们一定是从前天晚上的轰炸中就开始辛劳工作了，因为路边有弹坑，里面满是雨水。

二十多分钟后，我们到达目的地并下了车。驹井站起来对俘虏说:"我们要杀了你。"

当驹井队长告诉这名俘虏,按照日本武士道的规定,他将被用一把日本刀杀死,并将得到两三分钟的祷告时间时,他低头听着。这名飞行中尉低声说了几句。显然他想被一刀毙命。我听到他说了"一"这个词。

驹井队长变得紧张起来,脸色一僵,回答道:"好的。"

到了行刑的时候,俘虏被要求跪在一个充满水的弹坑旁边。他显然是认命了。军队采取了预防措施,让装着固定刺刀的卫兵将他围住,但他依然面不改色。他甚至伸长了脖子,非常勇敢。尽管每天的轰炸让我心中充满仇恨,但当我将自己置身于俘虏的位置,为再过一分钟就要和这个世界告别而颤抖时,人类的正常情感使我对他深表同情。

驹井队长拔出了他最喜欢的刀。那就是他在观测站给我们展示过的那把著名的"治"牌刀。它在阳光下闪闪发光,让我的脊背颤栗发凉。他用刀背轻敲犯人的脖颈,然后用双臂将刀举过头顶一扫而下。

我一直站在那里,肌肉绷紧,但那一刻,我闭上了眼睛。

嘶嘶……这一定是血液从动脉喷薄而出的声音。伴随着一声仿佛什么东西被割开的声音,尸体向前倒了下去。太不可思议了……他一下子就把他杀死了。围观的人向前冲去。他的头从躯干上分离开来,在身体前面滚动。嘶嘶……嘶嘶……黑色的血液喷涌而出。

一切都结束了。他的头颅白得毫无光泽,像洋娃娃一样。我在片刻之前所感受到的那种野蛮已经消失,现在我能感受到的只有日本武士道真正的慈悲。

一位一级伍长大声笑道:"好了,他现在可以进入极乐世界了。"

随后,医疗分队的一名高级海员接过军医长的刀,一心想清算旧账，给这具无头尸体翻了个身，利落地划破了他的腹部。"他们这些 Kato 皮都很厚，连肚皮都厚。"因为没有一滴血流出身体。尸体立即被推入弹坑，并被掩埋。

现在风凄凄地吹着，我的脑海中又出现了那一幕。我们上了卡车，开始往回走。现在天黑了。我们在总部前下车。我告别了驹井队长，与技术员黑川一起爬上山坡。

这将是我一生难忘的事情。如果我能活着回来，这将是一个很好的故事，所以我把它写了下来。

1943 年 3 月 30 日 1 点 10 分，萨拉马瓦观测站，我听着午夜的海浪声。

注意，今天被杀的俘虏是来自莫尔兹比的空军飞行中尉，年仅 23 岁。

第五章

缅 泰 铁 路 上 的 生 与 死

1942 年初，东京的帝国总司令部决定修建一条横跨泰国和缅甸部分地区的铁路，将已有的从仰光到丹那沙林的耶城以及从新加坡到曼谷的两条铁路线连接起来。它们之间的距离大约是 250 英里。

拟议的新铁路纯粹是战略性的，修建它是为了缩短在印度和缅甸的日本军队与后方部队之间的距离，因此战俘不应该来修建这条铁路。

铁路工程原定于 6 月开工，但实际上直到 1942 年 11 月才开始动工。为帝国总部提供咨询的日本工程师认为，这项工程需要 5 — 6 年的时间才能完成。军事形势当然不容许拖延这么长时间，于是总部下达命令，铁路必须在 18 个月内完工。

由寺内元帅指挥的日本南方军负责执行这个项目。大量苦力被征为劳动力，但元帅的顾问认为这还不够，他说服元帅向帝国总司令部建议，让盟军战俘也参与建设。

东条同意了这一提议，从 8 月份开始，两组俘虏被陆续从新加坡送往日本。第一组被称为 "A" 军，由海路转移。第二组由 "F" 军和 "H" 军组成，乘火车从新加坡前往班蓬，他们被要求沿着规划好的路线从班蓬行进至各个营地，铁路建设期间他们将在各营地驻扎。

他们离开新加坡之前，负责战俘管理的日本将军告诉他们，他们将被送往山上的休养营地。他说，之所以采取这一步骤，是因为那里的粮食状况有所改善。如此一来，那些由于新加坡粮食短缺和卫生条件恶劣而为营养不良所苦之人的健康状况也很快会得到改善。因此，患病的俘虏将会和健康的俘虏一起向北方转移。

他们都挤在货车里，盘腿坐着，连活动的空间都没有，更不用说躺下。他们在车里待了四天四夜，在这趟旅程最后的 24 小时里没有得到任何食物和水，在更早之前也只是吃了一些稀薄的菜汤而已。

抵达班蓬后，他们必须在两周半内行军 200 英里，这是一次连健康人都会产生严重身体负担的行军，因为这条路线覆盖了山区内部多条崎岖不堪的丛林小径，然而这些战俘并非健康，许多人都生了病，并且所有人都处于虚弱且营养不良的状态。不仅如此，此时这里仍处于雨季，于是这次行军不得不在降雨不断、泥泞不堪的15个夜晚内完成。

健康人不得不扛着生病的人前进，大约有2000人不能走路。那些因病得太重或过于虚弱而不能行军的人经常被卫兵像牲口一样鞭打和驱赶。

另一组近900名俘虏于10月份抵达拟建铁路的选址地点，他们来自爪哇著名的"自行车战俘营"。他们被用一艘约4000吨的小型船只从巴达维亚运到新加坡，在新加坡又登上一艘比前者小得多的船，经过半个多月的航行，最终到达毛淡棉。

像往常一样，航行中条件非常恶劣。共有1500人离开巴达维亚。他们都挤在一个船舱里，舱里还有4个罐子。他们不能躺下，每天只被允许在甲板上待5分钟左右。他们每天会有3小碗米饭，但没有可饮用的水。许多人患上了痢疾，然而船到达新加坡之前只有1人死亡，这真是一个奇迹。

从毛淡棉出发，这支队伍首先到达位于丹彪扎亚的大本营，然后从那里开始向丛林挺进35千米，一直到1943年4月。这支队伍变成一支机动部队，沿着直到缅泰边境为止的整条线路开展工作。队伍的高级军官是澳大利亚第二先锋营的威廉姆斯中校，到达35千米外的营地后，该队被称为"威廉姆斯部队"。

在最初的几个月里，威廉姆斯部队一直在修筑这条线路的路堤，虽然伙食很差，但这项工作并不是很难。后来，食物变得极其稀少，伙食大多数时候都是米饭，几乎见不到肉。由于没有蔬菜供给，俘虏们只好收集叶子，并割下他们能找到的任何绿草。由于吃不到肉，他们只好转而依靠吃狗、猫、老鼠甚至日本人扔掉的猪的内脏。然而，日本人的口粮一直都很充足，俘虏们只拿到了些剩下的食物。[1]

这些俘虏住的棚屋以前通常是当地的苦力居住的，卫生条件非常恶劣。它们由竹子和棕榈制成，通常坐落于低洼的地面。在雨季，人们对营地至少有6英寸[2]的泥巴的情形见怪不怪，棚屋内外都是如此。

"在一个营地中，"威廉姆斯中校在东京法庭上的证词中说道，"我们在一个非常拥挤的地方待了5个月……在最初的3个星期里，我们的房屋没有屋顶。我向日本指挥官抱怨住宿问题，他说他们也同样拥挤。但事实上，我的部队中23名军官和23名其他等级的士兵一起居住的面积仅仅与3名日本士兵一起居住的面积相等。"

由于1943年初日本军事形势恶化，他们对于一条在缅部队的补给线的需求变得更加迫切，东京方面发出命令，坚称铁路必须在当年8月之前完工。一份由日本政府自己编写的《泰国—缅甸铁路战俘使用报告》提到了这项决策：

> 那时，英印军队的反击以及对我军通信系统的轰炸迅速加剧，该地区的局势也在1942年雨季之后大为恶化，我们从马来半岛到缅甸的海上运输逐渐变得更加困难……显然，如果一直维持现状到下一个雨季结束，我们与缅甸的通信将会几乎完全中断。然而，由于1943年的雨季比往常时候来得稍早一些，丛林中的条件从4月开始就变得更糟，这项工作的牺牲者也逐渐增加。面对如此恶劣的条件，帝国总司令部最终将铁路竣工的预定日期向后推迟了两个月。

1　讨论远东战俘的饮食时，拉塞尔·布雷登在《裸岛》中写道，他们……在泰国吃了任何没有真的毒性的东西，比如树上的真菌。俘虏们唯一不想去触碰的肉类就是人肉。这件事看起来可能不是特别值得注意。然而，如果人们想到，处于新几内亚的日本人在条件还没有泰国和缅甸那么恶劣的情况下，经常诉诸吃人（他们中的许多人，后来被证明有罪因此被绞死），那么也许英国人在极端和长期危机情况下的道德力量会得到更好的赞赏。有关日本人吃人的详细信息，请参阅本书第十二章。

2　1英寸≈2.54厘米。

在最后一个时期，即1943年5月至10月，以代号"Speedo"[1]而闻名，所有受雇于该项目的战俘的生存条件陷入了最糟状态。降雨几乎从不间断，威廉姆斯部队频繁地从一个营地转移到另一个营地。战俘们衣不蔽体，身上也几乎总是湿漉漉的。他们像奴隶一样工作，清晨五六点离开营地，午夜之前通常都不会回来。他们变得越来越虚弱。

在4月至10月期间，他们之中有200多人失去生命。每天早上都会有一些人死于屋中。为了驱使俘虏继续工作以便铁路能够按时完工，日本卫兵"频繁用竹子和枪托猛击俘虏或者用脚踢打他们。我见过卫兵用5磅[2]重的锤子以及任何他们能用到的东西殴打战俘。有一名战俘的下巴被枪托一下砸断，原因只是他在把长钉钉入栏杆时弄弯了钉子"。[3]

这支884人的部队只有250多条毛毯。大多数战俘都没有毯子。有一次，发放给战俘们几个米袋子取暖，但没过多久，这些米袋子就被收回了，因为要用这些袋子装米。

1943年5月，威廉姆斯部队移动到60千米外的营地。部队到达时，许多尸体正被运走。后来查明这些人于不久前感染霍乱而死。这个营地以前是一个苦力营，如今满是污垢。这里十分脏乱，因此威廉姆斯中校命令他的手下烧掉竹制睡板，拆下并烧掉棚屋侧板，然后从整个营地表面上刮掉大约1英寸厚的土。不久之后，由于没有适当的医疗用品，几名俘虏也因感染霍乱而死。

在80千米外的营地有一个临时医院，为"泰国战俘管理第五小组"服务。这里安置的病人都病得很重，无法做任何工作。他们被置放在那里等死，因为日本人告诉他们，"没有工作，就没有食物"。威廉姆斯部队到达营地时，这里每天大约死亡5人。部队的人尽自己所能给这些人提供食物，有一次他们杀死了属于日军营地工作人员的两头奶牛，并在夜幕的掩护下把肉分给这些饥饿的病人。

1　这个非英非日的词汇，被称为"地狱之声"。它是监工用来督促战俘加快干活的命令语。——译者注

2　1磅≈0.454千克。

3　中校威廉姆斯。

日本高级军官们经常巡视这些营地，但他们似乎从来没有检查过棚屋，也从来没有询问过这些俘虏中的任何一个。

威廉姆斯中校经常就生存条件提出抗议，但他总是被告知，上层要求铁路必须在尽可能短的时间内完工，以及没有任何方法能够改善俘虏们的命运。

怀尔德上校是在东京法庭上就缅甸—泰国铁路条件状况作证的证人之一，他一直为该项目工作到1943年的11月份。由于会说日语，他充当了修建铁路的战俘和日本军官之间的联络官。他到访过许多难民营，并且能够直接说出其中的状况。以下摘自他的证词：

问：在这些不同的营地里，战俘的生活条件和待遇区别很大吗？

答：没有。

问：您能举例描绘其中一个吗？

答：1943年8月3日，当我进入松克雷营地时，我首先来到一个容纳了大约700人的大棚屋。棚屋是常见的样式，中间是一条泥土过道，两边则各有一个用劈开的竹子编制而成的12英尺宽的寝台。

屋顶很简陋，由寥寥几片棕榈叶搭成，只能任雨水肆意横流。墙壁则完全没有，一条溪流沿泥土过道顺流而下。棚屋的架构由藤蔓捆绑着竹子搭建而成。有700名病人住在这间棚屋里。他们两人一组平躺在棚屋两侧的竹片寝台上。从草棚的这头到那头，他们一个挤着一个。他们都非常瘦，几乎赤身裸体。在棚屋的正中间，约有150人是热带溃疡病患者。得了这种溃疡病的人，通常从膝盖到脚踝的全部活肉都会脱落。也因此散发着一股几乎令人难以忍受的腐臭味。他们唯一可得到的遮蔽物是用绑腿绑着的香蕉叶，唯一的药物则是热水。

另外一间类似设计的棚屋设在稍高处的山上，里面收容着所谓的"健康人"，此外还有一个屋顶完备、建筑较好的棚屋，由日本卫兵占据着。

问：营地有寝具吗？

答：什么也没有。

问：他们用什么来挡雨？

答：当我们第一次进入这些劳动营时，在最初的几个星期里，没有一个营地有屋顶。雨季已经结束了，然而在之前的那几个星期里，除了香蕉叶，人们没有任何东西可以遮挡雨水。

如果战俘还有力气，每个人就砍下几片香蕉叶盖在身上。

问：收到过制作屋顶的材料吗？

答：在我自己的营地，即由我指挥的下尼基营地，我们得到了一卡车的棕榈，足够盖住一半的棚屋，其中最严重的病人躺在那里。而在尼基营地，战俘们从来没有收到过棕榈，只得到了一些腐烂、漏水的帆布。

其余的4个营地在几周之后也都收到了棕榈，虽然数量只是需求的一半。

同样，这种情况并不会发生在日本和朝鲜的卫兵身上，他们住在有屋顶的房子内。

问：到1943年7月中旬，也就是你离开新加坡的10周之后，F军的整体状况如何？

答：到那时为止，我们已经死了1700人，7000人中有700人在外工作。而在这700人中，依我们英国军官看来其中有350人应该躺在病房。

即使俘虏们在紧张工作了18个小时后精疲力竭，晚间回到营地时，他们也得不到休息或安宁。无论何时，只要他们遇到日本士兵就必须向其致礼。这意味着，俘虏们有时每晚要站起来鞠躬十几次或二十几次。[1]未能做到这一点的俘虏会受到一定的惩罚。有时，因为一个俘虏未能正确地敬礼，一整个棚屋的人都会被拖到外面罚站几个小时。

一名日本军官因为不喜欢靠近其警卫室的一间医院棚屋的气味，就清空了棚屋里的所有病人，并把他们挤进另一间已经人满为患的棚屋。有一支由50名病人组成的队伍，本应卧床休息，却被迫花费3个星期清理司令官房前的丛林，以便其能享受山谷美景。

1942年至1943年，许多战俘在铁路的缅甸端遭到处决。两组试图逃跑的荷属东印度群岛军官在其营地的墓地中被枪杀，另有一些澳大利亚人也在几个月后因为同样的原因遭到枪杀。

1943年4月，某个集中营的指挥官在某天早上把所有的俘虏召集到一起，对他们说，他们的生命无关紧要，铁路必须修建，不计任何痛苦和死亡。[2]因此，从前文已经提及的那份日本报告中摘录的以下内容，读起来就很奇怪：

> 在此声明，日本士兵在建筑工作中与战俘以及当地劳工同甘共苦，他们并没有仅以牺牲战俘为代价来完成这项工作，也从未有过如此打算。

俘虏们的身体恢复到可以工作的时候，他们就被迫一直干到瘫倒为止；他们生病时，就会挨饿，但自始至终，无论是疾病还是健康，他们都经受着巨大的折磨。每日工作时长从12个小时到20个小时不等，没有休息的日子。早上8点到晚上10点是正常的工作时间。抗议也只是徒劳。

---

1 见《远东国际军事法庭庭审记录》，第13031页。

2 海因里希·希姆莱对苏联人也有类似的看法，他曾写道：对发生在苏联人身上的事情，我一点也不感兴趣。无论其他国家是繁荣昌盛还是饿殍遍野，我关心的只是我们需要他们成为我们文化的奴隶。只要为德国挖完了战壕，我毫不关心一万名苏联女性是否在挖掘反坦克战壕时力竭而亡。参见《卍字旗下的灾祸》，第五章。

大约在1943年7月中旬，日本人不顾一切地为在年底前完成这条线路而努力，一个营地的高级军官被一名日本军官传唤，后者对前者说，铁路的修建是出于实现军事行动目标的需要，所以无论如何必须在预定日期之前建成，无论多少英美俘虏可能失去生命都在所不惜。日本官员说，同盟国引用了日内瓦公约的条款，但是毫无作用，因为他们自己已经违反了这些条款，"击沉了医疗船，还用蒸汽压路机撞倒了被拘留的平民"。

这条线路原定于8月完工，当它没有如期完工时，日方勃然大怒，在铁路建设的最后几周，一些路段的俘虏不得不从早上5点半工作到第二天的凌晨两点。在对主要战犯进行审判的东京法庭上，一名证人描述了1943年9月13日至16日F军的部分工作安排。这名证人就是凭借着自己在监禁期间保存的一本日记而时刻不忘这段记忆的C.H.卡佩中校。

> 9月13日，福田中尉通知我：这些人必须做好通宵工作的准备，因为铁路与北端之间只剩几千米的距离，而且这条线路必须在16日之前修至与南端相距3千米的班松卡里亚。但是，由于受大雨影响，工作在10点30分的时候停止，这些人从清晨5点30分开始一直在外工作到那时。14日，起床号于清晨5点30分响起，尽管大雨下了整日整夜，俘虏们还是被迫工作到15日的凌晨2点30分。在休息了3个小时之后，他们又于清晨5点30分被叫醒，并一直工作到午夜时分。第二天，也就是16日，他们从早上5点30分持续工作到晚上10点。

最初有3663名俘虏作为F军成员于1943年4月离开新加坡前往泰国。然而，他们之中有1660人未能成功归来，人数大约相当于澳大利亚分遣队人数的29%。英军损失了59%的力量，整个军团则损失了44%的兵力。

当铁路完工后幸存者们于12月从铁路返回时，据一名看到他们抵达的目击者所说，他们的状况令人同情。"他们的状态糟糕透了，患有严重的脚气、疟疾、热带溃疡，并且极度虚弱。他们体重的下降程度简直骇人听闻，平均每个人体重下降70磅左右；他们中有80%的人不得不立即入院治疗。"

值得一提的是，如果有待遇可言的话，铁路建设中被雇用的苦力劳工受到的待遇甚至更差。日方通过虚假的承诺招募了一支本地劳工队伍。它由缅甸人、泰米尔人、爪哇人、马来人和中国人组成，大约有15万人。他们中至少有6万人失去生命。这些苦力被关在铁路沿线的营地里，而从1943年8月1日到1945年3月31日[1]，一支被称为"第十九救护队"的日本部队负责为他们提供医疗服务和照顾。这支劳工队伍由工藤少佐指挥，根据日本陆军的惯例，根据他的名字为这支部队取名为"工藤巴泰"。日本人对待这些苦力的态度是，对他们的苦难毫不关心，对他们的生命无情漠视。

几家医院被设立在铁路的不同位置，主要的一家医院设在北碧府，也就是小队司令部坐落的地方。在所有这些所谓的医院中，都存在住宿条件不足以及食物和饮用水短缺的问题。病人常常受到忽视并被遗弃致死。每所医院都有一个"死亡之屋"，那是一个棚屋，无论男女，里面的病人都无人照料，也没有任何令其舒适的医疗设备。"死亡之屋"不过是太平间的前厅。它是日本除掉需要供养的无用之人的方法。即使病人没有被疾病夺去生命，也会因营养不良而死亡。[2]

在北碧府的一名日本军官跟他的勤务兵说，如果他能迅速清理"死亡之屋"，他会获得上司更多的青睐。勤务兵一定对此深信不疑，因为活人都被和死人一起迅速移走，并埋在一起。[3]被安置在北碧府医院"死

---

1 尽管铁路的建设实际上于1943年12月已经完成，但仍有一些战俘和数千名苦力被留在那里从事维修工作。

2 德国陆军元帅冯·伦德施泰特曾说过："营养不良比机枪好用。"

3 来自P.F.墨菲少校的证词，1946年10月，新加坡军事法庭在审判工藤少校和第十九救护团的其他11名成员时使用了该证词。

亡之屋"的1200名苦力中，只有10人存活下来。

那些可以使用并且本该提供给病人的医疗用品被故意扣留，有些甚至被帽子分发员西村用来换取泰国妓女的服务。在工藤少佐的明确命令下，苦力们一直被殴打，并且会因为轻微违纪而遭受其他形式的暴力。

他们被捆绑起来，脱光衣服，丢在室外曝晒，有时被连晒三天。这种惩罚偶尔还会变本加厉，让受害者将沉重的木头或石头举过头顶。妇女和儿童也被捆绑起来，一次暴露在太阳下几个小时。许多苦力，不论男女老少，还遭受了无法在此描述的淫秽暴行，以满足俘虏他们的日军的变态施虐癖。

对部队指挥官工藤少佐进行审判时，对其不利的证据中包含了许多与强奸和猥亵相关的指控。在他的晚间酒会上，许多年轻的泰米尔女性被迫裸体跳舞以取悦他的客人，并在之后遭受其客人的强奸。几周后，一位以这种方式被凌辱的年轻女子去世，她的丈夫也随之精神失常。

在梅泽利营地，另一名叫作小野寺的军官将一名19岁的印度女孩从她的帐篷里拖了出来并实施强奸，不仅如此，他还逼迫若干名苦力也对这名女孩施以强暴，并在此之后，用点燃的竹条对她实施了无法形容的暴行。据一名在小野寺受审时作证的目击者所说，那个可怜的女孩失去了知觉并于当晚死亡。

苦力应该得到工作的报酬。但工藤拒绝支付工资，而是给他们发放代金券来代替金钱，这种代金券只能在他自己经营的餐厅里兑换商品。餐厅商品的价格极其昂贵，并由此产生高昂的利润，统统装进了工藤的口袋。

这些医院的死亡率非常高，根据估算，至少有42000人死于其间，但并非所有在铁路上工作的苦力都死于疾病或营养不良。

1944年2月，大约有25人从尼基营地逃走，此后他们被再次抓获，并被关进北碧府医院附近的一个棚屋。紧接着一些淡红色液体被注射进他们的体内。他们在痛苦中死去，并表现出与汞中毒一致的症状。在工藤受审时，班森中佐的证词提供了与此相关的证据，班森中佐是L军的指挥官，其队伍由30名战俘医疗官和200名勤务兵组成，并被派往泰国协助工藤巴泰。6个月后，一些同样在北碧府的印度战俘也遭受了类似的命运。

东条在受审时告诉法庭，他命令战俘情报局局长去调查其已经收到的针对整个铁路沿线战俘营条件的投诉。

事实上，这项调查是由另一个人进行的，他就是日本总参谋部总务科科长若松。8月，若松视察了缅甸—泰国铁路地区，并在适当时候向参谋长杉山将军和副参谋长畑俊中将作了口头报告。

以下是若松证词的摘录。

我巡视了仰光、曼谷和泰国一端的部分铁路。当时正值雨季，工作进展并不令人满意。我之所以进行这次检查，是因为我时常收到一些显示工作进展并不理想的报告。报告中还有在铁路上工作的战俘身体状况不佳、死亡率很高的消息。我听说霍乱是传染病，这令我非常担心。我看到了在铁路上工作的劳工，并注意到他们中有许多人患有脚气病和痢疾。我还检查了俘虏们的饮食情况，结果不尽如人意，无论是数量还是质量都低于规定的标准。我向参谋长和副参谋长口头汇报了检查结果，并建议将铁路竣工的期限延长两个月……这条铁路的修建造成了许多战俘死亡。原因则是传染病和恶劣的天气。

施工设备供应不足。不仅缺少卡车，甚至连4月份修建的与铁路平行的车道，也因为桥梁被冲毁而在一段时间内无法使用。人们原本打算在雨季使用这条车道，但事实证明这很困难，战俘和其他工人也因此度过了一段艰难的时光。由于没有足够多的卡车，人们认为有必要使用更多人力，由于雇用了更多的人，粮食情况变得更加困难。我向南方军司令建议应该使用更多卡车并减少人力。

若松的检查结果最终传到了东条英机的耳中。但他采取的唯一行动是将一名日军中队长送交军事法庭审判，因为据报告显示，这名中队长未能公平公正对待战俘。

东京法庭在判决中说道：

  ……基于该工程中战俘管理者们对战争法的普遍无视以及对俘虏们的非人对待，仅仅将移交一名中队长至军事法庭审判作为一种纠正措施，是那么的无足轻重，微不足道，甚至相当于是对其行为的一种宽恕。

日本政府和帝国总参谋部的主要关切是，这条铁路应该及时完工，以便利用它来抵抗盟军在缅甸的进攻。所有为此付出的生命和苦难都无关紧要。只要预定日期不变，战俘们就会像奴隶一样被日本和朝鲜卫兵驱赶、殴打、折磨和谋杀。只要工作还在继续，他们就会像苍蝇一样死于疾病或营养不良。

在受雇于这项工作的46000名盟军战俘中，有16000人死亡，还有成千上万的人将在余生中承受着虐待给予他们的巨大苦痛。

最终帝国总参谋部得到了这条铁路，但它以人类的生命和苦难为代价。这条"死亡铁路"的每一英里都是用64名盟军战俘和240名苦力的生命换来的。

第六章

对 战 俘 的 屠 戮 和 谋 杀

日军杀害盟军战俘的做法并不罕见。许多战俘被捕后立即遭到屠杀。另外一些大规模屠杀发生在战俘营中，且起因多样。例如，1943年5月在海南岛，为了阻止走私行为的发生，一些俘虏遭到杀害；同年12月，类似的罪行又在法属印度支那的西贡发生，目的是阻止未经授权使用秘密无线电；在安汶岛，一些战俘因为接受了当地居民的食物而遭到屠杀。

有些谋杀在公海上进行，例如一些美国战俘在新田丸上被斩首[1]，还有许多大屠杀发生在日本预计日军将要撤退或盟军即将发起进攻的时候，无论是哪种情况，显然都是为了防止俘虏被盟军解放。

日本人占领新加坡之后，他们的军队穿过亚历山德拉医院的第一层，刺死了那里的每一个人，紧接着进入手术室，里面有一名士兵正在进行手术，他们刺死了那名病人以及他的麻醉师和外科医生。之后，日本士兵又从那里上到二楼，还到这栋大楼的其他地方带走了病人和护士，然后将其全部屠杀。

1941年12月8日日本入侵香港时，位于赤柱的圣士提反书院是收治伤员的医院之一。战前，这里是一所男校。1941年圣诞节早上6点左右，日军进入这家医院。当士兵进来时，来自魁北克的詹姆斯·巴雷特正在医院里面，那时他是加拿大陆军的一位牧师。他看见5名日本士兵用刺刀刺向了还躺在床上的15名伤员。

那天，医院里大约有160名病人和7名护士。日本人继续把所有能走路的人，包括病人和工作人员集中在一起，并把他们关进一间储藏室里。所有病人和护士都有权被视为战俘或受保护的人。

在东京审判中，巴雷特先生提供了下列证词：

> 我们在那里待了大约一个小时后，日本人把我们移到了一个小一点的房间。在那之前，护士们一直和我在一起，但

---

1 见本书第七章。

当我们从储藏室转到小一点的房间时，护士们被带走了。我看到其中一名护士被一只钢盔击打头部，被踢打，然后还被一名日本士兵扇了耳光。在那间小房间里，有90个人和我关在一起，其中一些是医院的工作人员，还有一些是伤员。房间太小了，以至于我们不可能一起坐下，但重病患或伤兵们必须尽量躺下。

我们在房间里待了一会儿，一名日本士兵来到门口，叫我们举起手来，拿走了我的手表、戒指和我口袋里的一些钱。后来，另一名日本士兵带着一袋子弹走进房间，朝我们脸上投掷弹壳。然而，几分钟之后，又有第三个人走进来，并带走了两名步兵。紧接着，我们听到了外面走廊传来的尖叫声。

我们在这个房间一直待到下午4点，也就是那时，一名日本士兵走了进来，用手语告诉我们香港投降了。[1]

第二天，我去医院转了一圈。那里的情况令人害怕。我找到了那两个被从我们的房间带走的人。他们的身体被严重肢解，耳朵、舌头、鼻子和眼睛都被割了下来。大约有70名甚至更多伤员在床上被刺刀刺死，另外还有更多的人受了重伤。没有一个受害者携带武器，医院也并非位于战场附近。附近没有任何武装部队或战斗阵地。我在一楼发现了医院部队长及其副官的尸体。他们都已经被严重肢解。

我非常担心那些护士，因为自从她们与我们剩下这些人分开之后，我就再也没有见到她们。这天早上我看见她们中的4个人朝我走来。她们的状况很糟糕，在夜里她们经历了许多可怕的事情。她们遭到了日本士兵的袭击，其中一个人还告诉我，她被逼迫着躺在两具尸体上，并在那里遭受了数次

1　事实确实如此。以下是1941年12月8日至25日英国驻中国部队在香港行动的最后一段记载："15时15分，我告知总督和最高司令官，不会有进一步的军事抵抗了，然后我命令所有指挥官停止战斗，在敌人前进和机会出现时向最近的日本指挥官投降。"

强奸。

到那时为止，我们谁也没见到另外3名护士。那天早上晚些时候，一名护士找到我说，一个日本士兵想让她和他一起离开医院到院子里去。她请求我陪她一起去。我照做了，还带了一名英国皇家陆军军医队的中士与我们一同前往。在布满枝桠的灌木丛中，我们发现了3名护士的尸体，其中一名护士的头已经几乎被从身体上切了下来……我开始组织葬礼，但日本士兵逼迫我们生火，将医院内部及其周围的所有尸体全部火化。我火化了大约170具尸体，有些来自医院内部，有些则来自医院周围的田野。

在这场发生于香港的战斗中，在第一次进攻到最终投降的整个期间，大约有共计200名来自英国、加拿大、印度和中国的被俘士兵被关在一间棚屋里，这间棚屋甚至小到没有足够的空间供俘虏平躺。

12月20日的清晨，这间棚屋被一枚英国迫击炮弹击中，几名战俘被炸死或炸伤。那些试图离开大楼的人被哨兵用刺刀刺死。那些能够走路的人则在之后被押往北角。

在押送过程中，有一名战俘脱离了队伍，然后立刻被一名押送者用刺刀刺死。一支佩戴红十字会臂章的圣约翰救护队伍从他们的避难所走了出来并向日军投降。他们也都以同样的方式遭到杀害。

1942年3月，当日本军队进入爪哇的苏横时，他们从军队医院带走了一名护士和她的病人，并将其与平民中的妇女和儿童一起屠杀。

一些俘虏被杀害，仅仅是为了给大队长提供一项午后的消遣。1944年10月，在新几内亚就发生了一个这样的事例。一名日本军官向其师团部提出申请，请求师团部提供一名美国战俘以供消遣。

在战后进行的一场调查中，这名军官在供述时说道："我问道我是否可以得到一名美国战俘并将其杀死。"日军第三十六师师团长最为配合，给他安排了两名俘虏。当这两名俘虏到达部队时，他们被蒙住眼睛，被刺刀刺入脊背，然后被铁铲砍掉了头颅。

1942年1月，在柔佛西北战役中，一辆载有许多患病及受伤的盟军士兵的救护车队被日军俘虏。病人、英国皇家陆军军医队全体队员以及司机都被从救护车上拖下来，被枪毙或刺死，或是在浸透汽油后被活活烧死。同月，在同样位于马来亚的卡唐加，另一支救护车队遭到日本机枪手的射击。医务人员和伤员均被俘虏，被用绳子捆在一起，并从背后遭到射杀。

这些屠杀大都具有极高的相似性。受害者先是被绑起来，然后被枪杀、刺死或者斩首。在大多数情况下，受害者先被枪击，然后日本人会走到伤员中间，用刺刀向那些仍然存活的人发起致命一击。通常情况下，这些受害者都背对大海，在海滩上被杀，或者是在悬崖边上被枪毙，然后被扔下悬崖。

1942年2月3日，当日本人占领安汶岛时，大约有800名澳大利亚士兵在岛的安汶镇一侧，有300名澳大利亚士兵在岛的拉拉村一侧。前者被关押在安汶镇附近的坦托尼兵营，本书第八章描述了他们的战俘经历。而那些在岛的另一边被俘的士兵中，有210人遭遇了可怕的命运。

1月31日凌晨2点，日军在海滩登陆，并于2月3日攻占机场，其伤亡不过百人。2月1日上午，10名澳大利亚人被捕，并被带到一个叫做索瓦科德的地方。而在日本人离开索瓦科德之前，这些俘虏全部被刺刀刺死。依据当地日本司令官发表的一份声明，这一行动是奉日本侵略军司令官畠山少将的命令，"因为，"他说，"俘虏很可能成为将军部队转移的累赘"，将军计划继续前进，直到他们与登陆安汶镇附近的日军取得联系为止。

2月4日，于前一天被捕的另外51名俘虏让日本人感到有些焦虑，因为他们自觉没有足够的人手来看押这些俘虏。有一两个俘虏甚至成功逃脱了看守。海军大将听到这些逃跑事件后大为恼火，并向当地的海军登陆部队司令官发出命令，要求他们杀死手中的所有俘虏。执行这些命令的中尉对大屠杀作了如下描述。他的名字叫作中川：

遵照这一命令，我带着大约30名士官和士兵前往索瓦科德。在距离机场大约200米的一个椰子树种植园里，我们挖了几个坑，并用刀和刺刀杀死了战俘们。这个过程大约持续了两个小时。杀戮进行的情况如下：我将我的人分成三组，第一组将被我们暂时关押的战俘从房子里带出来，第二组防止俘房们在从房子到种植园的途中发生混乱，第三组将这些受害者斩首或刺杀。

战俘被一个接一个地带到他们将要死去的地方，被绷带蒙住双眼，并被要求跪在地上。第三小队的成员依照次序逐个从队列中走出来，用刀砍下战俘的头或用刺刀刺穿战俘的胸膛。

俘房都是澳大利亚人，其中包括四五名军官，我敢肯定有一名军官是少校。所有的尸体都被埋在我们挖的坑里。我是在场的唯一一名日本军官……当一切都已结束时，我向副官报告了这项工作已完成。

然而，还有大约200名澳大利亚战俘和大约60名荷兰战俘未被杀害。但由于他们中有30人对自己被要求承担的工作提出反对和抗议，最后这些人也和其他人一样遭到残杀。这场事件发生在2月5日。

2月17日，日本军官们共进午餐时，中川所在部队的指挥官林说道，他打算将剩下的所有战俘全部杀掉。两天后，中川接到了执行这场屠杀的命令。于是，2月20日，中川带着大约90名战俘游街示众，并将他们押送到离第一次屠杀现场约150米的另一个椰子种植园，该地距离日本支队在拉哈的总部只有200米。

中川讲述了剩下的故事：

我把我的人分为9组，两组人负责执行血腥的杀戮，3组人负责看守前往行刑地途中的俘虏，两组人负责押送俘房离开营房，一组人负责在行刑地站岗，剩下一组则为应急备用队伍。

日本人用卡车将战俘从兵营运至支队司令部，再从司令部押送至种植园。日军采用了与之前一样的杀人方式，即要求战俘跪在地上，用绷带蒙住战俘的眼睛，然后用刀或刺刀将战俘杀死。这些可怜的受害者总共有大约220人，其中包括一些澳大利亚官员。

整个事件从下午6点持续到晚上9点30分。大部分尸体都被埋在一个坑里，但因为坑不够大，不能容纳所有尸体，所以一个邻近的防空洞也充作了坟墓。

该为这些暴行负责的日本海军大将从未受到审判，因为此人随后在战争中阵亡。

1942年2月12日，也就是英军在马来半岛投降的三天前，65名澳大利亚军队的护士、200名左右的妇女儿童以及几个老人共同乘坐一艘名为维诺·布鲁克号的小船从新加坡撤离。这些护士大多是位于新加坡的澳大利亚第十三综合医院的护理人员。

2月15日上午，由船上的军官、几名平民妇女和护士组成的一行人在邦加岛上岸，前往一个当地的小村庄，为船上的伤员寻求帮助。然而求援被拒，并获知该岛已经被日军占领。

那天晚上，维诺·布鲁克号上的乘客看到，就在离该岛不远的邦加海峡，一艘船只遭到炮击。两小时后，一艘载着大约25名英国士兵的救生艇也到达了这里。

第二天早上，这一行人决定投降，一名海军军官出发去寻找一些能够接受其投降的日军。后来，这名海军军官在一名军官的指挥下带回了15名日本士兵。

在苏门答腊岛的文岛附近的海滩上，维诺·布鲁克号上的一行人分成两组。男人们为一组，军队护士和一名平民为另一组。只有男人的那一半队伍随后被日本士兵押送到视线之外的岬角后面。日军很快返回，并朝着同一个方向押送其余的人。几分钟后，一阵步枪的射击声传出，日本士兵则在回来后开始清洗他们的步枪和刺刀。

关于此事的所有证词均由一位名叫薇薇安·布尔温克尔的目击者在东京法庭上提供，她是澳大利亚陆军护理服务队的一名上尉。在描述随后发生的事情时，她被问到"当时，谁被留在了海滩上"？其回答如下：

答：当我们的船遭到轰炸和另一艘受到炮击的过程中，有22名陆军护士，1名平民，以及10或12名重伤员受伤。

在清洗完步枪和刺刀之后，日本军官命令我们（护士和平民）中的23人走入大海。在我们已经向海里走了几码之后，他们开始从后面用机关枪扫射我们。我看着女孩们一个接一个地摔了下去，直到我自己也被击中。击中我的子弹从腰部进入我的后背，并从中径直穿过。我中弹倒下，海浪逐渐将我冲上海滩。我继续在那里躺了10~15分钟，然后坐起来环顾四周。日军队伍已经消失了。接下来，我强撑着爬进丛林，然后失去了知觉。

问：然后发生了什么？

答：等我恢复意识后，我决定到海滩上喝点东西。在我前往那里的一个淡水泉的路上，有人和我说话。我向四周一看，发现是一名星期日晚上加入我们的英国士兵。他是重伤员之一，并且被周一早上射杀女孩的那一伙日本人用刺刀刺伤。所有其他的重伤员都同样被刺刀刺死。

这名英国二等兵名字叫金斯利，他病得非常严重。布尔温克尔护士后来从他那里得知，那天是星期三，可见她昏迷了两天。

在那些被带到岬角后面遭到杀害的人中，只有两个人幸存下来。他们冲进海里，成功设法逃脱。而在军队护士中，布尔温克尔护士是唯一的幸存者。

1942年2月4日，日本人在新不列颠的拉包尔登陆后，在托尔俘获了一支由24名澳大利亚士兵组成的队伍。他们都属于陆军医疗队，被俘时还戴着红十字臂章，随后臂章立即被日本士兵取下。

到达托尔后，日军洗劫了俘虏们的背包，拿走了包括戒指和手表在内的所有个人物品。他们的工资账簿也被一并拿走，他们被3人一组绑在一起，双手被绳子绑在背后。其中一人对当时发生的事情作出如下描述：

他们朝着拉包尔的方向，将我们押送至托尔镇半英里外的一个种植园。从大路通向种植园要经过一条小路，他们打着手势命令我们坐在那条小路的一个小斜坡上……然后他们开始把我们三三两两地带下小路。我在最后一组的3人小队当中。

那名长官仍然打着手势，问我们是愿意被刺刀刺死还是被枪毙。我们选择了后者。当我们走到小路尽头，3个拿着刺刀的日本人接管了我们，走在我们身后。随后我们3个人全部被撞倒在地，由于我们的双手被绑在身后，我们3个人还被绑在一起，因此我们完全无法移动。

押送人员站在我们旁边，用刺刀刺了我们几次。我被刺了5刀，虽然我还活着，但我屏住了呼吸，假装死了。当日本人离开时，我旁边的人发出呻吟。一个日本士兵跑回来又捅了他一刀。这时我再也无法屏住呼吸。当我深吸一口气时，士兵听到了我的声音，又向我刺了6刀。最后一刀穿过我的耳朵刺进了我的嘴里，在这个过程中切断了我的一条动脉。这名押送人员看到血液从我的嘴里喷涌而出，以为我终于死了，用椰子叶和藤叶盖住我们3个人后就离开了。

我在那里躺了大约一个小时，然后决定试着逃走。我设法解开把我和另外两个人绑在一起的绳子，开始向只有50码远的大海走去。我走了几步就倒下了。似乎过了很短的时间我就恢复了意识。然后，我试着用靴子上的铁片跟把绑在手上的绳子锯开，但没有成功。最终，我设法把腿夹在两只手的中间，将其抬高，然后咀嚼着绳索直到绳索裂开。

在新不列颠被杀害的战俘的确切人数尚不清楚，但调查暴行的军事调查法庭判断死亡人数不少于150人。这些杀戮是对1907年《海牙公约》的公然违反，该公约禁止杀害或伤害已放下武器或不再有防御手段而自行投降的敌人，日本也是该公约的缔约国之一。

这些澳大利亚人都已经投降，有些人还打着白旗，他们全部有权利被视为战俘。

更严重的暴行发生在日本总部附近的沃加沃加。尽管这些暴行骇人听闻，但我们还是会再次描述一些细节，以便说明日本军队时而迸发出的恶魔般的施虐癖。

沃加沃加位于巴布亚岛的米尔恩湾附近，日军于1942年8月25日在此登陆。以下是澳大利亚第18步兵旅肯德尔上尉的证词摘录：

大约1942年9月1日或2日，我们在米尔恩湾的沃加沃加攻占了一个日本海军陆战队的司令部。当为我们的防御阵地清理这些司令部周围的丛林时，我看到了两具澳大利亚士兵的尸体，他们曾是第61民兵营的成员。

其中一具尸体躺在地上，双手被绑在胸前，裤子被拉到膝盖处还被用皮带绑在靴子上。他的耳朵尖被割掉了，身上有大约20处剑或刺刀造成的伤口。他的双手被绑在胸前，前臂被砍伤，似乎一直在努力保护自己。他的臀部和生殖器也被残忍肢解。

在大约6英尺外，另一具尸体被绑在树上，其双手背在身后，其上臂有6处小型伤口。

树根周围的地面非常混乱，显然他在那里躺了几天，最终因伤而死。这两具尸体都是肯德尔上尉在距离日本总部不到50码的地方发现的。

在丛林的同一区域，另外两名士兵被面部朝内绑在一棵西米棕榈树上，其手臂被绑在树干上。两人的臀部和直肠内部均有多处刺刀伤。还有另一名士兵也被绑在树上，从其伤口可以看出，他曾被当作一名假人，供刺刀训练使用。

肯德尔上尉的证词继续说道：

在从沃加沃加通往利里希的路上，我看到另外一具澳大利亚士兵的尸体，他的双手被绑在背后，面部朝下趴在地上。他被绳子捆着，腿上有一处包扎着战地止血包的伤口，头顶也被切掉了。头骨的顶部朝前散落在地上，似乎是被一把刀或剑从后面砍断的。他的背部和肩膀也有纵横交错的撕裂伤。这些伤口似乎是刀伤或剑伤，是刀或剑直接穿过衬衫刺进肉里造成的。

两天后，一名日本士兵在阿希奥马被俘。他说着英语，于是我给他看了我前面提到的那两具澳大利亚士兵的尸体。他告诉我，他隶属于先遣登陆部队，对澳大利亚士兵进行虐待和折磨是其军官的命令，只有这样才能使日本士兵英勇作战而不是缴械投降，因为一旦投降，已经发生在澳大利亚士兵身上的这些暴行也将发生在他们身上。

毫无疑问，在新不列颠和新几内亚发生的对战俘的屠杀源于上级的命令。在登陆之前，日军已经撒下宣传册警告盟军，所有抵抗日本入侵的人都将被杀死。

在日本占领期间，还发生了许多其他屠杀战俘的事件。这些屠杀的起因是，因饥饿而无法工作的战俘成为日军的负担。据悉，在1942

年4月至1945年8月期间，类似起因的屠杀至少在14个不同的地方发生过，其中一次发生于1943年10月的复活岛。

日本帝国海军的一位名为立花的少佐描述了这个故事的一部分内容，他当时正在复活岛上的一个部队服役，该部队关押了近100名盟军战俘。

> 10月7日，太阳刚下山，具体时间我记不清了，当时我和指挥官榊原少将正在指挥所。突然之间，他下达了如下命令："总部的首领必须出动手下射杀北岸的全部战俘。"事发突然，我大吃一惊，但我知道指挥官是一个小心谨慎的人，除非经过充分考虑，否则他不会妄下命令。当我还是海军学院的学员时，他曾是我的教官。因此，我毫不怀疑地认为根据当晚的情况处决所有战俘是合理的决定。

就在当天下午的5时30分，一位新军官伊藤中尉刚刚从夸贾林环礁岛乘飞机抵达复活岛，接任总部指挥。他到达后不久，立花少佐就把指挥官的命令传给了他。

当伊藤中尉到达即将发生大屠杀的海滩时，他看到了那些俘虏——他们共有96人，全部肩并肩地背对大海坐成一排。他们被蒙住双眼，双手也被绑在背后。行刑队站在他们身后。一个小队长报告说一切准备就绪，于是中队长告诉他"按命令进行"。俘虏被击毙之后，伊藤中尉回到指挥所进行汇报。

在差不多两年后，1945年8月15日的晚上，日本投降的消息传到了复活岛。广播上已经宣布了这一消息，但是由于东京海军总参谋部没有传来任何信息，所以日本指挥官拒绝相信这一事实。然而，证实这一消息的《帝国诏书》也于次日送达。

8月18日，榊原少将命令小队长以上的所有军官到他的宿舍集合。当所有人都到齐时，他说"我刚刚从墨尔本的无线电里听到，所有战犯，无论是受命的还是下达命令的军官，都将受到惩罚"。宣布完这一消息之后，他盯着地板站了一会儿，但没有再说什么。几分钟后，他解散了在场的所有人。

两天后，榊原再次召集所有中队长，并说道："我想出了一个可以解释战俘状况的好故事。一半的战俘在1943年10月6日的轰炸中丧生。剩下的人则在第二天晚上逃脱，并使用步枪抵抗二次抓捕。一场打斗随之发生，俘虏们被全部杀死。"

两天后，日军挖出了被埋葬在北岸的俘虏遗骸，并将其重新埋葬在该岛的东岸。

在对榊原的审判中，榊原辩称他只是在服从命令。而法庭宣布，当所犯的罪行明显是非法的并且违反了不可挑战的战争规则时，法庭不会接受以"上级命令"为借口的辩护，这一决定令日本军官们感到震惊。

投降之后，被问及在其指挥范围内发生的复活岛大屠杀时，安倍中将清楚地陈述了日本军官们对在上级命令下犯罪的军官的刑事责任的看法：

> 因为日本军队纪律严明，严密的指挥系统从天皇陛下的最高指挥开始，自上而下贯彻到每一个人身上，一名军人的首要职责和最高职责就是绝对服从命令……在成千上万的日本军人当中，有没有一个人认为他会因为自己是按照命令执行的行为而被起诉呢？此类行为竟会受到惩罚，这是日本人所不能理解的。[1]

偶尔也会出现其他屠杀手段：例如，大规模溺亡。1945年8月，在安达曼群岛的布莱尔港，被拘禁的平民百姓被带上船，带出海，并被迫下水。

1　在本书附录1中讨论了对"上级命令"的辩护。

1942年3月，在印度尼西亚的科塔拉贾，日军使用了与在武汉[1]时类似的溺亡和射杀相结合的屠杀方法。在那里，荷兰战俘被装上驳船，拖到海上，被射杀并扔进水中。

早在两个月前，在婆罗洲的打拉根，另一批荷兰海军战俘就已经遭受了与其在科塔拉贾的战友如出一辙的残酷屠杀。他们被押上一艘日本轻型巡洋舰，并被带到他们自己的船向日本驱逐舰开火的地方。他们在那里被砍了头，然后被抛入海中。

1944年12月14日，在菲律宾巴拉望岛普林塞萨港海湾上方的战俘营里发生了一起屠杀，远东国际军事法庭称其为"一场格外残忍且早有预谋的对美国俘虏的屠杀"。

这个集中营里大约有150名俘虏，其中2/3的人隶属于美国陆军，其余数十人则隶属于海军陆战队。12月的那天，他们中有145人失去了生命。当日，俘虏们一大早就出去干活，可到了中午他们又被带了回来，这令其感到些许不安，因为这似乎略有反常。

在此之前，他们曾经受到威胁，如果日本战败，他们将被全部处死。1944年10月，美国对普林塞萨港发动第一次空袭时，他们曾被告知，如果美国人入侵巴拉望岛，他们会杀了所有战俘。

当俘虏们返回围场吃午饭时，空袭警报两次响起，额外的警卫也被安置在营区周围。下午早些时候，又一次空袭警报响起，俘虏们被赶进防空洞中，并被告知留在那里，因为有"数百架美国飞机正在接近"。

防空洞极其狭窄，只有4英尺6英寸高，并且入口非常逼仄。防空洞也非常矮小，为了容纳所有战俘，每个人都必须蜷缩着坐成一团，把下巴放在膝盖上面。

接下来发生的一切最好用5名幸存者之一，即美国海军陆战队枪炮中士，道格拉斯·威廉·博格的话来描述。

1　见本书第二章。

刚一进入掩体，我就听到一声沉闷的爆炸声，还有接连不断的尖叫声、笑声以及机关枪和步枪的射击声。当我靠近避难所的入口时，我探出头去想看看发生了什么。我首先看到的是一股从A连队防空洞入口处冒出来的黑色烟柱。据我看来，大约有五六十名日本士兵，装备着步枪、手榴弹、轻机枪，拿着手电筒和装满汽油的桶，正在攻击紧挨着我们的A连队防空洞。一桶桶汽油被扔进防空洞的入口，然后点燃的火把也被扔进去以点燃汽油，当这些人身上着火被迫走出防空洞后，他们被砍刺、枪击、棍打或戳刺。我看见几个人摇摇晃晃地走来走去，仍在燃烧，并且看到他们中枪倒了下去。日军的部分进攻部队随即分头行动，分别进攻C连队防空洞的东北口和B连队防空洞的北口。

由于空间有限，整个进攻过程一目了然。我看到斯蒂德汉姆[1]无助地躺在担架上面，在他的上方正有几个日本人在开枪射杀或者用刺刀刺向俘虏。我看见一个我认为是曼戈博士的人，他满身是火地张开双臂蹒跚走向日本士兵，随后被一名拿着轻机枪的日本士兵击倒。其他从这些狭窄入口出来的美国战俘，或在出现时被射杀，或在冲向悬崖上方的围栏时被砍倒。

参与这场行动的日本士兵正高声喊叫着，在我看来，他们似乎很享受这次任务。佐藤中尉提着刀四处奔跑，发号施令，催促部下。在我把头收回入口之前，围栏外的日本卫兵已经开始向日本进攻部队暂未攻击的入口实施掩护射击，试图把这些人挡在（防空洞）下，直到进攻部队能够到达并将其扫荡干净为止。我告诉了和我在同一个避难所的斯切瓦和科

1　斯蒂德汉姆是普林塞萨营地的一名战俘，他在前一次空袭中受了伤并因此瘫痪。因为他必须由人用担架抬着才能移动，而避难所入口太小，他根本无法进入，所以在空袭期间，他被留在入口之外。

祖克正在发生什么，并且告诉他们，我们唯一的出路就是每次从入口出去一个人，然后试着穿过悬崖上方的围栏，下到沙滩上去。

随后我迅速从防空洞的入口出来，并不知怎地爬过了双层带刺的铁丝网。紧紧抓住峭壁后，我对斯切瓦和科祖克喊道，他们现在可以开始行动了。就在我暴露的那几秒钟里，一颗子弹击中了我的右腿。科祖克是下一个尝试的人，斯切瓦则紧随其后。他们两个人都被击毙了，他们的部分身体悬挂在栅栏外面，躺在防空洞的另外一边。我能看到科祖克背上的弹孔，当时他正挂在铁丝网上。

还有一些人正从 C 连队的防空洞里爬下悬崖，他们已经事先在那里安排了逃生出口。这个逃生出口之所以被安排在此，是因为我们在与日本人的对话中得到了可能会发生此类屠杀事件的暗示。

在 B 连队防空洞的南侧入口，我看到一个人从带刺的铁丝网上爬了下来，摔到了悬崖下面。然后我离开峭壁，爬下悬崖，来到水边。一到那里，我就注意到了两具美国战俘的尸体，他们面部朝下躺在水中，一半身体已经沉入水里。他们的后背都中了枪。参与攻击的日本人正沿着带刺铁丝网站在悬崖上方，向设法越过围栏或穿过逃生口的人开枪。

就在那时，另外两名叫艾尔斯和黑尔的战俘加入了我的队伍。我告诉他们，我将紧紧沿着海滩上的礁石向西南方向移动，穿过码头区域，并尝试进入灌木丛，从那里绕到丛林之中。艾尔斯和黑尔都不同意我的计划，他们试图游过海湾，但都失去了生命。黑尔游到离岸边大约30码远的地方后，遭到了悬崖上的日本人的攻击，几发子弹打在他身边的水中，随后他也被子弹击中。他翻过身说道："他们击中我了。"然后溺亡。

看到艾尔斯和黑尔被杀之后，我绕过礁石朝我之前提到的码头前进，走了大约30码后，礁石消失了，我无意中碰到了3个日本水手……他们正试图用刘易斯枪封锁我刚刚走来的那条路。我别无选择，只能跳到这3个水手身上，试图让机枪远离他们。最后，我们在水里打了起来，由于他们体重较轻，我翻进水中，始终把他们压在水下，迫使他们最终松开了枪和对我的控制。随后他们试图回到海滩上。

我自己从水里走了出来，拉动刘易斯枪上的驱动器[1]，成功杀死了那3名水手。但当我看到海滩下游不远处又布置了一挺机关枪时，我被迫沿原路返回，并试图在礁石之间找到一个藏身之处。

为了爬进一个小缝里躲起来，我不得不将机关枪扔进水里。在这个缝隙里，我可以很容易地分辨出日本人的叫喊声、笑声以及美国人被杀的尖叫声。我也能分辨出肉烧焦的味道和炸药的气味。

不久，一艘日本登陆驳船开始在离我藏身的礁石不到几英尺的地方巡逻。他们正在寻找设法逃跑的战俘。所有被发现的人都被驳船上的士兵射杀。在这一天剩下的时间里，巡逻队继续在礁石和海滩搜寻着，大约晚上9点，我和另外4名幸存者一起游过海湾，在丛林中待了几天，并设法加入了菲律宾游击队。

大约有另外40名俘虏也从50英尺高的悬崖上跳到下面的海滩，成功逃出了围场。他们中的4人活了下来，并加入了博格的队伍。登陆驳船上的人正在海湾巡逻。这些就是博格看到的驳船，岸上的哨兵开枪射向了这些俘虏。俘虏中的许多人严重烧伤且受了重伤，躺在海滩上痛苦地呻吟，被日本巡逻兵活埋了。

有这样一名俘虏，他设法来到水边，并试图游过海湾，但被重新

1　原文为"Cocking handle"，握把。——译者注

抓住并带回了陆地，日本士兵用刺刀刺向他，强迫他沿着海滩行走。

一名日本卫兵将汽油浇在这名俘虏的脚上并将其点燃。日本士兵不顾其想被枪毙的恳求，故意放火点燃了他的另一只脚以及他的双臂和双手。他们蔑视、嘲笑他的痛苦，然后用刺刀刺向他，直到其瘫倒为止。随即他们把汽油浇在他的身上，眼睁睁看着火焰将其吞噬。

1944年2月28日，美国军队于普林塞萨港登陆之后，对战俘围场进行了一场搜查，他们发现了一些属于被屠杀的美国战俘的身份识别牌、某些个人物品以及一些零碎记录。两周后，美国陆军601连队发现并埋葬了79具骸骨。其中有26具骸骨是在一次深达四五英尺的挖掘中发现的。他们的头骨被子弹穿透，还被用钝器打碎。在离悬崖最近、离监狱最远的最大防空洞中发现的尸体数量最少。据推测，这些防空洞的许多战俘发现越过悬崖更容易逃脱，但后来却被射杀在礁石或海滩上。大多数尸体被发现时都在离入口最远的地方挤成一团。在两个最靠近悬崖的防空洞中，人们发现一些尸体呈俯卧姿势，双臂伸在身前，病理检查的结果表明，这些人一直在努力挖掘一条通往自由的路。

1945年5月10日，美国政府通过瑞士公使馆向日本外务大臣东乡茂德发出抗议，其中就包含了一份与这场暴行相关的报告。抗议以下述文字结尾：

> 日本军队的这种野蛮行径是对所有文明者的冒犯。
>
> 日本政府无法逃脱对其罪行的惩罚。美国政府要求对所有指挥或参与这场行动的人施加与之相应的惩罚，并期望能够收到日本政府关于已实施这种惩罚的通知。美国政府进一步要求日本政府采取必要行动以防此类令人发指的罪行再次发生，并向美国政府保证，这种暴行不会再发生在被日本关押的美国战俘的身上。

1945年6月3日，抗议书由瑞士外交部长亲手递交给日本外务大臣。

一个月后，日本外务省通知瑞士公使馆，日本将立即调查，之后对抗议书作出答复，但直到日本投降那日为止，仍未作出答复。

有充分的证据表明，大多数屠杀都由现役军官下令，其中不乏一些高级将领和将军，并且都是在其下属的监督下进行的。这些证据来源诸多，包括被缴获的日军书面指令、战斗报告、日本士兵的日记以及大量盟军前战俘的陈述、宣誓书和证词。

部队的战斗报告和宪兵队的警方报告都载有实施屠杀的记录，以及有关被杀的受害者人数和消耗弹药数量的详细信息。关于高层权力机构下令杀害战俘的文件证据也在不止一个战俘营中被人发现。

在台湾就有一个这样的营地，其战地日记中记载了一项为了回答驻岛第十一宪兵队副官的询问而作出的答复。该部队详细记载了对战俘采取的"极端措施"。答复中对实施这种极端措施所采用的方法作了如下阐述：

> 无论他们（俘虏）是被单独消灭还是集体消灭，也无论是采用大规模轰炸、毒气、毒药、溺亡、斩首等何种方式，都应视情况处置。
>
> 无论如何，我们的目标是不让任何人逃脱，将他们全部歼灭，不留痕迹。

在战争的最后6个月里，陆军次官下山从陆军部发出明令，以防日军战俘落入盟军手中。

除其他事项之外，该命令还指出："在以下这些时刻，即局势日益紧迫、战争罪恶蔓延到帝国领土、满洲及其他地方的时刻，对战俘的处理政策能够在随函所附的摘要中找到。我们希望你会照例执行，不要犯错误。"

在附件中，这种"政策"被描述为要竭尽全力、不遗余力地"防止战俘落入敌人手中"。

第七章

囚　船

当战俘被从海上由一个地方转移到另一个地方时，他们的情况并不比在战俘营中好多少，因为这时使用的船只是名副其实的囚船。俘虏被关在没有新鲜空气、卫生条件恶劣的船舱和煤舱里。他们中有许多人本来就因饥饿和疾病而身体虚弱，航行中也未能获得医疗救助或物资补给。船上口粮稀少，饮用水短缺，俘虏们一般都被关在甲板下面熬过整个航程。这些船只没有标记，因而遭受了来自盟军的海上和空中袭击，船上的许多战俘在袭击中死亡。

由此，远东国际军事法庭在判决书中对为节省这些船只的空间所采用的方法作出如下描述：

> 空煤舱和货舱中搭建了木制楼层或临时楼层，每层的垂直空间只有3英尺。在这些楼层上对俘虏的空间分配如下：每15名俘虏分得6英尺×6英尺的区域。在整个航程中，他们被迫盘腿而坐。除此之外，这些船只还通过取消像样的卫生设施来节省空间。船上提供的卫生设施由桶或盒子充数，用绳子下放到船舱或货舱里，也以同样的方式被移走并从侧边倒空。从这些容器中流出的液体更加重了卫生的整体恶劣程度。许多俘虏上船时都患有痢疾，他们的排泄物通过木质楼层的缝隙落在下面同伴的身上。为了节省准备食物的空间，俘虏们吃的是未煮熟的食物，或是在航行前就备好的食物。出于同样的原因，船上供水也不充足。而且更糟糕的是，俘虏被禁止登上甲板。[1]

第一次运送俘虏的航行发生于1942年1月，当时一艘名为新田丸的日本船只在复活岛停靠，将1235名美国战俘和被拘平民带到船上，

1　这一说法并不完全准确，因为在一两次航程中，俘虏们获批能够每天在甲板上待5分钟左右。——译者注

并将他们运往横滨和上海。

每一个俘虏在上船后，都会遭到船员的殴打踢踹之类的暴力对待。这在对战俘进行的许多次海上运输中，是一种公认的"消遣"。在此之后，俘虏被安置在3个独立的船舱中，里面建有几个临时楼层，每层楼的净高为3英尺左右。这些人到达船上时已经精疲力竭，除此之外还得遭受时不时被施加于身的暴力。货舱里非常拥挤，战俘们只能轮换躺下。

这次航行持续了17天，在这段时间里，俘虏们一直待在船舱里，但当他们抵达新田丸的第一个停靠港横滨时，他们中有10人获准登上甲板，日军则以宣传为目的替他们拍摄了照片。

登船前，每名俘虏都获得了一份在所有因船上生效的《俘虏条例》。条例第一条规定，对10多项罪行判处死刑。那些不服从命令和指示、表现出任何反抗迹象、未经允许而说话或提高音量、未经命令而走动或爬梯的人"将被立即处死"。该条例还明确指出，大日本帝国的海军将尽量不以死刑惩罚所有人，那些遵守日本海军所有规则，并与日本合作构建"大亚洲新秩序"的人将受到善待。

日本卫兵有权随时对俘虏进行搜查，搜查往往伴随着大量的殴打和掌掴，他们会拿走俘虏的所有物品，如手表、戒指、钱、钢笔、铅笔、厕所用品、衣物甚至他们的私人文件、信件以及他们最珍视的家庭照片。

船上没有供俘虏使用的厕所，如上文所述，通常水桶是他们唯一的排便器。由于船上的许多俘虏都患有腹泻或痢疾，而船上又没有清洗楼层和俘虏自身清洁的条件，这使得船舱的卫生状况更加恶化，肮脏程度不断加剧。

这艘船到达日本之前，一直处在热带高温环境之中，船舱下的空气令人窒息。在整个航程中，俘虏们不得不住在黑暗、潮湿的船舱里，饥肠辘辘，口渴难耐，肮脏不堪，日日经受殴打和羞辱。许多健康的年轻海军陆战队员在不到3周前才被俘，就因虐待和贫困而染上了肺结核和其他疾病。

船上有一名日本军医，但他断然拒绝治疗受伤或生病的俘虏。

船在1月18日抵达横滨时，天气非常寒冷，俘虏们没有保暖的衣物。他们中有许多人因暴露在寒冷的环境中而生病。更糟糕的事情也随之而来。

从横滨出发的第二天，日本主力部队的齐藤大尉把小原曹长叫到了他的船舱。在这次航行期间，小原被派往新田丸，执行看守战俘的任务。当小原到达船舱时，齐藤向他出示了一份文件，上面写着对船上5名美国战俘的处决令。小原读完文件后，齐藤命令他执行处决，但根据这名曹长自己叙述，他对此"断然拒绝"。该命令被复提后又再次遭到小原的拒绝。齐藤随即警告小原此事十分重要，他向小原直接下令，此次处决必须由小原用自己的"日本刀"亲自执行。

小原深思熟虑后随即做出决定，长官的命令就是天皇的命令，自己必须服从。小原承认，"如果他不这么做，下一次受刑的很可能是他自己"的这一想法也影响了他的决定。但他并不喜欢这一"不得已而为之"的感觉，于是"心情糟糕"地回到了自己的船舱。

不久之后，他就被告知，行刑的一切准备已经就绪，那时他仍在自己的船舱之中。当他到达后甲板时，他看到5名美国战俘在左舷上排成一排。日本卫兵则把守在其周围。

齐藤大尉来到甲板上，登上一个站台，5名受害者在站台前列队，他从一份文件上念出他们的名字，这份文件就是他之前给小原看过的那份。然后他对俘虏们如此说道："既然你们已经犯下罪过，让你们活下去对世界也没有好处。我希望你们能在来世找到幸福。当你们重生时，我希望你们能够成为爱好和平的公民。"

齐藤走下站台，命令特务曹长吉村处决第一名俘虏。这名俘虏被蒙上双眼，双手也被绑在背后。随后，他被要求跪在一张小草席上。吉村走上前去，举起刀，重重地划过俘虏的脖子一侧，但没能砍掉他的脑袋。他瞄准之后再次出击，但还是没能成功，这名美国人过了一会儿才死去。

士官高村负责斩首第二名俘虏，他成功用一刀砍掉了受害者的头颅。随后轮到小原。他本人对当时的情况描述如下：

　　紧接着，齐藤大尉喊道："伍长。"我回答："是。"我吓坏了，浑身发抖。我走向第三名美国战俘在甲板上的下跪的地方，举起刀向他砍去。但我无法挥出那一刀，于是我放下了刀。我睁开眼睛，看到他的眼罩上方的红色头发。当齐藤大尉站在我旁边，命令我执行这项任务时，我再次举起我的刀试图向他砍去。可第二次我依然没能做到，于是我再次放下了刀。

　　之后我意识到自己是在奉日本天皇之命行事，我闭上双眼，举起手中的刀，并"哐"地一声落下。当我睁开眼睛时，那名美国俘虏的尸体正躺在我的脚边。他的头被砍了下来。我完成了齐藤大尉的命令。

最后一个人被斩首之后，这些尸体被"战俘卫队"的士兵肢解，随后被扔进海里。

次日，这艘船抵达上海，在其他俘虏都已上岸后，它向吴港驶去。在从上海到吴港的航行中，齐藤把所有负责监视战俘的士兵都叫到他的船舱里，并将从俘虏身上搜来的戒指和手表分送给每个人。其中，小原收到了一块手表和一枚金戒指。

毫无疑问，日方从未对这些俘虏进行任何指控或审判，也没有下发过任何处决命令。当小原在吴港上岸时，他在自己的外套口袋里发现了所谓的搜查令，正如他在声明中所说：

　　我敢肯定，齐藤大尉没有向他在吴港海军训练站的上级报告5名美国战俘被处决的情况，否则他需要这份命令书来证实指控和判决。

1942年9月25日，1816名英国战俘在香港登上里斯本丸，准备前往日本。他们被装在3个货舱里。来自皇家海军的俘虏被关押在一号舱，也就是在前甲板下面的水手舱里。来自苏格兰皇家特遣队第二营和米德尔塞克斯团第一营以及一些小分队的俘虏都被关在舰桥前面的二号舱里。而在船尾的三号舱，俘虏大多来自皇家炮兵团。另外，船上还有2000名正在返回家园的日本士兵。

像往常一样，船舱里没有足够的空间让所有人同时躺下，于是每个部队都制订了一个计划，以使他们的士兵能够轮流躺下。

航程伊始，船上按照日本战俘的标准提供食物，一些战俘用"不好不坏"来形容这些食物。船上有足够的饮用水，但没有配置清洗设施。俘虏们获准每隔一段时间登上甲板，以加入等待使用厕所的队伍。

10月1日上午7点左右，就在早上点名之前，一声巨响传来。船上的引擎停了，所有的灯也都熄灭了。俘虏们只能猜测发生了什么事，几名因常规工作而登上甲板的士兵立即被派往舱底，舱口处还设置了额外的哨兵，以防止俘虏逃走。没有战俘在爆炸中受伤，俘虏们后来得知，这场爆炸是由一枚鱼雷击中了里斯本丸的一个煤仓而引起的。

二森先生也在船上，他从1942年初就一直是香港地区战俘营工作人员的首席翻译。但是，他所行使的权力远远超过其任命文件中所显示的那样，因为他一直对英国和加拿大的俘虏行使行政权力，且始终残暴无情。

爆炸发生之后，二森下令用木条封死舱口，在上面盖上防水油布，再用绳子将其捆牢。在接下来的一天一夜里，英国高级军官斯图尔特中校多次请求二森至少将一部分舱口打开，因为俘虏们快要窒息而死，供水也已经用完了。

第二天凌晨4点，为了回应俘虏们对水的一再请求，有着虐待狂式的幽默感的二森出现在一个舱口前，并放下一个装满尿液的水桶。

许多俘虏患有痢疾或腹泻，但其提出的去甲板上厕所的请求一直遭到拒绝。日军也没有提供任何可以替代的容器，供其在甲板下面使用。

　　甲板下面的生存环境是可以想象的。住在三号舱的俘虏情况最糟，那里正在漏水，俘虏们则不得不用水泵排水。他们因酷热和缺乏新鲜空气而精疲力竭，一名俘虏操作水泵时只操作了6下就晕了过去。有几个人在第一夜尚未结束时就离开了人世，他们中有两人患有白喉。

　　夜间，在里斯本丸正在迅速漏水的同时，日本士兵们转移到了另一艘船上，随后由这条船拖着运输船前进。

　　10月2日的清晨，也就是鱼雷击中里斯本丸大约24小时之后，它突然倾斜了一下，显然它正在开始下沉。斯图尔特中校组织了一个小队试图逃出船舱，他们正准备开始行动，突然船停了下来。

　　这伙人成功开了一个小口，两名军官豪厄尔中尉和波特中尉，连同俘虏们自己的翻译以及其他一两个人，从开口处爬上了甲板。当他们走向舰桥要求与船长面谈时，他们遭到了日本卫兵的射击。豪厄尔被击中，随后因伤势过重而亡。其余的人向斯图尔特中校汇报消息，并告知其船体下沉得很深，眼看就要沉没。

　　甲板上的人返回之后，日本卫兵立即来到开口处，向货舱内部开了几枪，又打伤了两名军官。突然，船只再次倾斜，因船尾触到沙洲而停住，水开始从舱口的开口处流入二号货舱。

　　住在三号舱的皇家苏格兰团中尉汉密尔顿讲述了当时发生的事情：

　　　　船只一稳定下来，驻扎在舱口的人就切断了绳索和油帆布，并把木块推开，我所在货舱内的俘虏们排成一列，井然有序地爬了出来。

　　　　另外两个货舱里的人同时逃了出来，但后面的许多人被汹涌的海水困住，还没来得及脱身就被淹死了。

　　　　当我们出现在甲板上时，日本人开枪射向我们，并在俘虏们跳过栏杆跃入大海之后继续射击。

　　　　尽管当第一批俘虏到达甲板时仍有6名卫兵守在那里，但当我登上甲板时，船上已经一个日本人都没有了。3个舱里的既没被闷死也没被淹死的俘虏，都设法自己爬上了甲板，或是被别人拉了上来。

在大约3英里外，我能看到一些岛屿。一股急流正朝着它们的方向奔去。4艘日本船只正待在旁边，但它们似乎和那些岩石岛屿一样荒凉，因为它们没有要搭载我们任何人的迹象。船上的绳子悬在水面上，但任何试图爬上去的俘虏都会被踢回大海。

我向岛屿游去，但游了大约半个小时后，我看到日本人改变了策略并开始搭救俘虏。由于与陆地还有很远的距离，我转身向一艘日本船只游去。当我来到船边时，有人扔给我一根绳子，我的同伴帮我登上了船。一些俘虏设法到达了岛屿，但许多人在岩石海岸失去了踪迹。

周围有许多中国的帆船和舢板，它们全都来自这些岛屿。船上的中国人救起了几个我们的人，并且对他们非常友好，用其微薄的物资给予他们衣食，并一直照顾他们到日本登陆部队前来抓回他们为止。

抓回我的是一艘小型巡逻艇，它继续巡逻了大约3天，并在被抓捕的幸存者全部上岸后驶入上海。所有幸存者最终都聚集在码头周边。许多人全身赤裸，我们中的大多数人只穿着短裤或衬衫。在巡逻艇上的时候，我们被围在甲板上，防水油布漏得厉害，每天的食物是4块硬饼干和两小杯加水牛奶，第三天还有一碗汤。在这段时间里有两人去世，寒冷和裸露对我们未来的健康造成了严重影响。

到10月5日，所有幸存的官兵都已聚集在上海的码头上，点名时，有970人应声回答。剩下无人应答的846名俘虏中，只有大约6人在中方的帮助下成功逃脱，其余的都死了。

当他们留在码头上等待重新登上将其运往日本的新生丸时，这些俘虏不仅遭受了蔑视，还遭到了极端虐待。二森在演讲中称，他们的存活对他来说是一个巨大的失望。"你们应该，"他告诉他们，"和其他人一起死掉。"

他们中许多人病得很重，虚弱到几乎站不起来，但当他们试图坐下时，二森就会用手中的刀无情地殴打他们，并命令卫兵们也这样做。从10月4日正午到5日上午8时，他们被关在那里，除了从中国人那里得到的东西外，没有食物，也没有衣服。在他们重新上船之前，二森命令他们交出所有剩下的衣物。一名军士长因拒绝上交而立即被日军踢了睾丸。

毫无疑问，日军原本是打算让1816名战俘全部淹死，然后对外声称被鱼雷击中的船瞬间沉没，没有给他们时间进行救援。[1]日本军队和全体船员在夜间全部转移到了另一艘船上，全体船员和所有卫兵，除了6人外，都已撤离。与此同时，俘虏们却被封在船舱里面。

如果俘虏们被转移到整夜待命的4艘船中的一艘船上，他们没有理由不全部生还。直到意识到许多俘虏被中国的帆船和舢板带走后，日本人才改变了主意，开始做同样的事情。

然而，如果不是因为船尾搁浅在沙洲上，让这些人有更多的时间逃出船舱，跳入海中，那么很少有人能逃过这一劫。

翻译二森为里斯本丸上发生的一切负主要责任，卫兵指挥官和田中尉并没有真正的权力。从航行的第一天起，二森就表明了他对战俘的态度，即完全不顾他们的生命。当一名英国高级军官抱怨所有的舱门都被封住了，许多人因此窒息而死时，二森说道："不用担心，你像老鼠一样繁衍生息，所以可以像老鼠一样生存下去。"

二森的暴行不仅仅发生在里斯本丸的这次航行中。几个月后，他又进行了另一次航行，再次作为翻译的他，乘坐了一艘名为富山丸的运输船，当时这艘船正将一批加拿大战俘从香港运往日本。

1　在日本出版的一份英文报纸《日本时报》中，报道了里斯本丸沉没的这一版本。

在航行中，一些俘虏将红十字会捐给他们的毛衣卖给了看守他们的卫兵，以换取食物。这件事传到了二森的耳朵里，于是他进行了一次全面检查。一名俘虏，即一名来自加拿大皇家步枪队、名为步枪手杜塞的加拿大士兵，在检查时没能拿出他的毛衣。二森和一名日本下士便开始以最野蛮的方式攻击杜塞。他被皮带抽打，被击打全身，被撞倒在地，倒地时还被踢打腹部。经过这次殴打之后，杜塞不得不被抬着回到船舱，在余下的航程中，他一直病得很重。他再也没能康复，大约一个月后，他死在了日本的丸海集中营里。

1946年10月，二森最终在香港接受了英国军事法庭对其8项战争罪的审判，并被判有罪。由于所有指控都涉及类似的严重残暴事件，其中一些甚至导致受害者最终死亡，因此军事法庭对他判处15年有期徒刑的判决很难被视作一种严重的处罚。

1942年10月末，在爪哇岛被俘的1100名战俘被运往新加坡，再前往日本。抵达新加坡几天后，他们登上了新加坡丸，这是一艘非常旧的货船，排水量5800吨，而且没有任何像样的通风设备。在这次航行中，有60名俘虏死亡，而在11月20日抵达日本之后，有更多的俘虏也失去了生命。

战后，船长西宫义丸连同日本主力部队和两名新兵指挥军官，在新加坡接受了英国战争罪行法庭的审判，罪名是"涉嫌虐待英国战俘并导致60人死亡以及肉体折磨多名战俘"。

在审判中，斯科特中校提供了证言。他陈述道，他是船上的英国高级军官，船上人满为患，食物不足，医疗用品稀缺，卫生条件恶劣。

船只离开港口后不久，战俘就开始陆续死亡。到达圣雅克角（西贡）时，他要求让所有生病的俘虏上岸，但这一请求遭到了拒绝。抵达台湾的高雄时，他再次要求将100名生病的战俘带走。这一请求得到了部分批准，有20人被带上岸。虽然这艘船已经拥挤到了极限，但又有600名日本士兵上船，使得日本人的人数增至1200人。因此，那些可怜的俘虏被塞进下层货舱，而所谓的病房则被移至后货舱的底部。抵达日本门司时，280名俘虏虚弱到无法下船。他们后来被带上岸，其中127人于6周内因营养不良、痢疾或糙皮病而死。[1]

许多战俘以这种方式死去，还有更多战俘到达目的地时因身体太过虚弱而无法工作，甚至连俘获他们的人也开始意识到，他们正在浪费这一宝贵的资产。早在1942年12月，陆军省就发布了一项命令，呼吁士兵们注意避免这种浪费。

> 亚洲陆军第1504号密令（日期为1942年12月10日）。最近，在押送战俘到日本的过程中，有许多战俘生病或死亡，还有不少战俘由于途中待遇不佳而不能继续工作。

紧接着又发布指示，即负责运送俘虏的人应该确保他们到达目的地时"处于能够工作的状态"。然而，该命令并未收到实际效果，到1944年初之前，通过海路运送的战俘到达目的地后的状况几乎没有改善，因此，3月3日陆军次官富永向"所有相关单位"发布了另一条命令。该命令含有以下意见：

> 在战俘管理局的公告中，已经强调了在劳动中使用俘虏的问题。这虽然有助于直接提高我们的战斗力，但战俘的平均健康状况却并不令人满意。他们的高死亡率必须再次引起你们的重视。鉴于最近敌人的宣传战愈演愈烈，如果目前的情况继续存在，世界舆论将不会如我们期望的那般友善和谐。
>
> 但无论如何，从充分利用战俘以增加我们的战斗力的角度来看[2]，改善战俘的健康状况是绝对必要的。应该补充的是，尽管必须努力利用船上的空间来运送战俘，但是在这一关键时刻，处理战俘时有必要完全理解1942年"亚洲陆军第1504

1　一种以皮肤开裂为特征的疾病，通常的结果是精神错乱。

2　原作者在此处使用了斜体。——译者注

号密令"的宗旨。

安汶群岛上多处战俘营的指挥官为阿南中佐，即使他收到了这一命令，也不将其传达给他的部下。

他指挥下的其中一个营地安扎在安汶岛的韦家美。1944年9月初，盟军飞机袭击了安汶镇并造成巨大破坏。由于这些突袭，日本人决定转移战俘，于是一个由大约500名英国、荷兰战俘组成的小队于9月17日在安汶岛登上了马洛斯丸。这艘重约600吨的小船原为荷兰人所有，1942年3月荷兰投降前在巴达维亚被击沉。1943年，日本人将其打捞出来。

该小队的高级军官、英国皇家空军的飞行中尉布莱克伍德，在一份宣誓的书面陈述中生动地描述了那次登陆。这份书面陈述由布莱克伍德为在东京进行的对日本主要战犯的审判而作，并作为一份证据出现在法庭中：

登船的那天早晨，下起了近日来的第一场雨。我们队的人光着脚，有些穿着木屐，在黏稠的泥海中行进，泥浆下则覆盖着有锋利珊瑚状表面的路面。卫兵催促我们快点赶路，脚气病患者被推来搡去，抬担架的人被吓得跟跄小跑，我们用了大约半个小时就到了码头。在那里，尽管附近还有一些空棚屋，担架还是被放在泥地里，完全暴露在无情的雨中。等到大家都湿透了，日军才拿出几张草席，盖在那些病得最重的人身上，他们对这些神志不清的人的呻吟声充耳不闻。

等了将近3个小时后，驳船靠岸了，我们被摆渡过小河，到达了船只停泊的地方。

当我们到达船边时，我简直不敢相信我们500个人被要求全部上船。当我意识到船舱已经满了并且已经被封死，而我们要作为甲板上的乘客度过这次航行时，我打了个趔趄。

首先，所有的行李都被扔在舱口盖上，日军还试图把健康的人、能走路的病人以及重伤员分配到舷梯和狭窄的甲板空间之中。分配后的效果就像高峰期的伦敦地铁。没有平坦的地方可以放置担架，病人们感到极度不适，显然他们无法在这种痛苦中度过一段长时间的海上航行。抗议之后，行李被从舱口盖上移开，但要在这个非常狭窄的空间内安置湿透的包裹几乎不可能。

更糟糕的事还在后面。航行中做饭用的木柴也被带到了船边。想象一下，一只小型渡船，最大的横梁不超过30英尺，从艏楼的后舱壁到船的中后部，我们所有人只能使用大约45英尺的空间。而甲板的其余部分，所有的建筑和住处都禁止我们进入，因此俘虏们过度拥挤的程度可见一斑。木柴被搬上船并堆放好后，甲板上已经没有多余的空间了。船舷上挂着两个木箱，这就是船上为我们提供的全部公厕。我们这些瘫痪的人不得不爬过一堆堆木头之后，把自己拖进这些箱子里，这对于一个健康的人来说都是一段困难重重的旅程，更不用说一个生病的人了。

在海上的第一夜是一场噩梦。海上风浪很大，马洛斯丸却不停地航行，船只每颠簸一次，海水都会扫过甲板，把无助的重伤员像漂浮物一样抛来抛去。天亮之前有一名俘虏失去了生命。

当俘虏们上船时，他们已经像奴隶一样工作了15个月，疲惫不堪，精疲力竭，并且因为营养不良和持续虐待而虚弱多病。脚气病也很快流行起来。日复一日，病入膏肓的人们躺在舱口盖上，完全暴露在无情的阳光之下，尽管英国高级官员经常要求日军提供一些遮蔽物，但直到有30名俘虏死于干渴和暴晒，日军才竖起了遮阳篷。

每天饮用水的限额不到半品脱[1]，更糟糕的是，当战俘们口渴难忍，

1　品脱为容积单位，主要于英国、美国及爱尔兰使用。1品脱=568.26125毫升。

好几次无助地躺在甲板上的时候，他们的日本卫兵却在装着饮用水的桶里洗澡。

一天，一名因饥饿而虚弱的俘虏爬过船舷去上厕所时，从船上掉入海中。船只调转方向，那个人被救了起来，随之所有的军官都被押解示众，并被一名卫兵用绳子的末端抽打，作为他们没有管好手下的惩罚。

这时，俘虏们正像苍蝇一样死去，他们的尸体被扔进海里，日本人还在他们的腿上绑了沙袋，以确保他们沉入海底。9月21日，马洛斯丸抵达西里伯斯岛的拉哈－穆纳。一艘日本帆船随后靠了过来，在范·德卢特船长的指挥下，又有大约150名英国和荷兰俘虏登船。这些人是另一艘日本运输船上仅有的幸存者，这艘运输船遭到了一架"解放者"轰炸机的袭击，船只着火并沉没。这支队伍的几乎所有成员都赤身裸体，并因脚气病而瘫痪。

马洛斯丸已经人满为患，这些新增俘虏的到来引起了彻底的混乱。以前船上没有地方让所有人躺下，现在几乎没有地方让一个人好好坐着，但无论如何，他们终归都挤上了船。

飞行中尉布莱克伍德对这可怕的场景作了如下描述：

所有人都躺在一捆捆不平坦的、在热带阳光下晒得发烫的木柴上。舌头开始发黑，赤裸的肩膀开始流血，许多人开始神志不清。夜晚的空气中充斥着垂死之人的呐喊和尖叫声、疲惫不堪的人想要睡一会儿的咒骂声，以及折磨着脚气病患者的不断的打嗝声。

难以形容的恐怖场面变得司空见惯。穿过狭窄船上杂乱无章的人潮，勤务兵将赤裸瘦弱的死者遗体抬到船边，将带有沙袋的尸体抛入海中之前，日军为这些死在海上的人举行了葬礼，葬礼的内容只有在场的人才能听见。一名年轻人因中暑而神志不清，大声叫喊着，持续了约30个小时后，虚弱得无法说话。临终前，他抓起一个装得满满的用作便盆的铁罐，将里面的东西误认为水，贪婪地喝了下去，没有人来得及阻止他。

当这艘船到达波尼湾北端时，发动机已经破旧到几乎不能使用了。由于日本船员和爪哇船员都没有太多的机械知识和经验，主管这些俘虏的日本栗岛中尉要求战俘承担修理任务。到了这时，船上战俘的死亡人数已经达到了每天8人，很明显，航行时间越长，死亡率就会越高。因此，来自英国皇家海军的普拉特士官和另外两名俘虏自愿修理引擎，并且在余下的航程中维护它们，监督它们的运行。

当马洛斯丸到达望加锡时，任何身体还算健康的俘虏都得卸下船上的货物以及一些弹药。这使得一些俘虏可以转移到甲板下面，虽然仍然没有移动的空间，但他们至少能够避免暴晒。

这艘船在望加锡港停泊了40天，虽然船上装了一些椰子、黄瓜、芒果和当地的糖，但仍有大批俘虏死亡。在马洛斯丸停留在望加锡的期间，有159名俘虏死亡。

最终补给完毕后，船只再次起航，俘虏们终于松了口气，因为这场噩梦般的航行似乎快结束了。但失望仍在继续。又过了40天，马洛斯丸在望加锡附近的一个小岛停靠下来，当它在航程的最后一站起航时，死亡的总人数已经达到了250人。

日本指挥官栗岛中尉以及他的高级军士森和翻译官都没有采取任何行动改善船上的状况。相反，他们一直残暴地对待俘虏。

布莱克伍德中尉曾描述过这样一件事：

> 一天晚上，一个生病的荷兰人奄奄一息地躺着，并开始不时地大声打嗝。森军曹出现在船桥上，威胁说除非给这个垂死的人注射一针，让他保持安静，否则就要殴打所有的病人。他们给了这个人一针，但不到半个小时，他又醒了，又像以前一样打嗝。森军曹重复了他的威胁，于是他们又给这

个人注射了一针。然而，他第三次开始打嗝。那名日本军曹回到船桥上，用最大的声音吼叫，威胁说要下来并用棍子打他。他们随后给他注射了第三针，但这位荷兰人再也没发出声音，因为他去世了。

最终，马洛斯丸从安汶岛起航67天之后，到达了爪哇的泗水。船上的630名俘虏中，只有325人还活着，或者勉强算活着，因为他们中的大多数人如行尸走肉，拖着半饥半疯的人类残躯，疾病缠身，肮脏不堪，身上还爬满了害虫。

就在马洛斯丸从安汶岛起航的同一个月里，1750名欧洲战俘、600名安汶战俘和5500名招募为奴工的印度尼西亚苦力被用轮船从爪哇岛运往苏门答腊岛。这艘船是一艘排水量约5000吨的货船。

船上的状况与其他运输船相似，对这些状况进行描述是一种无用的重复。有一次，一名英国战俘发了疯，从船上跳了下去。日本人觉得这非常滑稽，直到他开始向不远的海岸游去他们才紧张起来。他被带了回来，日军下令，要求现在所有的俘虏都必须被关在船舱里。想把俘虏们弄到船舱下面的唯一办法就是殴打他们，日军也这样做了。最后，俘虏们挤进一个货舱里，直立着，没有移动的余地。几个小时后，船只起航，直到看不见陆地，舱口才被移开，俘虏们才获准登上甲板。

距离苏门答腊岛西海岸约25英里的时候，这艘船被两枚鱼雷击中。一枚鱼雷在一些苦力所在的一个货舱中爆炸，20分钟后这艘船沉没了。那些在甲板上或没有被困在甲板下的俘虏都跳入了海中。

日本指挥官和卫兵们乘坐一艘救生艇逃走了，但当一些俘虏抓住救生艇的舷边试图自救时，一名手持大斧的日本卫兵砍断了他们的手或劈开了他们的头骨。[1]两艘护航的船只，即一艘驱逐舰和一艘护卫舰，最初救起了大约400名幸存者，但那些非常虚弱并在之后失去知觉的人

1　来自幸存者之一艾萨克·塞缪尔·迪克森的书面陈述，详见《远东国际军事法庭庭审记录》第13297页。

又被重新扔回了大海。

幸存者们抵达苏门答腊后被带到了巴东监狱，他们由276名欧洲人、312名安汶人以及最初5500名苦力中的300名苦力组成。几乎所有人都赤身裸体，日本监狱当局发给他们的唯一衣物是每人一条短裤。他们受到非常恶劣的对待，不得不睡在监狱大楼光秃秃的混凝土地板上。这座监狱卫生条件恶劣，10天之内就有42名幸存者死亡。

女性俘虏也没有受到任何区别对待。1945年4月，一群女战俘和平民俘虏登上了一艘非常小的船，从文岛前往巨港，一位名叫内斯塔·格温妮丝·詹姆斯的澳大利亚护士也在其中。

他们中间有很多重伤员，护士们不得不把担架和她们自己的行李一起沿着文岛的长码头搬到船只停靠的地方。

在那里，他们必须把所有的东西装到补给船上，然后再从补给船搬到小船上。一名病人死在了码头边，另一名病人死在了供应船上。整个航程中，护士和病人都待在甲板上，没有任何遮蔽或其他免受天气影响的保护措施。

晚上很冷，他们没有暖和的衣服，也没有毯子。白天，太阳照在身上，正如詹姆斯修女在她的证词中所说的那样，"天气太热了，护士们几乎无法触碰病人——他们在燃烧"。

像往常一样，船上没有卫生设施，船上75%的人患有痢疾或腹泻。还有几个人在航行中死亡，当船到达巨港时，尽管护士们虚弱无力，她们还是不得不把所有的重伤员搬上岸，并把他们放到要将其送往新战俘营的火车上。

在整个太平洋战争时期，这种通过海路运送盟军战俘的行动一直有增无减。政府成员和所有相关部委的政府官员都非常清楚这种做法及其后果。为了改善这些船上的状况而采取的这些措施虽然完全不够，但其只是为了保持战俘在战争中从事有用工作的能力，这才是最重要的。对于他们根据公认的战争法律和惯例而应该承担的责任，日本人则毫不在意。

第八章

死 亡 行 军

日本军队在各地转移战俘时，总是违反战争法规和惯例。海上运输条件恶劣，战俘们被装进没有新鲜空气、卫生条件不佳的货舱和煤舱里，这些情况已经在第七章"囚船"中作过描述。

俘房们还被迫长途跋涉，没有食物和水，也无法休息。伤病员被迫像健康人那样行军。行军中落后的俘房则会遭到毒打、折磨和杀害。

有很多证据可以证明这些说法的真实性以及日本政府和军事当局知晓这些事情的事实。

1942年4月发生的巴丹死亡行军就是其中的一个典型案例，尽管它并不是第一个。1942年4月9日凌晨两点，在巴丹指挥美菲联军的金少将，派出了他的两名参谋在休战旗下为他约见日军指挥官，请求投降。拂晓后不久，美国军官与敌人取得了联系并成功返回，金少将和他的两名助手坐着一辆车前进，两名参谋坐另一辆车紧随其后。他们前进途中，尽管两辆汽车都悬挂着巨大的白旗，美国军使们还是不断受到低空飞行的日本飞机的轻弹和机枪攻击，并不得不四处躲避。

上午10点钟，他们到达了日军步兵师总司令部所在地拉莫。日军指挥官会见了金少将，并解释说自己无权与美国指挥官谈判，但他已通知本间将军，后者将派遣一名拥有全部授权的军官来谈判投降条款。

大约一小时后，本间将军的参谋长到达，并代表总司令商讨投降事宜。余下的故事由金少将自己讲述：

我只关心我的士兵能得到怎样的待遇，以及他们是否会被当作战俘对待。日本军官要求我无条件投降。我试图让他保证我的部下会被当作战俘对待。他指责我竟然拒绝无条件投降，还试图提出条件。我们就这个话题来来回回地谈了约有半个小时。最后，他通过翻译对我说"日本帝国军队并非蛮夷"。有了这个保证，我稍感宽慰，并接受了投降。

在销毁武器装备准备投降的过程中，我保留了足够的汽车和汽油，足以把我的部队全部运出巴丹。投降之前，我竭力想要得到一个可以这样做的保证。投降之后，我恳求日本人这样做，并表示愿意提供他们可能为此需要的人力，或者他们可能需要的任何帮助。日本人告诉我，他们将按照自己的意愿处理俘虏的转移问题，我与此事无关，我的相关意愿也不会得到考虑。

战俘们在酷热中沿着通往邦板牙省圣费尔南多市的道路行军，这段路大约有75英里。他们在被俘前的相当长一段时间里都缺少口粮，生病和受伤的俘虏比例很高。然而，伤病员也被迫和其他人一起行军。

许多人倒在路边无法继续前进，他们要么被枪杀，要么被刺刀刺死。其他人则被从队伍中带走，遭受毒打、折磨和杀害。这次行军持续了9天，每隔5千米就会有美国卡车运送新的卫兵来接替原来的日本卫兵。

在最初的5天里，俘虏们没有食物，也没有水，他们只能喝公路旁驯鹿留下的泥坑里的水和沟渠里的水解渴。菲律宾人给他们扔了一些食物，他们偶尔会打破队形，聚集在井边、泥坑旁或沟渠旁解渴。每当出现这种情况，日本卫兵就会向他们开火。

在整个行军过程中，押送者一直在虐待他们。他们被殴打，被用刺刀刺死，被用钉靴踢死。尸横遍野。

美国正规军的参谋军士塞缪尔·穆迪描述了发生在他朋友琼斯中士身上的事情：

> 我的朋友琼斯中士因为喝了驯鹿留下的泥坑里的泥水，患上了严重的痢疾。当他由于身体状况向后倒去时，他遭到了毒打，并卡在了一把刺刀上。后来他因伤势过重而死。

在东京审判中，来自美国陆军的一位名叫英格尔的士兵作为证人，生动地描述了这次行军，美军投降时，他正好是野战医院的一位病人。他因肺炎被送进医院，但入院后不久，尽管医院建筑上有明显的红十字标志，还是有一架日本飞机袭击了医院，他也在那时受了轻伤。

日本人到达时，英格尔正躺在担架上，体温高达40摄氏度。一名日本士兵用刺刀戳了戳他的后背，命令他坐起来，英格尔以最快速度照做。紧接着，日本人拿走了他的手表、戒指、钱包以及他所有的个人物品，除了两张照片，英格尔设法让士兵相信了这是他母亲的照片后才得以将它们留下。

尽管这名美国士兵病得很重，他还是被迫加入了这场"死亡行军"。整整9天，他既没有食物，也没有水，只是像其他俘虏一样，从驯鹿留下的泥坑里和其他水坑里喝水。英格尔在证词中继续说道：

> 池塘和沟渠里的水污染严重，喝了会有极大的健康危险，而从自流井里流出来的水又太少，当大批人试图取水时，日军干脆举起步枪向人群射击，事实证明，当烟尘散去时，纯净水可以和被污染的水一样致人死亡。
>
> 菲律宾百姓曾多次试图向我们提供食物，但他们这样做时往往有性命之虞，事实上，许多人因此丧命。除此之外，只有甘蔗地偶尔能提供食物，但试图获取甘蔗无异于自取灭亡。
>
> 我尤其记得一位名叫戴的圣公会牧师。他因为喝了公路旁小溪里或池塘里的脏水而感染了痢疾，每隔几分钟就得上厕所。他通常潇洒地走出队伍，上完厕所，然后迅速溜回队伍。他非常熟练，这一切往往几秒钟内就能完成。然而，有一次，他被一名警卫发现并被刺了几刀。从那时起，他上厕所开始需要别人帮忙，而我就是帮他的人之一。在剩下的路程中，我们不得不每次派出两人，轮流帮助牧师跟上其他人的步伐。他没有得到任何治疗，如果不是他的战友给予他帮助，日军可能会将他丢在路边让他等死，或者将他枪杀后把

尸体扔在路边。

英格尔已经说不清他看到过多少起战俘被枪杀或刺死的事件，因为这已经司空见惯，所以在最初的几百起事件发生之后，他就停止了计数。

在行军的第6天，日军通过一名翻译告知俘虏，如果他们交出手表、戒指和其他贵重物品，他们就会得到食物。然而那时，他们中几乎没有人剩下东西了，因为他们中的大多数人在行军开始前就已经被卫兵搜了身。那些幸运地留下了一些贵重物品的人，都愿意舍弃这些物品，因此，在第6天的晚上，每名俘虏都得到了一杯米饭。

到了第9天，俘虏们得到了一个令人愉快的消息：他们不用再往前走了。他们将乘车走完通往奥唐纳集中营剩下的路。不过，他们并没有高兴太久，因为他们随后挤在一辆很小的菲律宾火车的车厢里，每节车厢里有100人。车内拥挤到很多人在整个旅途中都脚不挨地。数百人因缺氧而晕倒，许多人因窒息而死。

目前，在从巴丹转移到奥唐纳集中营的过程中，我们仍不知道到底有多少人死亡，但有证据表明至少8000名美菲战俘在途中丧生。

1942年2月，村田被陆相东条英机派遣到菲律宾担任民政顾问，当他驱车行驶在巴丹—圣费尔南多公路上时，他看到路边堆积了很多尸体，他甚至向本间将军报告了这一情况。在那之后，至少本间不能再以不知道作为借口。

东条英机承认，他也从许多不同的渠道听说了1942年的这场行军。他说，有人告诉他，这些俘虏被迫在高温下长途跋涉，许多人因此死亡。他还承认，在行军开始后不久，美国政府提出的针对非法对待战俘的抗议，在两周一次的日本军部会议上曾经得到过讨论，但没有得出结论，于是他将这件事交由有关部门的首长酌情处理。

在菲律宾的日本军队从未被要求就这一事件作出报告，并且当本间将军于1943年初到达日本时，东条英机甚至没有与他讨论这次行军。

1943 年 5 月访问菲律宾时，东条英机第一次就此事进行询问，他与本间的参谋长讨论了这次行军，参谋长向他提供了所有细节。然而，东条英机并没有采取任何行动。在审判中，他对此解释道："日本的惯例是，赋予在战场上的远征军指挥官以使命，完成使命时，他拥有相当大的自主权，不受来自东京的具体命令的约束。"

这只能意味着，按照日本发动战争的方式，这种虐待战俘的暴行是可以被预料到的，或者至少是被允许发生的，并且日本政府并不关心如何阻止这些暴行。

太平洋战争期间，这些暴行在其他战区重演，这完全可以归咎于日本政府对于本间将军在巴丹的所作所为的放纵。

尽管"巴丹死亡行军"是此类暴行中最恶劣的一次，但它却并非首次。1942 年 2 月，在帝汶的荷兰战俘们饱受伤病、饥饿、疟疾和痢疾之苦，他们被反绑双手行军了 5 日，还像牛群一样被日本和朝鲜卫兵驱赶殴打。

1943 年和 1944 年，在英属新几内亚的印度俘虏也被迫进行过类似的行军。

1945 年初进行的山打根—拉瑙行军，则是出于几个不同的原因。日本人预计盟军将在古晋登陆，于是他们把俘虏向内陆迁移 100 英里，将其转移到位于京那巴鲁山东坡的一个营地，目的是阻止盟军营救他们。

这次转移发生在 1945 年 1 月至 5 月进行的一系列行军之中，首次系列转移于 2 月开始，最后一次则于 5 月进行。

1945 年 2 月，共计 470 名英国和澳大利亚俘虏进行了类似的行军。这些俘虏以每天一组，每组大约 50 人的频率离开营地。每组都由一名日本军官、3 名士官和 15 名列兵押送。

那些非常虚弱、在出发前的最后几天里只靠 5 盎司的生了象形虫的大米和一点木薯粉维持生存的俘虏们，在行军的路上全都掉了队。除了携带自己的食物和装备之外，俘虏们还被要求充当押送者的搬运工。一旦掉队，他们就会被立即击毙。

一位名叫博特里尔的澳大利亚列兵简短地讲述了他所在小组的遭遇：

　　曾经有一段时间，我们40个人仅有的食物只是6根黄瓜。在离开拉瑙大约一星期的时候，我们翻过了一座大山。在横越大山的过程中，两名澳大利亚列兵——列兵汉弗莱斯和一位我不记得名字的下士掉队了。他们患有脚气病、疟疾和痢疾，无法再继续前进。一名日本列兵击毙了下士，一名日本军曹则击毙了汉弗莱斯。在那座山上，我们一共失去了5名士兵。在前进的过程中，士兵们会因过于虚弱、无法继续前进而掉队。而我们则会继续前进，并在不久之后，听到枪声和士兵们的尖叫声。当这种情况发生时，总会有一个日本卫兵留在后面"照顾"掉队的人。

　　那些较早参加行军的人，也许比那些直到5月才离开的同志们幸运一些，因为他们的身体状况没有第二批那么糟糕，在与博特里尔一起离开山打根的50人之中，有37人到达了拉瑙。但他们的好运并没有持续太久，因为到6月底，于2月份离开山打根的470人中只有6人还活着。

　　然而，所有的日本卫兵都活了下来，并且除了少数感染疟疾的人之外，大多数人都很健康。

　　1945年5月底，最后一支离开山打根前往拉瑙的队伍在山打根战俘营关闭之后开始行军，这部分内容将在本书下一章描述。

　　这支队伍离开山打根时共有536人；而当它到达拉瑙时，只剩下183个幸存者。

　　俘虏每天行军的路程很短，平均不超过6英里半，但是，只有极少数俘虏适合一天前进1英里以上，甚至许多人几乎无法站立。对于这些人来说，在这种地形中行军非常困难。行军路上的前3英里要穿过低洼的沼泽地，要涉水穿过许多条小溪，高山融雪使道路变得泥泞不堪。接下来的40英里路在地势稍高的地方，但路上布满了陡峭的矮小山丘，覆盖着灌木，还要跨过许多河流。路程的最后46英里则要在山区行进。

在行军开始前，日军向每支50人的小队下发了一袋100磅重的大米，并给每位队长一张纸，令他制作一个象征性的花名册，记录下他所负责的俘虏名单。

第一天，行军两小时后，队伍停了下来，到那时，仅在一支队伍中，就有12人掉队，并且再也没人见过他们。下文将会提及那些掉队者的下场。在东京审判中作证的施提茨维奇准尉，曾经指挥着一支50人的小队。根据他的证言，这次行军持续了26天，到那时他的小队只剩下了13人。他们唯一的食物是每天的一点大米，并且在行军的第3天，日本人还从各小队中拿走了32磅大米。

当施提茨维奇的队伍继续前进时，他们看到了从前面的队伍中掉队之人的遭遇。他们被步枪的枪管推着前进，或者被枪托锤击后背。如果他们还能动，他们就会挣扎着前进，但那些因病得太重而不能继续前进的人就那样被丢在了后面。

3名中国人目睹了一起事件，该事件发生在他们居住的山打根—拉瑙公路第15个里程碑附近的行军线上。

　　大约在1945年5月底或6月初，大批澳大利亚士兵和其他盟军士兵被日军押送着从山打根的战俘营出发，沿拉卜路前进。

　　上午11点左右，他们到达了第15个里程碑处。他们在那里停下来，吃了一顿饭。下午两点左右，四架盟军飞机飞来，小队四散奔逃……下午5点左右，日本卫兵命令俘虏们起来集合。所有俘虏都听命照做，只有7名俘虏病得走不动路，拄着拐杖蹒跚赶来。这时只有两名日本卫兵和一名马来士兵留在后面，而其他人已经离开。随后，卫兵们开始通过脚踢、棍打的方式驱赶这7名俘虏前进。尽管俘虏们非常虚弱，日本卫兵还是成功地一连殴打了他们约30码远。之后，两名日本卫兵从马来士兵手中接过步枪，把俘虏们赶出公路，开始从背后向其射击。

他们就在秦健的房子后面。其中4名俘虏当场死亡，另有两名俘虏受伤。有一名俘虏设法逃脱，藏在了路上稍远一点的地方。那两名日本卫兵，连同他们的马来同伴，还没等去检查俘虏，就继续向拉瑙方向走去，他们大概以为俘虏们已经死了。那名跑到稍远路上藏了起来的俘虏，第二天下午被一名宪兵发现。

这名士兵首先走进了他隔壁的房子，拿起步枪射穿了另外两名幸存者的头颅。

这两名俘虏被枪杀的时候，我们3个人正在为前一天晚上被枪杀的那4名俘虏挖掘坟墓。随后，这名宪兵离开了我们准备埋葬6名俘虏的地方，并开始四处张望。紧接着我们听到一声枪响，但我们不敢去看枪声从何处传来，只好继续在花园里挖着，仿佛从未听到声响。我们埋葬了那6名俘虏的尸体之后，就去寻找第7个，也就是那个逃跑了试图躲藏起来的人。我们朝听到枪声的方向走去，发现他躺在那里，腹部中枪，已经死亡。

3名中国人所讲故事的真实性毋庸置疑，因为罪犯本人在战后向一名隶属于美国陆军的日本翻译所作的陈述中完全证实了这一点，仅仅有一些细微的差别而已。

细谷军曹说道，因为患有疟疾，所以他暂时住在第15个里程碑附近的一间棚屋里。1945年6月的一个早晨，一位与细谷军曹相识并且曾在前一天晚上带着一些俘虏经过村庄的片山伍长返回村庄告诉细谷，如果发现任何掉队的英国人或澳大利亚人，他都要开枪打死他们。当片山的卫兵在秦健家屋后开枪打死第一批俘虏时，细谷还在睡觉，但第二天从中国人口中得知了此事。

让中国人掩埋了死去的俘虏后，他返回小屋，路上他又遇到了两名俘虏。他说，这些人坐下来是因为得了脚气病。他走进房子，从一个与他同住的马来警察男孩那里借了一把步枪，并开枪射向了两名俘虏的头部。

> 我开枪射杀俘虏只是因为片山伍长让我这么做。我病得太厉害了，无法埋藏尸体，所以我让陈凯来做这件事。我不知道另一名俘虏遭到了枪击，直到宪兵队的文职译员名古[1]事后告诉我，他在第17个里程碑处射杀了一名俘虏，我才知道此事。这件事发生在我射杀两名俘虏的同一天。

7名俘虏穿过村庄时将其射杀的卫兵隶属于冈村的部队，用细谷自己的话来说，"他们射杀俘虏是因为俘虏不能走到拉瑙"。

在山打根，副官渡边中尉作为田中大尉的副指挥官参加了这场行军，他还对这场行军本身，以及在残余部队到达拉瑙后对幸存者实施的杀害行为，进行了详细的叙述。

因陆军总部的命令，俘虏从山打根转移至拉瑙。近期，针对山打根地区的空袭变得非常猛烈，总部认为澳大利亚军队即将登陆。

渡边证实，536名俘虏中只有183人到达了目的地，除了逃脱的59名俘虏之外，还有90名俘虏"患病，通过被枪杀而摆脱了痛苦。他们宁愿死亡也不愿被丢在后面"。

渡边似乎没有意识到，把他们留在北婆罗洲的山上等死同样是一种犯罪，然而这显然是另一种可供选择的提议。他也并没有透露剩下的200多名俘虏的遭遇。

然而，他们的命运是毋庸置疑的，因为田中向其部队下的命令是"处理掉生病的战俘，确保没有一个人掉队"。渡边称自己"负责处理"，尽管他并没有出现在任何一起杀人事件之中，但他非常清楚应该怎么做。

1　此处为音译。——译者注

我与除了福岛小队之外的后方部队一起迁移。每天早上，所有不能前进的战俘都会被分组送往福岛和辻[1]的小队。由后方部队完成处置工作，因此我从不知道是谁杀了他们。

　　在福岛的谋杀小队继续前进之前，那些以这种方式被枪杀的俘虏的尸体都会被拖进丛林。

　　以上内容只是日本军队和战俘管理局转移战俘时所接受和遵循的常见做法中的5个例子。

1　福岛是一名军官，辻是一名特务曹长（准尉）。

第九章

战 俘 集 中 营

本书第三章已经描述了日本人对待盟军战俘的普遍态度，其他章节中也已谈到了对被俘机组人员的杀害，在可怕的生存环境下对战俘的海路运送，所谓的"死亡行军"，在缅甸—泰国铁路上的工作，以及盟军战俘被俘时或被俘不久后对他们实施的残忍屠杀。

作为与盟军战俘待遇相关的最后一章，本章描述了许多战俘营的情况。在这些战俘营中，成千上万的人失去了生命。在那里，死亡往往是一种解脱，是一种对难以忍受的痛苦的释放。

早在1942年，日本政府就曾承诺，会在提供食物和衣物时考虑到俘虏和被拘平民的民族风俗和种族习惯，但这一承诺从未兑现。当大量俘虏开始因营养不良而生病或死亡时，日本当局一定清楚原因之一就是不同国家的风俗和饮食习惯，美国、澳大利亚、英国、荷兰、法国的俘虏无法凭借发放的口粮来维持健康。

1942年10月，一条命令被传达至所有战俘营指挥官的手中，"鉴于日本重工业工人对大米和大麦的消耗"，向这些原为军官或文职官员的战俘及被拘平民提供的口粮应减至每天最多420克。18个月后，向俘虏们提供的口粮又进一步减少，虽然此时营养不良的现象已经很普遍，但东条英机还是向所有战俘营指挥官发出了众所周知的"不工作者，不得食"的指示。

日本陆军和海军自身的战俘条例要求他们储备足够一年使用的药品和医疗设备。这些规定常常只有通过没收红十字会的供应品才能得到遵守。即便如此，这些供应品也大多用于保障日本人的利益。没有为战俘提供足够的医疗用品是所有战俘营的普遍现象，无一例外，这也是造成成千上万战俘和被拘平民死亡的原因之一。

《日本战俘条例》还规定，营房、寺庙等建筑物应被用作营地，雇用战俘从事战争生产的人应向他们提供躲避恶劣天气的场所。在许多营地，庇护所和卫生设施都不完善。在太平洋岛屿上的大多数营地中，带有泥地面的亚答屋是唯一的住宿场所。

此外，让俘虏在这些地方建造自己的营地是一种常见的做法。在小屋或庇护所建成之前，俘虏们不得不在露天之下生活，随时暴露在各种天气之中。

事实上，有时俘虏们可以通过接管一个原本有其他用途的场地来免除建造自己营地的劳动，但这也可能有其不利之处。1944年8月，摩鹿加群岛拉哈特区的一个前日本劳工营被改造成了一个战俘营，但当英国和荷兰的俘虏抵达此地并在此居住时，他们发现里面满是之前的居住者——爪哇人的尸体。

但在日军看来，这种条件对盟军战俘来说已经相当不错了。当板垣计划着在朝鲜的三所神学院里收容2000名英美俘虏时，陆军次官木村就曾问道："计划中的住所对战俘来说是否太过优越。"

下文将描述一些战俘营中的恶劣条件及其居住者的悲惨生活。

安汶岛

1942年2月3日，当位于摩鹿加群岛的塞兰岛、南部的安汶岛落入日本人之手时，809名澳大利亚士兵以及300名荷兰战俘被日本人俘虏，并被带到安汶镇两英里外的坦托尼兵营。这两个国家的战俘在兵营内被铁丝网分隔开。8个月后，他们中的500名俘虏被转移到海南岛。其余的人，除了被杀或死亡的人之外，则一直留在岛上，直到1945年9月10日才重获自由。

在最初的几个月里，食物很充足而且相当不错。在此之后一直到1943年7月，食物状况尚且足够让俘虏保持健康，但已经不足以使他们胜任必须从事的艰苦工作。而在1943年7月之后，口粮配给比例迅速下降，后期每名俘虏每天只能得到不超过4盎司[1]的大米和4盎司的甘薯。然而，在俘虏食物匮乏的这段时期，日本士兵却物资丰盛，每天

---

1   1盎司=28.35克。

有不少于15盎司的大米，还有大量的鱼和蔬菜。

1945年，战俘营养不良的问题日益严重，仅在当年的5、6、7月就分别有42名、72名以及94名俘虏因此死亡。

早期俘虏们的住宿条件也很不错，因为他们被关押在曾经住过的营房里面，那是他们在日军入侵前居住的地方。但这种令人羡慕的状态在日军战俘营中已经很不寻常，也未能持续太久。1942年7月，日军占领8间棚屋存放弹药。4个月后，日军在营地内建造了一个装有20万磅高爆弹和穿甲弹的炸弹存放点。存放点与营地医院之间只有几码的距离，离澳大利亚军官的宿舍只有几英尺远，离另一个关押着250名荷兰妇女和儿童的院落也只有25码远。

俘虏们通过营地翻译向日本当局提出了关于炸弹存放点位置的抗议，他们得到了如下答复："记住你们作为战俘的身份。你们没有任何权利。国际法和日内瓦公约已死。"俘虏们提出的在营地医院打上红十字标志的请求也被日军一口回绝。

1943年2月15日上午11时30分，存放点被盟军飞机轰炸。第一串炸弹落在了一个用作存放炸弹的棚屋上并将其点燃，但存放点并没有立即爆炸。显然俘虏们已经没有多少时间可以浪费，他们尽一切努力撤离医院，并转移了一些受伤的荷兰妇女及儿童。医院里大约有50名病人，其中有几名是只能用担架转移的重伤员。

在俘虏们完成更多紧急撤离工作之前，存放点爆炸了。6名澳大利亚军官、4名其他军衔的士兵以及27名荷兰妇女和儿童被炸死，另有20名澳大利亚战俘被炸成重伤。

营地几乎被完全摧毁，幸存的荷兰平民被转移到镇上，住在伯大尼教堂里。这里非常拥挤，没有足够的卫生设施，教堂所在的城区也成为盟军飞机的长期目标。1944年8月，安汶地区再次遭受猛烈空袭，受到24架"解放者"轰炸机的袭击，战俘伤亡更加惨重。

从1943年底开始，由于食物越来越稀缺，疾病越来越普遍，战俘们的身体状况不可避免地走向恶化。所有战俘都骨瘦如柴，许多战俘只能借助拐杖走路，战俘的平均体重减轻了80磅。然而，尽管俘虏们身体虚弱，但他们仍然像以前一样艰苦工作，许多人因过度劳累而死。

俘虏们所谓的"长途运输"是死亡人数上升的主要原因之一。一名在东京审判中的证人对"长途运送"作出如下描述：

> "长途运送"是俘虏们为一项在两个相距约8英里的村庄之间运送水泥和炸弹的任务所起的名字，这条运输路线非常曲折。俘虏们先是被要求扛着90磅重的水泥袋走过这条路线，他们花了大约3个星期才完成这项任务。当第一项任务完成后，他们又不得不扛着大量重150磅的炸弹再次走过这条路线，每两人扛一枚炸弹。他们从早上6点30分开始赶路，直到下午5点30分才结束，一周7天从不停歇。从事这项工作的俘虏像奴隶一样被日本卫兵驱赶，他们的必经之路非常崎岖，有时只能手脚并用地前进。
>
> 经过了一周艰苦繁重的工作之后，没有一名俘虏适合再继续工作，但他们没有休息时间，只能被迫继续前进，直到倒下为止。许多俘虏晕倒在地，不省人事。
>
> 日军每天至少要征用15人，这远远超出了俘虏队伍的供应能力。于是日本人召集所有病人，从他们认为有能力做这项工作的病人中挑选出15人。他们中的许多人只能借助拐杖走路，但还是被迫在"长途运输"的过程中扛着这些沉重的东西。

与这些运送队伍一同前进的卫兵们都配有手枪。每名卫兵都手持镐柄或类似的东西，必要时他们会以此驱赶俘虏。

有一个名为威尔金森的俘虏，他本应住院治疗，却被日本主管运送队伍的军官逼迫成为"长途运送"队伍的一员，尽管他明显不适合从事这份工作。一天清晨，当日军发现运送队伍的人数低于征用人数之后，日本卫兵们开始巡视寝室，所有被发现躺在床上的俘虏都遭到了殴打，直到他们起身参加运送，殴打才最终停止。一名卫兵看见二等兵威尔金森正躺在床上，身上盖着毯子。于是他拉开毯子，并向威尔金森连打几拳。直到这时，他才意识到威尔金森已经死亡。威尔金森因营养不良、脚气病以及极度劳累而死。至少60%从事"长途运送"的俘虏会在完成任务后的3个月内死亡。

即使是最无关紧要的违纪行为也会被日军施以体罚或程度较轻的酷刑。违纪者会被迫将沉重的巨石高举过头顶，然后在卫兵面前罚站，时长从一个小时到两三个小时不等；被迫长时间保持立正姿势，并且膝盖微微弯曲；或者被迫做出"俯卧撑"的姿势，并且维持姿势不变直到晕倒为止。宪兵队的烟头刑讯在卫兵队伍中也很流行。这样的惩罚每天都在上演。

一位名叫泰特的列兵参加长途运送时，曾试图偷走一名日本卫兵的双筒望远镜。他当场被卫兵抓住并遭到殴打。运送队伍返回营地后，卫兵向指挥官报告了这一罪行，指挥官下令再次惩罚泰特，并提出这次惩罚应该在警卫室外公开执行。

一位目击者对这一事件作出如下描述：

> 我被迫观看了整个惩罚过程，泰特遭受了整100下镐柄的击打。当泰特再也站不起来时，他躺在地上继续承受殴打。他失去知觉后，日军将冷水泼在他的身上，试图使他苏醒过来，但这种方式并未奏效，我也因为试图阻止日军而受到了两轮殴打。
>
> 他两次失去知觉，又两次苏醒过来。第二次苏醒时，我接到了让他住进营地医院的许可。

第二天早上，营地长官池口来到医院，看到泰特躺在床上。他用拐杖将其毒打一顿，然后命令他躺在水泥地上，浑身上下只能盖一条毯子。这种骇人的虐待加重了泰特的脚气病。6个月后，泰特去世了。

1942年10月26日，在两支战俘大军前往海南岛后，曾有528名澳大利亚士兵留在安汶岛上。而在1945年9月日本投降之后，盟军到达安汶岛时，这些人中只有123人还幸存于世。

哈鲁库岛

1943年4月，有迹象表明不久后在泗水将发生一次大规模盟军战俘的转移。日军举行了一次大型的医疗检查，其目的显然是挑选所有被认为适合工作的俘虏。一队日本医务人员坐在一张桌子后面，所有俘虏都必须光着上身在桌前列队。只有跛脚、伤残和病重者没有被选中。

在甘木丸上航行了大约17天后，忍受着日本战俘运输船上普遍的极度恶劣的生存环境，这支队伍终于到达了哈鲁库岛。在瓢泼大雨中，它的人类货物——大约2000名英国和荷兰俘虏被运送到了岸上的新营地里。

1945年11月，该营地的前盟军指挥官、英国皇家空军中队队长皮茨向爪哇皇家空军司令部转发了一份关于"哈鲁库岛上盟军战俘待遇"的报告，他写道："对各级俘虏的待遇极度野蛮且不人道，我们希望对那些负有责任的人采取行动，他们的名字列在附录E[1]中。"

这份报告一点也不夸张。俘虏们从离开泗水的那一刻起就受到了日本卫兵的残忍虐待。其中一名俘虏——施普林格医生[2]在一份摘自其日记的报告中如此写道："军官、医生和士兵们在整个航程中遭到殴打

1　这份名单上的所有日本人，除了少数无法追踪到的人之外，都在此后受到了英国军事法庭的审判。

2　施普林格医生隶属于荷兰陆军医疗服务队，皮茨中队长在报告中对其贡献描述如下：在哈鲁库岛，这名军官全权负责所有在岛上战俘营进行的外科手术。尽管他有时身体状况不佳，但他总是随时待命以防万一，在最艰难的条件下履行职责，并始终为病人打气，给予他们信心。他恪尽职守，是医学传统的光辉榜样，并以此挽救了多条生命。

和踢踹，其中大多数人都不明白自己为何受罚。"尽管如此，他们还是天真地希望岸上的情况会好一些。

即使身处险境，我们依然相信人性，但事实证明这很愚蠢。即便是现在，当我撰写这篇报告（1945年11月）并阅读我的笔记时，我仍难以忘怀，这种伤害完全就是蓄意谋杀。当我们向日军诉说对将来痢疾病传播的恐惧，以及对可能出现的许多死亡病例的预计时，我们常常得到的答复是，"死了更好"。

日军将所有这些战俘从泗水转移到哈鲁库岛的目的是，利用他们建造一座新的军事机场，哈鲁库岛是摩鹿加群岛塞兰岛以南的一个小岛。

新营地建在一个未排干的沼泽坡上，它由一些竹制结构组成。它们很难被称为棚屋，因为很多都没有侧壁，而且所有结构体内部的地面都凹凸不平，屋顶也不够完善。一条与每间棚屋平行的壕沟被挖掘出来作为公共厕所，但当爪哇的俘虏们到达时，当地接连几日大雨不断，壕沟内的污水已经满至边沿，排泄物都漂浮在上层。俘虏们用尽一切努力改善住宿条件，但这是一项令人心碎的任务。他们在每个棚屋周围都挖了排水沟渠，试图将原本会在睡觉时流到身上的雨水分流，但日本人没有提供足够的工具，所以排水系统只有部分修建成功。

他们到达6天后，空军中队长皮茨被要求安排两班制工作，每班600人，准备去机场工作。要供应这么多工人并不容易，因为营地里已经暴发了严重的痢疾，有数百人根本不适合做任何工作。随着痢疾发展为一种流行病，维持足够的劳力迅速变成一种难以克服的困难，由于无法满足日本人的要求，俘虏军官们被列队检阅并遭到殴打。

1943年6月14日，所有能够走路的病人都被要求参与检查，森中士和营地翻译樫山绕着队伍巡视，重重击打了所有他们认为可以工作却在装病的俘虏。

从那时起，日军就制定了"要么工作要么挨饿，不工作者不得食"的规定。这一规定得到了陆军省军务局战俘管理署署长植村将军本人的支持。1942年6月，植村将军就曾发出以下指示：

虽然1903年颁布的条例中明令禁止战俘军官和准尉参与劳动，但如今管理当局的方针是，在目前的国情之下，任何人都不得不劳而食，这些战俘必须参与劳动。

但是，这条指示的颁布源于一个等级远高于植村将军的人。1942年5月，东条英机首相亲自向管理某战俘营的一名师团长下达命令："在我国目前的形势之下，任何人都不允许无所事事，不劳而食。有鉴于此，在处理战俘的问题上，我希望你能实现对战俘的有效利用。"

几周后，他向新任命的战俘营指挥官们发出了相似的指示，内容如下：

> 在日本，我们自己有关于战俘的意识形态，这自然会或多或少地使战俘的待遇与欧美有所不同。当然，处理这些问题时，你们应该遵守各种有关的规章制度，（在这里东条英机迅速增加了一个警示性的、典型的保留意见）并且以充分利用战俘为目标……同时，你们一定不能允许战俘们无所事事，什么也不做，只享受免费的午餐，一天也不行。你们应该充分利用他们的劳动和技术支持生产，从而不遗余力地为大东亚战争作出贡献。

东京法庭在其判决中指出："这些指示的实施，至少在某种程度上导致了那些病重、受伤以及营养不良的俘虏不断受到驱赶和殴打，致使他们被迫在军队服役，并一直工作到因疾病、营养不良和极度劳累而死为止。"

按照这些指示，仍在机场工作的哈鲁库岛的俘虏们得到了额外的口粮。但他们的口粮不是从贮藏室里发出来的，而是从那些身体状况不佳，只能在营地执行任务的俘虏的口粮中扣除出来的。

6月21日，日本陆军医疗队的一名少佐视察了该营地，随后他检查了所有俘虏，并冷漠地告诉他们，痢疾发病率的上升都是他们自己的错。"你们必须要做的就是，"他说，"杀死所有的苍蝇，剪掉你们的指甲，这样传染病就会逐渐消失。"

都是他们的错吗？以下是施普林格医生的日记节选，记录时间为那次视察的一个月前：

> 腹泻病例仍在增加……病人太虚弱了，甚至无法走到厕所，但营房里又没有足够的罐头盒和水桶，所以他们只能走到屋外，在满是粪便和蛆虫的泥地里排便。

1943年7月，俘虏的死亡率迅速上升，维生素缺乏导致俘虏身上出现溃疡和腐烂。

> 死亡的俘虏被埋在离营地很近的一块空地里。起初，可以用一些木板制作棺材，但当木板耗尽之后，粗制的棺材盒子就改为青竹材料。在连绵不断的雨水中，因病而无法前往机场工作的俘虏们在珊瑚地上刨出浅沟，作为坟墓。在痢疾流行的高峰期，14个人被埋在同一个坟墓里，10人或12人被埋在同一个坟墓的情况里也很普遍。
>
> 负责准备葬礼的军官只得到了一根忽明忽暗的小蜡烛，以此指引那些步履蹒跚的搬运工们穿过崎岖不平的道路。在所有葬礼上，都会出现一名日本的营地工作人员，人们认为，日军的这番做派只是为了确保没有俘虏逃出营地，并非是为了向死者表示敬意。有一次，营地的森军曹酩酊大醉地出现在一场葬礼上，并在尸体被掩埋之前，悄悄将呕吐物吐进了

敞开的坟墓里。[1]

森军曹是使哈鲁库营地变成永久地狱的3名始作俑者之一。另外两人是营地指挥官栗岛中尉和营地翻译员樫山。[2]因为栗岛是个懒惰的无名小卒，所以森成为战俘营的真正管理者。这名军曹负责战俘的纪律管理，这并非一项艰巨的任务，因为他们大多数都病得很重，身体虚弱，根本无法反抗。他们想要的只是安静和平、无人看管的生活。

但这并不合森的心意，他是一只有虐待狂的野兽，战俘营的卫兵们都模仿他的样子对待战俘。他会用手边的任何东西痛打战俘，例如一条三英寸的皮带，一根竹竿，如果没有这些东西就拳脚相向。这些殴打通常发生在整个营地进行游行的时候，因为森喜欢在观众的注视下进行表演。他会因为俘虏犯下最微不足道的错误而殴打他们，甚至有些毫无罪过的俘虏也难逃他的毒打。他也会因为俘虏病得太重，无法照顾自己而殴打他们。有一次，在拆除一间破败的竹制棚屋时，仅仅因为棚屋的主支架被拆除后，其余部分也随之轰然崩塌，他就痛打了所有参与拆除的俘虏军官。还有一次，负责管理战俘的英国高级官员被打了16记耳光。有人记得，他受到其中一名日本人的掌掴，是因为他的部分手下拒绝接受日军下发的那些小到穿不进脚的靴子。

几乎所有盟军战俘都被战俘营的工作人员或宪兵队打过耳光。据各路知情者所说，日军打耳光的方式非常粗鲁，并非是像闹着玩一样，而是结结实实地给人一巴掌，经常会在战俘脸上留下瘀伤。因此，我们依然无法确定，战俘们是否知道，日本首相东条英机曾在1946年3月接受盟军审讯时为这种行为作出道歉。同时我们也无法确定，这一道歉是否真的能够减轻受害者的痛苦和耻辱。

现在，我想谈谈我对打耳光这一行为的看法。在教育水

1　摘录自皇家空军中队长皮茨的报告。

2　见本书第七章。

平较低的日本家庭中，打耳光通常是一种训练手段。在日本的陆军和海军中，尽管这种训练方式已被禁止，但由于受到民间习俗的影响，事实上，它依然存在。当然，这是一种应该被纠正的习惯，它应该停止，但我不认为这是一种犯罪，它只是一种习惯。

担任泗水战俘营的指挥官时，栗岛在俘虏中享有盛誉。他帮助他们获得额外的食物和香烟，并且从不使用暴力。然而，在哈鲁库岛，他将权力让渡给森军曹，几乎成了森的副手。

不过，如果他能妥当地履行职权，意识到他作为营地指挥官的责任，为他所看管的俘虏的生命和福祉着想的话，这个营地也许能变得更好。然而，他没能做到上述几点，他对病人的痛苦无动于衷，反而对他们的可怜处境似乎饶有兴味，并且从未对此加以遮掩。据前文提到的关于哈鲁库集中营的官方报告显示："连死去的俘虏也难逃他的戏谑。有几次他甚至提议把（死去俘虏的）尸体带到厨房里做成牛排。虽然这只是些玩笑话[1]，但这种提议表明了他对时刻上演的悲剧的态度，而他明明对这些悲剧的发生负有责任。"

在栗岛和森这二人之中，前者比后者更加遭人嫌恶、鄙夷，这似乎有些奇怪，但事实确实如此。空军中队长皮茨曾对森作出如此评价，而已经发表的施普林格医生日记的摘录也充分支持了这一观点。

从心理学上讲，森的性格可以分成两个部分[2]，一部分的他是一个未驯服的、凶残的野蛮人，另一个较小部分的他则是一个温和无害、拥有强烈个性和高度智慧的人。当他比较温和的时候，很大程度上他也同样慷慨。在他所主持的一切活

---

1 这项提议并非总是被人当作玩笑。在新几内亚，它曾被人们付诸实践。详见本书第十二章。

2 详见《卐字旗下的灾祸》后记。

动中，他都倾向于采用戏剧化的夸张方式，他强烈地渴望得到公众的关注和欢迎，这在他"殴打"战俘后分发食物或香烟礼品的行为中表现得淋漓尽致。必须说，整体看来，他是一名士兵，具有一些值得尊敬但难以名状的品质，也许就是他抑制自己、从不行卑鄙之事的个性，为他赢得了某种其他日本人从未得到的赞赏……我们很难理解一个人如何在沉溺于对另一个人施加如此残忍和粗暴的野蛮行径的同时，仍然受到一定程度的尊重，但这种状况确实真实存在。

随着时间的推移，病患名单和死亡名单人数不断增加。高峰期有1300多名俘虏住院，剩下的740名俘虏中，有很大一部分人每天接受溃疡、双脚酸痛以及许多其他疾病的治疗。

大约在1944年7月中旬，该战俘营被日军解散。500名战俘被送到安汶岛上开展进一步工作，其余的人则在布莱克伍德上尉的指挥下，乘坐马洛斯丸返回爪哇。[1]

根据已经确定的情况，我们可以得知，1943年4月最初有2070名英荷战俘离开泗水前往哈鲁库，但战争结束时他们中只有不到一半人幸存下来。

爪哇自行车战俘营

1942年4月，向日本投降一个月后，2600名英国、澳大利亚及美国战俘被送到了一个荷兰兵营，这个兵营本是为容纳1000名荷兰本土士兵而建。这就是著名的"自行车营"，尽管后来这个兵营容纳了多达5000名俘虏，但它的建筑和卫生设施依然没有改善。

很快，500名海军军官和普通海员的到来，进一步壮大了第一批

1　关于这次航行的可怕故事，已在本书第七章作过讲述。

俘虏队伍，他们是珀斯号和休斯顿号这两艘海军舰艇上的幸存者。他们到达时的身体状况令人触目惊心，日军对他们的漠视更是令人齿寒，他们几乎没有穿衣服，大多数人都无法在没有帮助的情况下独自行走。自被俘以来，他们没有得到过任何医疗救治，其中80%的人患有疟疾或痢疾，或两者兼而有之。日本指挥官拒绝为其提供敷料（外科上用来包扎伤口的纱布、药棉等）、药品、毛巾、肥皂和毯子，这些可怜的俘虏未能得到任何帮助。

7月，日本人试图让自行车营的所有战俘签署一份承诺服从日军所有命令的表格，但每名俘虏都拒绝在表格上签字，除非日军在表格上添加"我已宣誓效忠"的字样。7月3日，两名澳大利亚和美国的高级军官布莱克本准将和瑟尔上校向日军承诺，只要日军在表格上加上这行字样，就能得到所有俘虏的签名，但日军司令官坚称表格不能更改。

当日下午，许多俘虏遭到殴打，日军试图通过这种方式使他们幡然悔悟。与此同时，布莱克本准将被传唤至爪哇岛的日军总部，一名参谋警告他说，除非俘虏都按照指示签署这一表格，否则食物和医疗补给都将逐渐减少。

第二天早上，即7月4日，日军在营地周围安置机枪，并在营地内部增设卫兵。布告栏上贴着一张通知，大意是说战俘的生命无法继续得到保障。布莱克本和瑟尔随后被逮捕起来严加看管，并被锁在警卫室里，其他军官则被全副武装的卫兵押出营地。

当布莱克本准将被押往警卫室时，他设法向几个部下大声下达命令，要求他们无条件在表格上签字，这个命令被传递给了其他俘虏。然后，俘虏们被赶进了自己的棚屋，在枪托和棍棒的敲打之下，纷纷签下了自己的名字。晚上，两名高级军官战俘被从警卫室里释放出来，看过了他们所有下属的签名之后，也签署了这份表格。俘虏的服从换来的是日军对他们长达一个月的野蛮殴打。

同年12月，布莱克本准将和其他约60名俘虏离开爪哇，前往台湾。他们乘坐着一艘非常陈旧且污秽不堪的船只远行至新加坡境内，荷属东印度群岛的总督也在这艘船上与他们一同前往。在新加坡，他们换乘另一艘船，但这两艘船上都普遍存在着本书第七章中所描述的情况。1943年1月30日，在经历了一段看似永无尽头的旅程之后，第二艘船只——明丸抵达台湾。

花莲港战俘营

抵达新营地后，他们又需要签署表格。战俘们列队接受营地指挥官的检查，并由指挥官发表演讲。他对他们说，因为他们与日本作战而被视为罪犯，多亏日本政府的仁慈，他们才能继续活着。他们接下来的行动将会决定能否继续存活。

随后，他拿出一份文件念给俘虏们听。这是一份表格，他说，每名俘虏都必须在上面签字。服从日军的每一条命令，并且不再企图逃跑，这是一项光荣的承诺。布莱克本准将被叫到桌前，指挥官命令他签下名字。这位准将说他不能签字，因为他的职责就是尽力逃走。

1946年12月，布莱克本准将在东京的远东国际军事法庭出庭作证时，讲述了之后发生的事情。

我问他，如果我拒绝签字，他打算如何对我实施惩罚。他大喊着叫我马上签字。我说，在他决定回答我的问题后，我就会签字。随后，他用拳头对准我打了一拳，我成功躲开了，紧接着他叫来一小队哨兵，于是我被带进了警卫室里。在那里，日军要求我掏空口袋，并脱掉所有的衣服。我照做了，日本哨兵扯开了我的衣服，算是帮了我的忙。就在我几乎脱完衣服的时候，一名日本军官走进了警卫室里。他一声令下，两个哨兵立即移动位置，分别站在了我的两侧。然后他走到我的面前，非常猛烈地反复击打我的下巴。最后，他把我逼进警卫室的一个角落，我被几个箱子绊了一下，摔倒在地。当我躺在地板上时，他踢了我一脚，然后转身离开，卫兵们随即把我拉了起来。

然后他们扯掉了我剩下的衣服，把我带到一个大约12英尺长6英尺宽的小牢房里，并将我关了进去。这间牢房里空空荡荡，只有一块混凝土板结构作为厕所挡板立在中央。当时我患上了重感冒，而2月份花莲港的天气又非常寒冷。我几乎一直咳嗽不止，并且浑身颤抖了大约一个小时。一名武装哨兵站在我的牢房门口，把我的裤子扔给了我。我发现裤子上的每粒扣子都被剪掉了。在大约6个小时的时间里，我按照日军的要求在坐姿和站姿之间，每隔半个小时就变换一次姿势。当我第一次进入牢房时，我要求喝一些水，但遭到了日军的拒绝。大约6个小时后，我睡着了。当我在早上6点半醒来时，我再次要求喝水，并要求日军给我一些食物，但这两个要求都被日军拒绝了。

大约一小时后，一名有公职翻译陪同的日本官员走进我的牢房，问我是否愿意在表格上签字。我说，只有在被胁迫的情况下，我才会签字，然后我再次要求他给我一些水和食物。第二天中午11点左右，他一次又一次地回来问我是否愿意签字。当我再次告诉他，我只有在被威胁时才会签字时，他告诉我，我必须待在那里，不能吃饭，睡觉，也不能喝水。但实际上，大约一个小时后，就有一名哨兵递给我一小杯冷水，不一会儿，他又递给我一把米饭。我整天都待在牢房里，每隔一小时就要交替着起立或者坐下。我咳嗽得非常厉害，到了晚上又开始发高烧。晚上9点，我终于被允许躺在地上。

第二天早上，我醒来后不久，就有人把我的衣服扔进了牢房里。衣服上的扣子被全部剪掉了。我穿上衣服，过了一会儿，一名日本军官把我带到警卫室里，将那张表格再次摆在我的面前，让我签字。我又说我只有在被胁迫的情况下才会签字，但我最终还是被逼着签了字。

日军普遍采用强迫俘虏签署承诺永不逃跑的表格的政策。1943年初，陆军部就这一问题发布了如下命令：

> 战俘们一旦被关押起来，就必须立即要求他们起誓，以此来禁止他们试图逃跑的行为。拒绝起誓的战俘应被视为有逃跑意图，应严加看管。

严加看管是一种委婉的说法，它实际上是指将俘虏囚禁起来，减少口粮，并施加酷刑，直到他愿意宣誓为止。例如，1942年8月，在新加坡，16000名拒绝宣誓的俘虏被聚集到史拉兰军营广场，他们在那里被关押了4天，没有食物，也没有厕所。日军通过这种方式来迫使他们在宣誓表上签字，其结果可想而知。同样，在香港，一些拒绝签署宣誓书的俘虏被关在监狱里，没有食物，还被迫整天跪在地上，一旦他们移动位置，就会遭到日军的殴打。几乎每个战俘营都发生了同样的事，有时日军还会用俘虏们的生命来威胁他们签下名字。

日本政府为了强迫战俘和被拘平民在胁迫下宣誓而颁布和执行的这些规定，已经违反了战争法律和战争条例。

花莲港战俘营里有几名来自英国、美国及荷兰的杰出军官和文职官员，包括香港总督、马来亚总督、关岛总督、多位首席大法官、珀西瓦尔将军、路易斯·希思爵士以及来自美国的温莱特将军。除此之外，这里还有一些被当作普通战俘对待的红十字会代表。

这里的纪律极其严格，执行手段也非常残忍。战俘们会因为最轻微的罪行而遭到毒打，许多时候，这种毒打来的毫无缘由。编造罪行仅仅是为了给惩罚俘虏找一个借口。因为俘虏经常被拦在营地外面检查指甲，所以他们发现，原来指甲里有污垢也是一种违纪。这项违纪行为的对应惩罚是一番殴打，珀西瓦尔将军就曾因为指甲里有一点污垢而遭到了日军的一番毒打。[1]

对于因这种轻微罪行而实施如此严厉的惩罚，日本人给出的借口是，这种行为很不卫生，而且容易传播在营地中肆虐的痢疾。这个借口有些讽刺，因为下文所描述的该战俘营中令人震惊的恶劣卫生条件，才是这些流行病产生和传播的唯一原因。

另一种严重的违法行为是解开衣服上的扣子，哪怕只有一粒也不可以。哨兵们会在天黑后突然冲进棚屋，检查战俘有没有解开扣子。任何被发现纽扣未扣的俘虏都会立即遭到殴打。殴打的轻重和方式各不相同，但通常是用拳头、脚、枪托或重棍进行。

无论军衔高低，战俘们都必须向所有日本士兵及营地工作人员敬礼问候。日本哨兵最喜欢干的一件事就是，躲在从宿舍到厕所路上的暗处及灌木丛里。如果一名俘虏经过隐藏的哨兵时没有行礼鞠躬，他就会立刻遭到毒打——当然，他根本没看到那名哨兵。

日本人爱开的另一个玩笑是，强迫一名在夜间离开宿舍上厕所的军官战俘伸直胳膊提着一整桶水，并将这个姿势保持一刻钟左右。其他哨兵会随即被叫到现场，以便取笑这名俘虏受到的侮辱。很多英国、澳大利亚和美国的军队上校都曾遇到过这种情况。

因为在一次作战时受的旧伤，路易斯·希思爵士有一只胳膊出现轻微萎缩的症状，无法一直紧贴身侧。有一次，他因为做不到这一点，而受到一名日本士兵的疯狂殴打。

营地指挥官今村经常收到有关该营地军官虐待俘虏的投诉。一般来说，这些投诉的唯一效果就是导致营地内爆发更加严重的暴行，当任何高级军官战俘打算投诉时，他都会警告他的战友，以便他们可以将在接下来的几天里全力遵守规矩。然而，有一起投诉是个例外。

例外发生在路易斯·希思爵士遭到殴打之后。对路易斯爵士的攻击十分残暴，致使他一只眼睛的血管破裂，人们担心他可能会因此失

1　具体细节请参见布莱克本准将的证词，《远东国际军事法庭庭审记录》，第11547—11549页。

明。在人们就此事提出抗议之后，路易斯爵士被值班军官带到了日军警卫室里，在那里，卫兵军曹正坐在一把椅子上等他。路易斯爵士被要求在军曹面前立正，然后军曹开始用日语对他说话。军曹说完后，值班军官转身对爵士说道："你现在已经收到了我的道歉。"然后把爵士押回了营房。

这个战俘营里，日军所做的一切都是为了羞辱盟军的军官和高级官员。12名年龄最长或级别最高的战俘被日军安排为牧羊人。他们中包括香港总督、新加坡总督、马来亚总督、路易斯·希思爵士、珀西瓦尔将军、温莱特将军以及3位60岁以上的美国上校。如果有山羊逃跑或失去控制，并且在警卫室附近被人发现，或者是更为常见地在蔬菜丛中被人发现，这些牧羊人就会因为放任动物走失而遭到毒打。

1943年4月，所有上校以上级别的军官及所有总督都被调到了玉佐田战俘营。他们被告知，此举是为了给战俘提供更好的住宿条件。毫无疑问，与花莲港相比，这里的住宿条件有所改善，但食物却差了很多。

两个月后，俘虏们被告知，一名红十字会代表要来参观营地。这名代表走进营地，检查了战俘的住宿条件，并获准在有一名日本人在场的前提下，与几名军官战俘进行交谈。当他离开半小时后，除了少将以上军衔的俘虏之外，所有俘虏都得到通知，他们将于次日返回花莲港战俘营。他们确实回去了，但几天之后，他们又被转移到了另一个营地——白河战俘营。

白河

战俘们乘坐敞篷货运火车从花莲港前往白河，在火车经过的每个村庄、交叉道口或车站，包括各级学生在内的平民百姓都会排队观看火车通过。在每一个这样的地方，火车都会放慢速度，以便让观众有机会嘲笑和戏弄战俘。

战俘们在白河的生活没有比在花莲港好多少。军官战俘们还是会因为一点小事而遭到殴打。考克斯将军曾被日军用枪托打在腿上，原因是一名日本哨兵抱怨说，当将军应该立正的时候，他的双腿并得不够紧。哨兵殴打他的同时，值班的日本军官正站在距离他们5码远的地方欣赏着这出"好戏"。

白河战俘营的卫生条件极其恶劣。战俘们到达那里不足一个月，厕所里的污物就开始满溢，并流入敞开的排水沟里。排水沟正好穿过整个营地，沿着宿舍流过，与厨房之间只有几码的距离。经常有人对此提出投诉，但只能得到日军的一贯答复。英国和美国的上校们得到了一项用开口的水桶清空厕所的任务。这项令人不适的杂役需要战俘用手把厕所里的东西捞出来放进桶里，然后再走到营地外面，当着被逗笑了的平民的面把桶倒空。1944年10月，有人就下水道系统提出投诉之后，大约有60名上校被要求执行这一任务。但在此之后，正如日本人所预料的那样，很少有人再提出类似的投诉。

1944年6月，另一名红十字会代表参观白河战俘营，并采访了一些由日本指挥官特别挑选的军官战俘，这些战俘被日军要求禁止提及工作问题。然而，其中一名军官战俘还是向这名红十字会官员指出，这里的俘虏被迫从事一些远远超出其能力范围的工作。这份报告的唯一结果是，营地的纪律变得比以前更加严格。

负责管理台湾所有战俘营的须泽大佐也会十分罕见地亲自视察他所管辖的营地，但向他投诉也毫无用处，这样只会换来更加刁钻的工作以及更为严厉的惩罚。

1945年5月，战俘们又开始进一步转移，这次他们要前往满洲，在那里，来自白河的战俘被带到了奉天郊外的主营地里。在奉天战俘营里，他们生活拥挤，营养不良，还总是受到虐待，这种状况一直持续到战争结束为止。

印度军队战俘营

如果一份关于日军虐待战俘的描述中没有提及那些隶属于印度军队的战俘，那么这份描述一定是不完整的。这些印军战俘早期就曾遭受过极其残忍的虐待，施虐者通过这种方式来"说服"他们加入印度国民军。他们被告知，建立这支军队的目的是将印度从"英国帝国主义"的统治中解放出来，以使印度实现民族独立。

新加坡沦陷后，印度战俘立即被日军收押至花拉公园，在那里，他们被迫与被押往樟宜监狱的英国及澳大利亚战俘分开。他们被告知，一名印度人，即来自1/14旁遮普团的莫汉·辛格上尉已被任命为这支印度军队的指挥官，他们必须服从他的命令。这些不幸的印度士兵承受着精神及肉体上的双重压力。他们被送到集中营里，在那里，他们因拒绝加入叛军而遭受毒打、折磨，甚至被日军斩首。许多人因遭受虐待而死。由于失去了他们信赖的英国军官的精神支持，毫无疑问，他们对自己的处境非常清楚，他们中许多人抵御住了日军为了让他们效忠天皇而做的一切努力，这将是他们不朽的功勋。

然而，到了1942年底，莫汉·辛格辞去了职位，因为他不再相信日本政府试图使印度独立的诚心，同时日本强迫印度战俘加入印度国民军的政策也走到了尽头。但是，尽管如此，那些没有加入国民军的印度战俘还是被日军告知，他们丧失了战俘地位，未来将被视为日军的附属人员（辅兵）以及自愿合作者，也因此而同样受到日本军法的约束。

1943年初，印度战俘队伍开始从新加坡向一些不同的战俘营转移，这些营地全都驻扎在广阔分散的日本占领区内。其中一支队伍由来自印度2/12边防军团和印度海德拉巴军团一营的各级官兵组成，共计522人，他们于5月从新加坡出发，前往位于新几内亚以北600英里处的帕劳群岛。

他们乘坐泰晤士丸，忍受着战俘船上普遍的恶劣生存条件，经过一个多月的航行，终于到达了目的地——巴伯尔图阿普岛。他们一直待在那里，直到1945年9月被美军解放为止。与他们在一条船上并负责管理他们的是日本陆军第七特别服务连，这支部队通常因其指挥官为五泽大尉，而被称为"五泽部队"。

在巴伯尔图阿普岛服役期间，印度战俘始终处于五泽的管理之下，并一直受到极端残暴的恶劣对待。1946年1月，在新加坡对五泽及其连队的9名军官和士官的审判之中，他们虐待印度战俘的行径被公之于世。这次审判引起了人们的极大兴趣，因为它是在远东地区进行的第一次战争罪行审判。

另一个这样的印度战俘营驻扎在提伊库，负责管理该营地的日本军官为久保田中尉。尽管营地中还有其他级别更高的士官，但事实上，田中伍长似乎稳坐营地的第二把交椅，因为营地内所有的命令全部由他和久保田讨论决定，并且均由他本人下达给日本工作人员及全体印度战俘。

1945年2月，田中对印度医疗服务队队长保罗说道：所有印度士兵不再享有战俘身份。他说，按照日本最高司令部的命令，印度战俘也是日本军队的组成部分。保罗队长抗议道：这一命令违反了战争法及战争惯例，他和他的战友不想成为日本军队的一员。

由此，印度士兵开始列队学习日本军队的程序和习俗。他们所学的最早课程之一是日本"打耳光"的习俗，东条英机曾在审判中将其似是而非地解释为"一种训练手段"，但是对田中来说，打耳光是日本军队中所谓"纠正措施"的典型代表。

正如保罗队长所证实的那样，"当田中用手打人耳光时，其力度大到足以将人打翻在地。我经常听他对俘虏说道：'你的大脑出现问题了，所以我要把它修好'"。[1]如果田中的手打累了，他就会改用棍子击

1　能与之相比的还有多萝西娅·宾兹，她是拉文斯布吕克妇女集中营的女狱吏，一名受过其殴打的知情人曾如此说道："要挨过宾兹的一个巴掌并非是件小事儿。"详见《卍字旗下的灾祸》，第六章。

打"新兵"的头和身体。在所谓的训练期间，每天都有大约20人遭到殴打。

1945年3月，田中在报告中指出有3名印度战俘没有正常工作。医生给他们做了检查，并告知田中伍长，这3名俘虏都因脚气病而变得非常虚弱。听到这个消息后，田中的反应是无情的殴打。他扇他们耳光，直到他们摔倒在地，然后让他们重新站起来，用一根棍子击打他们的头部、关节和膝盖，直到他们失去知觉。这场殴打持续了半个小时。3名印度俘虏之一的阿里·海德尔需要就医，但田中不顾阿里的身体状况，继续让他从事繁重的工作和训练，一直到大约10天后去世为止。据保罗队长说，受到殴打是导致阿里死亡的直接原因。

1945年8月，也就是日本投降的前几天，印度军官贾马达尔·莫汉·辛格[1]因严重水肿于营地去世。保罗队长当时正照顾着他。在4月时，这名医生发现莫汉·辛格因腹部水肿而疼痛难忍。水肿妨碍了他的呼吸，当务之急就是要把积液从他的腹部抽走，以缓解疼痛。保罗队长没有合适的工具，他要求田中和久保田为他提供一件工具来清除积液。但他们拒绝向其提供帮助，甚至不允许患者住进医院。然而，保罗队长设法弄到了一根小型皮下注射器的针头，在花费了八九个小时之后，他终于成功清除了一些积液，不过这番治疗也给这名可怜的病人造成了极大的痛苦。保罗上尉在作证时说道，如果他能给莫汉·辛格提供适当的医治及用药，或许可以成功挽救他的生命。

这个战俘营里曾发生过几起偷窃食物的案件，这种事不足为奇，犯下此类案件的人通常会遭到严厉的殴打。但是从1945年3月开始，日军对这些轻罪实施了更为严厉的惩罚，有几名战俘就因偷窃而遭到斩首。

穆罕默德·丁承认自己从营地仓库偷了一罐鱼肉罐头。他被绑在院子里的一棵树上，整个下午都在遭受殴打。黄昏时分，他趁卫兵不备设法逃脱，但随后又被宪兵队抓了回来并斩首示众。

1　不要与莫汉·辛格上尉相混淆。

日本投降后，田中向保罗队长提出请求。他希望医生签署一份声明，大意为穆罕默德·丁是自然死亡。官方营地记录中包含了这样一条记录："丁已被定为偷窃罪，并被斩首。"田中想删除这条记录并编造一条虚假记录取而代之，因为他说对于穆罕默德·丁的家人来说，这种结果反而更好，他们不应该知道他是一个小偷，因为这将给他们带来"羞愧和耻辱"。

营地工作人员偷走了俘虏的大部分口粮。当这些食物被按月送达战俘营时，俘虏的口粮会和工作人员的口粮共同存放在一个仓库里，但是饼干和蔬菜等许多食物从来没有被端上俘虏的餐桌。缺乏合理的食物配给导致俘虏中的脚气病患者不断增加，并最终导致营地中有超过一半的俘虏都患上了这种疾病，其中大批患者因此瘫痪，因此而死的俘虏人数占比也很高。

当这两个战俘营的俘虏被最终释放时，他们几乎全都需要住院治疗。有证据表明，他们因为长期处于半饥饿状态而缺乏多种维生素，身体明显虚弱。他们的衣服破烂不堪，几乎没有人穿鞋。这些情况均由当地被解放后照顾他们的美国人观察并记录下来。在这种情况下，五泽向法院作出的关于减刑的发言中提到的，与他在巴伯尔图阿普岛管理的战俘相关的内容，令人有些许不解：

> 当我们把印度战俘送到美国船上时，他们都穿着鞋子。我们给他们每人都送了新的衣服。我们总是尽一切努力使他们开心，我们在船边像和自己的孩子告别一样与他们告别。他们哭了，我们也哭了。我们为分别而感到遗憾。
>
> 船长因这一场景大受感动，他把我们叫上船，请我们享用午餐。他当时说，根据刚才的表现，他能轻易想象出我们对待他们是何等友善，为此他向我们表示感谢。现在我们却被告知，印度人抱怨我们虐待他们。对此，我们实在无法理解。为什么他们被美军发现时没有穿任何鞋子？为什么他们

会衣衫褴褛？我们从来没有区别对待他们和日本士兵。我们为他们做了力所能及的一切……他们带着感激之情离开，为什么现在还要抱怨我们呢？但是，我并不会因此而责备他们，因为他们一定有自己的理由。我感谢他们为我工作，我希望他们在自己的祖国过上幸福的生活。[1]

拉维赛格拉格拉——强制入伍

1942年3月17日，一批荷兰战俘于巴东被俘，3个月后，他们被带到了苏门答腊岛哥打塔雷的拉维赛格拉格拉战俘营。

1943年5月初，营地的日本指挥官宫崎告诉他们，他们将于不久后以"辅兵"身份加入日本军队。5月29日，一名日本陆军军官在一名宪兵队军官的陪同下到达营地，战俘们被命令列队接受检阅。

他们集合完毕之后，营地翻译员告诉他们，他们有整整5分钟的时间来决定是否加入日本军队。列队检阅结束后，战俘被分成3组：

A组，因身体状况不佳而被拒绝入伍的战俘；B组，自愿参军的俘虏；C组，拒绝入伍的俘虏。拒绝入伍的俘虏中有3名中士，分别是克劳斯、斯托尔兹和沃斯，还有一名叫作沃尔夫的列兵。

C组的战俘随后被警察带到哥打塔雷，并被锁进监狱。两小时后，沃尔夫和3名中士被绑住手脚，带到村子里的广场上，向居民示众，此前日军曾发出公告，召集居民前来观看。下午1点，4名战俘被公开处决。

以下是另一名荷兰战俘对处决场景的简要描述。他在那一天充当宫崎的司机，日军承认他是B组"自愿入伍的战俘"的一员。他被迫站在"前线"，如他所言，眼睁睁看着他的战友惨遭杀害：

> 沃斯被日军问及他的遗愿。他回答说，他想身披荷兰国

1　"战争罪行审判系列"，《审判五泽定一》，科林·斯利曼著，威廉·霍奇有限公司出版。

旗而死。他的请求获得了日军的批准。然后，他用马来语向不甘被日军俘虏的观众发表了演说，阐述了他对日本人的看法，并辱骂了他们。结束演讲之后，日本人想蒙住他的眼睛，他拒绝并说道："我是荷兰人，我并不怕死。"

那名宪兵队军官随后将步枪对准沃斯，连续开了两枪。沃斯并没有被杀死，他开始高呼"女王万岁"。这名军官随即用步枪对准沃斯的头颅，开枪打死了他。之后，这名军官试图用他的刀将克劳斯中士斩首，但他没有对准，剑只砍中了克劳斯的肩膀，于是他拔出左轮手枪，朝克劳斯的头部开了一枪。

斯托尔兹中士和沃尔夫列兵也被以同样的方式杀害。

马卡萨

这个地区内所有战俘营的生存环境同其他地区一样，完全符合众所周知的冷漠、残暴的日本模式。

马卡萨战俘营的住宿条件很差。营地极度拥挤，战俘们没有家具，没有寝具，也没有衣服。

他们过度劳累，并从事违禁的工作。

年老体弱者也被迫参与工作。这里的卫生条件极其糟糕，医疗物资严重不足，痢疾和疟疾猖獗，营养缺乏病的死亡率也居高不下。

战俘们没有收到红十字会的包裹，没有任何娱乐活动，甚至不允许唱歌，并且收不到任何信件。

日军通过一种惯常方式，即一套伴随着严厉而频繁的体罚手段的恐吓制度来维持纪律。

战俘们被要求爬上满是红蚁的大树，并且必须一直待在树上；他们被打得失去知觉，导致瘀伤和肋骨骨折。指挥官本人也参加了对战俘的殴打。这些战俘还遭受了一些标准的宪兵队式的酷刑。[1]

一个工作组在外工作时，一名日本人主动与一个名为斯米特中士的荷兰战俘搭话，并评价了他正在做的工作。斯米特按照战俘必须向所有日本人致敬的规定，立即从他坐着的地方跳了起来，立正站好。此时，他手里正拿着一把铲子。这名日本士兵显然被这突然的动作吓了一跳，于是他指责斯米特威胁了他。因此，斯米特中士被迫接受"蜥蜴"式惩罚[2]，还被日军用镐柄击打了整整30下。

工作组回到营地后，有人将这件事报告给了营地指挥官吉田，吉田又打了斯米特整整50下。由于那时斯米特已经无法站立，于是吉田强迫其他俘房将斯米特靠在一棵树上，接受他的殴打。随后，这些俘房也遭到了吉田的殴打。

斯米特在此次惩罚中受了重伤，血湿透了他的衬衫，顺着他的腿流了下去。他不得不住进医院，并在那里待了很长一段时间，直到他能够再次走路为止。

一天早晨，一个名为刘易斯的医疗护理员正走在医院的阳台上，在他的附近，吉田正在检查部分铁丝网的修理工作。指挥官对刘易斯喊了些什么，但刘易斯没有意识到这是在对他说话，所以并未理会。于是吉田追上了他，将他打倒在地。一名正在值班的医疗军官南宁医生被声音所吸引，出现在门口，也被指挥官叫住。由于医生听不懂吉田口中交杂的日语及蹩脚的马来语，于是一场误会又随之而来，最终南宁和刘易斯都被吉田痛打一顿，并被日军泼了一桶水恢复意识后，被迫保持立正姿势站了4个小时。

营地里的另一名荷兰人是营地工作组的领队之一，他被日军用木棒击打了整整20下，然后被迫成了一场实力悬殊的摔跤演示的对象。在演示过程中，他的头部和裆部遭到了日军的踢打。在他快要窒息的时候，日军又泼水令其清醒过来，整场演出在最后40下击打中"圆满

1　这部分内容将在本书第十四章中详细描述。

2　这是日军的一种惩罚方式，需要俘房像蜥蜴一样爬行。

结束"。另外3名工作组领队也受到了同样的惩罚。这一切都结束后，受害者们被勒令立正站好。然而，其中两个人此时已经不省人事地躺在地上。

1944年8月4日，一名英国战俘被吉田亲自击打了整整70下，原因是他的"向右看齐"没有让指挥官感到满意。

第二天，英国皇家海军中一名叫作威尔金森的锅炉工拒绝服从命令，这导致一支工作小队离开营地时少了一个人。吉田决定教训威尔金森一顿。这名锅炉工的承受能力令指挥官大为恼火，在被判为死刑之前，威尔金森已经被打了200多下。即便如此，尽管他身体虚弱，摇摇晃晃，但他还是设法在仅仅两个小时后立正站好。

1945年2月20日，英国皇家海军陆战队队员多兹带着一袋鸡蛋，被日军抓获。这些鸡蛋是他从外面偷运进来的，以提供给那些生病和需要特殊食物的战俘。

整个营地的战俘列队目睹了多兹遭受难以形容的折磨。多兹所属的整个工作小组被迫执行了一个小时的"蜥蜴"惩罚之后，也受到了日军的折磨。所有英国军官及牧师都遭受了这次集体惩罚。

随后，多兹被吉田判处死刑，牧师奉命为死者祷告。但是，祷告结束后，列队的战俘就被日军解散了。事实上，多兹并没有被处决，而是被单独监禁了很长一段时间，尽管他当时患有严重的痢疾。

另一次，1945年2月，一名日本医生视察营地医院时，发现垃圾箱里有一些食物残渣。荷兰高级医疗军官和他的两名助手随后被日军要求在那里长时间罚站，并被要求把头低进垃圾桶里。与此同时，所有其他的医生和护理员都被推搡到医院门口，遭到严重殴打。他们中许多人被打得不省人事，然后被日军用水泼醒。

日复一日，这种可怕的折磨和殴打不断发生着，这时战俘们的身体素质迅速恶化，承受这种虐待的能力也在下降。这一切的发起者都是吉田，他显然非常享受，因为他从来没有缺席过这些折磨现场，并且常常会积极参与其中。

然而，1945年3月14日，他的施虐癖或许达到了顶峰。他命令所有住在Q区、P区、O区以及被称为"病患营房"的"不能工作"区里的病人全部到外面列队接受检阅。Q区包含了所有确诊的痢疾及脚气病患者。P区则居住着疑似患有痢疾以及接触性传染病或其他传染病的患者，O区是Q区和P区病患的康复区，而"不能工作"区则住满了那些因受伤或疟疾发作而暂时无法工作的人。当然，这些区域里的许多病人都无法站立，更不用说走路了。

然而，尽管外面下着瓢泼大雨，所有病人还是被带到了室外。上尉迪厄多内是一名荷兰军官，他是集中营里的高级战俘，他试图阻止一些病情较重的病人被从床上抬走，最终因此而遭到殴打。

所有病人都被押到了营地门口，那些不能走路的病人由他们的朋友抬着前进。当他们距离大门约150码远的时候，大雨倾盆而下。大多数人只穿着单薄的衣服，很快就湿透全身。在检阅队伍到达门口后，吉田让他们在雨中停留了至少一刻钟，才解散了队伍。这场大雨使一些战俘失去了生命，也导致许多患者的病情发生恶化。

巨港

在巨港地区有3个战俘营，分别是琼瓦战俘营、穆罗学校和松艾格鲁战俘营。从1942年3月到1944年3月，盟军战俘一直居住在琼瓦和穆罗，但随后他们被转移至松艾格鲁，并一直在那里待到战争结束。在学校里的战俘大多是英国军官以及荷兰的军官和士兵。在琼瓦的战俘为英国士兵、澳大利亚士兵、少数马来士兵以及大约80名负责照顾他们的英国和多米尼加的军官。

这3个战俘营与其他战俘营没有什么区别。朝鲜卫兵和日本卫兵使用各种武器对战俘不断进行残暴虐待、集体殴打以及单独殴打。惩罚式检阅会在晚间举行，衣不蔽体的战俘被关在室外几个小时。许多时候，战俘们都被日军要求保持立正姿势接受惩罚。

战俘的基本口粮被两度削减，到1945年5月，已经被削减至每名俘虏每天只有300克大米。由于每个米袋的重量不足，实际发放的大米只有280克左右，这个数量的大米完全不足以维持战俘的身体健康。由于非常饥饿，战俘们开始吃他们能抓到的任何东西，蛇、蜥蜴、狗、猫，甚至是蠕虫和昆虫。[1]在这些不寻常的食物也所剩无几之后，战俘们就会竭尽全力去寻找其他食物。

红十字会的包裹很少被送到这些营地。即使真的送来了，里面的东西也总会被指挥官和他的两名参谋偷走。

防空战壕由战俘按照指挥官的命令挖掘成型，但日军却不允许他们使用。每当空袭来临，战俘们都会被锁进棚屋，直到空袭结束为止。

营地指挥官曾发布一项指令，要求所有英国军官必须用日语向士兵下达命令。有人指出这显然是为了羞辱战俘，并就此提出抗议，但这根本无济于事。这一命令不可避免地导致了许多误解，同时也为日本士官和朝鲜卫兵殴打战俘提供了更多的借口。

医疗军官中井中尉软弱无能，照顾战俘本应是其职责所在，但他却对战俘的不幸和痛苦漠不关心，并因过失犯罪而造成多人死亡。

安置病人的地方条件非常简陋。病房里设备稀少，几乎没有护理人员，也没有床垫、毯子以及蚊帐。那里的卫生状况与已经描述的所有其他营地的普遍情况相差无几。

如果中井认为任何一名俘虏提出的投诉无关紧要，事实上这也涵盖了战俘提出的每一项投诉，他就会让一名朝鲜卫兵过来殴打这名俘虏，以使这名俘虏不再提出诉求。

1944年5月，一些患有痢疾的战俘被带到了松艾格鲁战俘营。一位英国海军外科医生通过营地翻译告诉中井，除非立即建立隔离病房

1　曾亲身体验过这种饮食的拉塞尔·布拉登先生在他的《裸岛》一书中写道：仅供读者参考，蛇肉吃起来像是鸡肉和鱼肉混合在一起；狗肉吃起来像是比较粗的牛肉；猫肉吃起来像兔子，比兔肉口感更佳。

来安置这些病人，否则势必会导致疾病的暴发。中井拒绝听从这项建议，于是痢疾肆虐，导致许多战俘死亡。令人惊讶的是，此前松艾格鲁几乎没有出现过痢疾病例。但从此之后，痢疾就变成了当地的一种流行病。

一位名叫厄舍的海军军官在一次外出工作时摔断了脊背，外科医生里德中尉请求中井提供一些熟石膏。但日本医生却只给了他一卷有弹性的橡皮膏。从此，厄舍再也无法下地行走。

1944年9月，一名集中营战俘看到中井从一些红十字会的包裹中取出了所有标"M"和"B693"的容器，随即将其余物品送回营地仓库。

口粮仓库管理员的主管伊藤军曹是个卑鄙之人，他的实际权力远高于他的军衔和任命所赋予的权力。

1945年6月，他亲自下令，要求整个营地在深夜列队接受检阅。生病的人也被迫参加，检阅持续了4个多小时。那是个寒冷的夜晚，几名俘虏被冻死。

伊藤的"品味很高"，日军军曹的微薄薪水根本无法满足他。他在巨港包养情妇，几乎每天晚上都要举行酒会。他偷盗红十字会的包裹，把战俘的口粮卖给镇上的妓院。他喜欢说："战俘死得越早，日本人和朝鲜人就能越早回家。"1944年以后，伊藤的仓库再也没有向战俘发放任何衣服，他们只好不穿靴子、衬衫，不戴帽子，只穿最小号的短裤到处行走，人们通俗地称其为"东条的内裤"。

正如日本法律顾问在战争罪行审判中经常辩称的那样，战俘们没有得到蚊帐、被褥和衣物，并非出于普遍短缺的原因。日本投降后，巨港集中营里的俘虏得到了超出其所需的蚊帐、被褥以及衣物。一名营地指挥官曾呼吁所有的英国俘虏和自治领俘虏穿上这些衣服，因为他告诉他们："大不列颠是一个可敬的国家，当地人也不愿意看到如此伟大帝国的成员赤身裸体地走来走去。"

所有俘虏都被安排从事违禁的工作，即与战争直接相关的工作。他们建造机场、防空阵地以及探照灯阵地；他们卸载弹药；更有一些具备必要技能的俘虏在精密仪器厂工作，负责修理测距仪和飞机部件。

生病的人也要继续工作，直到他们倒下为止，因为一旦他们停止工作，他们只能得到一半的口粮，在最后的12个月里，只有一半口粮的战俘几乎处于挨饿状态。工作小组的工作时间很长，经常从早上8点一直持续到第二天的凌晨1点。

像往常一样，工作的战俘由营地卫兵负责监管。卫兵们一有机会就会残忍地殴打战俘，即使是片刻的喘息也会被其视为偷懒。他们会让战俘伸直手臂，将原木举过头顶，维持这个姿势在阳光下罚站几个小时，以此作为对战俘偷懒的一种惩罚。

松艾格鲁战俘营里还有一种非常令人不适的监禁形式，一名曾经见过这种监禁形式的"前战俘"作出了如下描述：

> 日军在我们的营地里建造了一个带刺的铁丝网笼。它6英尺长，4英尺宽，有一个平坦的棕榈顶棚，两边没有任何保护措施，被放置于一个红蚁巢的顶端。有一次里面同时关押了9名战俘，他们没有向任何方向移动的空间，他们必须日日夜夜立正站着。9人中有2人本应被判处96天的监禁，但16天后，他们因全身出现热带溃疡而被带出笼子，并住进医院。

在这个战俘营里，有时也会举行相当常见的惩罚式集体列队检阅。有一次，日军要求整个营地的俘虏，包括医院里的所有病人，在晚上10点参与检阅。那天晚上非常寒冷，一直到凌晨4点，检阅才宣告结束。有4名病人在检阅结束后的24小时内失去了生命。

那些逃离战俘营后被重新抓获的俘虏，通常未经审判就被斩首。[1]1942年就有3名澳大利亚战俘，在被俘后不久便身首异处。

一名荷兰士兵在战俘营中患上了精神疾病，有一天他被宪兵队发现走出营地，随即遭到毒打，并且又被带回了军营。之后，日本指挥

1　然而，审判和定罪也无法使这些处决合法。

官将他关在没有食物和水的牢房里，一直到他去世为止。

到苏门答腊战俘营终于获得解放之时，已经有数百名战俘因营养不良和疾病而死亡。仅在一个战俘营的1050名战俘之中，就有276名战俘在战争的最后3个月里失去了生命。

菲律宾群岛

1942年5月6日，9000—10000名美国、菲律宾士兵在科雷吉多尔岛投降。这些战俘被分散到许多不同的战俘营里，其中许多人都曾搭载着本书第七章中提及的囚船，时不时地从一个战俘营转移到另一个战俘营。

科雷吉多尔沦陷之后，大多数俘虏被带往的第一个战俘营被称为第92号车库。和许多其他战俘营一样，这里非常拥挤，战俘们必须轮流睡觉。这里白天没有遮阳的地方，且无法避雨，只有几间战俘们找到的柏油纸屋顶的临时棚屋。

像往常一样，这里几乎没有卫生设施，根本无法满足大量战俘的需求。因此，战俘营里到处都是苍蝇。唯一的饮用水来源是一个水龙头，那里流着一小股难以下咽的咸水。战俘营里食物匮乏，没有任何医疗用品。

日军根本没有拒绝向俘虏们提供正常食物的理由，因为科雷吉多尔已经为长期的围攻做好了准备，并且储备了多种物资。日军每天使用多达2000名战俘组成的工作小组将这些物资装载到日本的运输船及货船之上，并安排这些船只随后驶向中国海域。

5月24日，这些战俘被转移出科雷吉多尔岛，他们被安置在3艘日本运输船上，经过两小时的航行之后在帕拉尼亚克登陆。驳船将他们带到岸上，随后日军将他们扔进齐肩高的水里，并命令他们在海滩上集合。

他们顶着烈日，在沙滩上待了一天，没有饭吃，也没有水喝。然后他们游行穿过马尼拉的主要街道，道路两旁挤满了数千名被带出来观看游行的菲律宾人。许多菲律宾观众试图向战俘提供食物和水，但全部被日本卫兵击退。

　　这是一场长达7英里的行军，很显然，日本人故意安排战俘穿过马尼拉市中心，以此来羞辱他们，并试图通过这种方式降低他们在菲律宾人心中的威望，就好像他们出于类似目的在釜山和汉城所做的那样。马尼拉有一个码头，据说是世界上最长的码头，它与本次行军的实际终点比利比德监狱只有不到1英里的距离。如果俘虏们是在这个码头而不是帕拉尼亚克的海滩（他们完全可以这样做，因为码头那时还未被破坏）着陆，他们根本没有必要列队穿过马尼拉的主要街道。

　　他们从马尼拉出发，走海路转移至达沃流放地。战前达沃地区曾关押着大约2000名菲律宾罪犯。这里的卫生条件要比其他营地好上许多，饮用水储量充沛，但食物依然十分匮乏。

　　然而，集体惩罚在达沃战俘营中也非常常见，有一次，日军因为10名战俘的逃跑而惩罚了600名美国战俘。此次惩罚采用的监禁形式是将战俘关进木头和铁丝制成的笼子里，笼子只有5英尺6英寸长，3英尺宽，3英尺高，一名高个儿男子根本不可能在里面完全躺平。那次的监禁持续了2个月，禁闭期间，战俘们本就少得可怜的口粮再次遭到日军的大幅削减。

　　当这些战俘还在达沃流放地时，日军将其中的600名战俘派往拉桑修建军用机场。美国高级军官向指挥官提出抗议，理由是国际法禁止战俘从事与军事行动或战争行为相关的工作。然后，日军试图让战俘签署表格，同意自愿从事这项工作。这600名战俘每人都拿到了一张这样的表格，但他们全都拒绝在上面签字。

　　1944年6月，这些战俘被移出达沃地区。他们先被蒙住眼睛绑在一起，然后登上卡车被运往码头。他们紧紧地挤在一起，一个叠着一个，有许多患有疾病的战俘在4个小时的旅程中失去了知觉。

当他们终于到达码头时，日军解开了他们眼睛上的绷带和身上的绳子，一名看着他们登船的日本将军似乎因他们的窘境而笑了起来。

然而，达沃战俘营的指挥官却在列队检阅时，因为对待战俘的方式，特别是运送战俘的方式，向美国高级军官致歉。他说他只是在服从上级的命令。随后，俘虏们登上一艘船，返回了他们两年前来到过的达沃的同一地区。在那里待了几个月后，他们回到了马尼拉市，被关进比利比德监狱。直到1944年12月，他们才再次出发，乘船前往这次的目的地日本。

12月13日，大约有1650名战俘登上了"鸭绿丸"。[1]"鸭绿丸"上没有任何特殊标记，并且装载了大量武器。战俘在这艘船上的生存条件与其他战俘船大致相同。

在一次战争罪行审判中，美国陆军中校蒙哥马利作出了如下证词：

> 我所在的那个货舱里塞了700名战俘，他们不得不踩着别人的背下到货舱里面。货舱下面热得可怕，当日本人封住舱口时，情况变得更糟，因为他们曾不止一次这样做过。我估计那个舱里的温度高达120度。在这艘船沉没前的两天时间里，日军只向我们发放了一次米饭和一次饮用水，且水量很小。

在这短短的48小时内，就有40名战俘失去生命。每35个人只能分到一壶饮用水，高温、脱水和缺乏卫生设施带来的臭味使许多战俘失去理智。

有些战俘喝尿解渴，有些战俘甚至故意割伤自己喝血——任何能够润润舌头或者嘴唇的东西都被战俘派上了用场。货舱下面的场景就像精神病院一样。那些已经疯了的人在高声尖叫，那些还残存着一点理智的人试图使他们安静下来。空气中充满了诅咒。为了降低噪音，

1　为了不脱离上下文的语境，所以将对于这艘船只航行的描述放在此处，而非放在本书第七章中。

日本人随后便封住了舱口。

"鸭绿丸"在航行的第二天早上就被美国飞机发现，并在当天的大部分时间里遭到美方的轰炸以及扫射。船体受到了一定程度上的损害，很明显，这艘船已经无法完成此次航行了。事实上，早在14日至15日夜间，船上的一些平民就被带下了船。然而，15日早晨，一颗炸弹击中了后货舱旁边的船体，这艘船被严重炸毁。

蒙哥马利中校讲述了当时发生的事情：

我所在的货舱里，一位日本翻译告诉我们，我们应该想办法靠岸，而且必须游到岸边。我们被要求脱掉鞋子并尽可能脱去衣物，因为这次的游泳里程将会相当漫长。

我们爬上通往舱口的梯子，一些人获准下到低层甲板再跳下船，其他人则被要求直接从所在的地方跳进海里，那里的高度大约为18英尺。日本卫兵喜欢胡乱开枪，几名战俘还在船上时就遭到了他们的射击。跳进海里之后，许多战俘坐在临时搭成的小木筏上，或抓着浮木，显然他们并不相信自己可以游到岸上，然而，架设在海滩的机关枪却瞄准了他们，并发出攻击。

当我在海里游泳时，我经过了一个木筏，上面坐着5名我认识的军官，他们分别是马弗里克上校、亨伯上校、登克尔上校、奈德林格少校以及克利夫兰牧师。日本人用机枪向他们开火，杀死了登克尔、奈德林格和克利夫兰。另外两名军官成功上岸，但随后全都因伤而身亡。

在幸存者被全部接到岸上之后，日军开始点名，最初的1650名俘虏中，只有1300多名俘虏应声答"到"。许多战俘在这艘船被抛弃之前就死在了船上，而其他人则是因日本卫兵的随意射击而身亡。

上岸的人中至少有60人受伤，但日军没有为其提供任何医疗救治。一位名叫斯佩克的美国海军陆战队员手臂上受了一处枪伤，由于没有引起注意而出现了坏疽。美国医生通过翻译一再请求日方准许将这名海军陆战队员和许多其他重伤员送到可以接受治疗的地方，但所有这类请求都遭到了拒绝。最后，一名美国陆军医疗官决定，在没有任何麻醉剂的情况下，只用最简陋的手术器械和用具的替代品来切除斯佩克的手臂。手术终于实施完毕，但患者还是于3日后去世。

当1300名幸存者被全部召集齐之后，日军将他们带到了一个用铁丝网围起来的网球场上。战俘们被关在里面整整6天，等待着另一艘船把他们带到更远的地方。

这里没有遮阳的地方，睡觉也像往常一样替换着来。在网球场的头两天里，战俘们没有收到任何食物。第三天和随后的几天，他们每人只得到一大勺生米，除此之外再无食物。

第三天，一名日本军官——宇城[1]中尉前来探望他们，他曾在达沃流放地任职，并且认识许多战俘。他最近被任命为郭将军部下的一员，后者负责管理菲律宾的所有战俘营。

宇城派人请蒙哥马利中校和另一名美国高级军官前来见他。然后，他们把鸭绿丸上的一切情况都告诉了他，但这次谈话的意义不大，因为日本人对美国人的悲惨处境以及所有战俘目前的生存状况心知肚明。

除此之外，两名军官还告诉宇城，他们自12月13日以来，已经整整6天没吃过煮熟的食物，并且询问宇城是否会将这一切提请马尼拉的上级当局注意。宇城答应会这样做，但一直到车队于4日后开始第二段旅程之前，这种情况也没有得到任何改善。

第二段旅程的目的地是福冈战俘营，它位于日本最南端的九州岛上。第二艘船"巴西丸"把他们带到台湾的高雄，在那里他们被转移到第三艘船"江之浦丸"上，这艘船在高雄港时遭到轰炸，造成了重大的人员伤亡。

1　此处为音译。——译者注

最终，这些战俘，或者说是剩下的战俘，抵达日本，但在1944年12月离开马尼拉的1650名俘虏中，只有450名俘虏到达了门司港，从那里他们被送到了新的营地。

山打根和拉瑙

1942年2月，马来亚地区全面投降。几个月后，大批战俘离开樟宜，前往马来亚境内以及其他日本占领区内的各处战俘营。其中一支队伍去了北婆罗洲的山打根。它被称为"B"军，由1496名战俘组成。

1942年7月18日，战俘们在山打根登陆。在天主教学校待了一晚之后，他们被押往位于农业站的八英里战俘营。

这里的住宿条件很差，水源供应不足且污染严重。这些水从营地约0.75英里外的一条肮脏的小溪中，被泵入一个容量只有2700加仑的水库。这些水源水质浑浊且满是细菌。

9月初，有几名战俘成功从营地逃脱，于是日军实施了第一次集体惩罚。营地中剩下的战俘将近一个星期没有得到食物。

9月12日，所有战俘都被召集起来接受检阅，并由战俘营指挥官发表讲话。大批武装卫兵从外进入战俘营内，将整个阅兵场团团围住。他们装备着机关枪以及带有固定刺刀的步枪。

随后，指挥官星岛中尉登台，宣读了他手中的一份文件。内容大意为，俘虏必须签署一份承诺书，保证他们不会逃跑，并且会服从日本帝国军队发出的所有命令。如果有任何俘虏企图逃跑，所有战俘都将被日军枪毙。

战俘营中的盟军高级军官沃尔什上校随即被带到讲台上。日军向其出示了这份文件，让他读出来并且签字。为了能让其他战俘听到他的回答，他高声说道："我肯定不会签字。"

他立刻被从讲台上拖了下来，星岛下令将其双手反绑，带出营地。

随后，星岛召集了一支行刑队，他们列队站在上校面前。其他战俘意识到即将发生的事情，并且考虑到遭受胁迫时签下的名字并不具有道德约束力，于是他们喊道："不要开枪打死上校，我们签字。"沃尔什上校幸免于难，在对文件稍作修改之后，战俘们签下了名字。

直到他们在山打根待了一个星期，战俘们才意识到，就像日军将他们的战友从泗水转移到哈鲁库一样，日军将他们带到婆罗洲，也是为了让他们在这里建造机场。

他们一发现这一点，就立刻向指挥官提出抗议，理由是让战俘参与军事项目违反了国际法的相关规定。然而星岛告诉他们，这是日本皇军的命令，机场必须在3年内完工，如有必要，战俘们将会一直工作到他们去世为止。

几周后，当负责管理婆罗洲所有战俘事务的须贺大佐视察八英里战俘营时，有人向他提出了类似的抗议。他的回答是，这是一个民用机场，与军事行动完全无关，工作必须继续进行。这当然不是事实真相。从1943年9月到1944年12月，该机场一直被各种军用飞机所使用。

须贺视察结束之后，战俘营的纪律变得更为严格，日军再度大幅增加对工作组战俘本就频繁的攻击。一组新的营地卫兵接管了八英里战俘营。他们隶属于一个名为"战俘卫队"的部队，但因为他们身材矮小，所以被战俘称为"小鸡仔"。他们对待战俘的方式比以前的卫兵还要恶劣一倍，他们会毫无理由地掌掴和殴打战俘。

同时，原本由军官冈原带领、负责机场建设工作的陆军建设部队也被解除了职务，一群特殊的老兵接替了他们的位置。这些新的到来者，出于显而易见的原因，很快就赢得了"怒殴者"的绰号。

怒殴者们来到战俘营里，似乎不是为了让战俘们多干点活儿，而是专门为了虐待他们。这段关于怒殴者的描述支持了这一观点：

　　　一组战俘正在挖一条自流排水沟。其中一支怒殴者队伍，
　　一共8人来到了战俘工作的现场。他们命令战俘们走出排水

沟，站成一排，双臂向身前伸直，并保持立正姿势。他们手持镐柄、竹竿以及其他合适的工具，在一队战俘中间走来走去，抽打战俘的胳膊、肩膀等任何地方。他们不会特别注意打在战俘身上的哪个位置，或者用什么东西殴打犯人。这种殴打持续了大约20分钟。所有战俘都遭到了毒打，如果有战俘表现出痛苦的迹象，他就会遭到更多的殴打。

这种毫无意义的暴行造成的唯一结果是，次日在机场工作的战俘少了8人。这名目击者描述的事件绝非个例。这类事件频频发生，当它发生的时候，借用同一目击者的话，"其结果是，许多战俘每晚被带回营地时，要么不省人事，被人用担架抬着回来，要么断胳膊断腿，要么被打成重伤，因为战俘们这时已经非常虚弱"。[1]

因为轻微的违纪行为而被带到指挥官面前的战俘将会受到骇人的惩罚，其中最糟糕的可能就是战俘们熟知的"囚笼处罚"。这项处罚使用的笼子是一个沉重的木制结构体，大约4英尺6英寸宽，6英尺长，3英尺高。它的地板和顶棚由厚木板制成，其四周由多条两英寸宽的长木条组成，相邻两根木条之间相距两英寸左右。它有一扇小门，门长两英尺、宽1英尺、高6英寸，战俘必须爬着才能通过。日军称其为"囚笼"。

这名目击者说他曾目睹了至少40次"囚笼处罚"的实施过程，他描述了其中的一次：

列兵欣奇克利夫因离开工作小组而在机场遭到逮捕。他缺席的原因是去寻找掉落的椰子来补充食物。这一次，他在地上找到了一些椰子，并把它们捡了起来。他在与他应该所处之地相距不远的地方被日军抓获，但椰子肉还在他的手里。他被带回营地，置于警卫室前，立正站好。在他立正时，他

<hr>

1 《远东国际军事法庭庭审记录》，第13354页。澳大利亚皇家军队准尉施提茨维奇的证词。

不时受到卫兵的殴打，一段时间内甚至多达4次。他被一名卫兵用一根棍子、一把仿制的武士刀殴打，被另一名卫兵用一块木板拍打，被其他卫兵用脚踢踹。随后，卫兵部队的副官，百吉中尉走了过来，下令将他关进笼子。每天，每隔一段时间，我就会看到欣奇克利夫被带出笼子，接受卫兵的殴打。白天，他必须待在笼子里面，挺直坐好，如果他稍微放松一下，就会被拉出去挨打。[1]

这名目击者本人也经历过"囚笼处罚"，当他和另外两名士兵被关在笼子里时，又有4名战俘——3名军官和另外一名列兵被关进了笼子。他们7个人在笼子里被关了三天四夜，每天只有两次短暂放风的机会，分别为早上7点和下午5点。

1942年10月，一些军官决定让战俘们配备无线电设备。于是澳大利亚陆军中尉温顿从战俘营外的本地人那里获得了材料，自己组装了一台。他定期使用这台设备收听英国广播公司的新闻，并在战俘营内轮番传递这些新闻。当没人使用时，这台无线电设备就会被藏起来。

与此同时，其他军官则忙于向战俘营内走私医疗用品，然而，一条通过无线电发送至附近英军营地的相关消息遭到了日军的拦截。

温顿被日军逮捕，并被带到星岛大尉面前，星岛大尉殴打了他，并让他整晚立正站在警卫室的外面。

第二天早上，温顿被判处在囚笼里监禁14日的处罚。另外5名军官则被判在囚笼里监禁一段时间，所有6名军官全部被关在一起。他们得到的是正常的营地口粮，但他们没有寝具，囚笼里一次只能躺下一名军官。大雨下了整整两天，他们浑身湿透。温顿被释放后就立即住进了医院。他在医院一直待到1943年7月，然后被再次关进笼子，直到8月12日才被放了出来。

在初步"缓冲"之后，温顿再度被叫到指挥官面前，并被询问了关

1　《远东国际军事法庭审记录》，第13355—13357页。

于无线电设备的问题："它在哪儿？"

由于温顿否认知道它的存在，指挥官用一口流利的英语对他说，他将被送到一个地方，那里的人会让他开口。温顿几乎能够肯定这一威胁意味着什么。他将被移交至宪兵队，接受严刑拷打。[1]

与指挥官会面后，温顿又在笼子里被关了两天，他焦急地等待着被拖进刑讯室里的那一刻。从"新加坡主教到最卑微的苦力"，在日本占领区生活的每一位无辜百姓都曾像他一样提心吊胆，正如《双十事件审判》的编辑在引言中所写的那样，"因为没有人能确定，下一次敲门声会不会将他的家人从清晨的睡梦中唤醒，并使其成为遭受宪兵队折磨的另一名受害者。正是通过这种戏剧性的手段，日本宪兵队成功使所有占领区内的俘虏望而生畏。夜晚的黑暗、突然的袭击、恐怖的气氛，都是他们迫使一个不甘的民族向其屈服的催化剂"。[2]

温顿并没有等很久，8月14日，他被捆起手脚，扔进一辆卡车，带到了位于山打根的宪兵队总部。在那里，他被关进一个房间，并被要求盘腿直身坐好。这个房间里大约还有25人，他们全都是澳大利亚士兵、英国被拘平民以及当地的百姓，所有人都需要整天保持同样的坐姿，尽管他们晚上可以躺下，但房间里的灯光会一直亮着。

他们每天进行5分钟的体能训练，如果没有在训练中达到卫兵的要求，他们就会遭到卫兵的殴打或是被迫一动不动维持同一训练姿势长达10分钟之久。事实上，他们从来没有达到过日军的要求。

在8月14日至10月26日这段时间，除了去厕所或接受审讯，温顿从未离开过那个房间。在那段时间里所发生的事情最好听他自己的陈述：

8月16日上午9点，我被带出房间接受第一次审讯。我

1　宪兵队兼有军队及秘密警察的双重职能，尽管它并非纳粹国家秘密警察（俗称盖世太保）的确切对应机构，但它还是与后者大体相同。

2　《战争审判系列丛书》由科林·斯利曼、B.A.以及希奇编辑，威廉·霍奇有限公司出版。参见《卍字旗下的灾祸》，第七章。

被带到了另一个房间，在那里我又一次被要求在地板上坐好，一名翻译以及六七名宪兵队成员和我待在一起。他们问我知道哪些关于营地里的一台无线电设备，以及马修斯上尉和威尔斯中尉的行动。我否认知晓这些事情。

日军立刻用马鞭抽打我的头和肩膀。他们又问了我同样的问题，我再次否认知晓此事。然后，宪兵队把我按倒，扯掉我的衬衫，用点燃的香烟灼烧我胳膊下面的皮肤。然后我被送回房间，继续挺立坐好。

3天后，我又一次被带出去接受审讯。我被问了同样的问题，但我仍然否认自己知道无线电设备以及其他官员的相关行动。像以前一样，我又一次遭到了殴打及灼烧。此外，他们还对我使用柔术，把我在房间里摔来摔去，并且通过扭曲我的胳膊、脖子、双腿以及双脚，让我倍感疼痛。之后，我又回到了原来的房间。

8月28日，我被宪兵队带到另一幢大楼接受审讯，并再次受到了同样的折磨。在此之后，他们把从当地人那里得到的供述摆在了我的面前。这些证词表明，我曾在夜间走出营地以获取无线电部件。

他们还向我展示了营地一名军官撰写的日记，里面记载了关于我和我的两个助手——米尔斯下士以及斯莫尔下士参与行动的相关信息。然后他们把米尔斯和斯莫尔带了进来，于是我们全都承认我们在营地里有一台无线电设备，但依然否认知晓其他军官的相关行动。日本人继续审问我们3人，直到凌晨3点，我们才回到了另一栋楼的房间。

当天晚些时候，米尔斯和斯莫尔被分开审问。每当他们出示的证词与我前一天提供的证词出现任何细节上的差异时，我们就会遭到一顿毒打，并被要求就日本人认为我们存在分歧的问题达成一致。这个过程一直持续到审讯结束，大约经过了

4天半的时间。

与无线电设备相关的审讯结束之后，日军又就我是否曾与马修斯和威尔斯有过联系这一问题，对我进行了详细审问。对此，我依然否认。于是日军用更多的烟头折磨我，并把钉子放在我的指甲上，然后用锤子钉进肉里。他们还将我的手腕绑在一根横梁上，迫使我跪在地上，并将两腿伸向身后。另一根横梁放置在我的脚踝上，两名宪兵队军官在这根横梁上像玩跷跷板一样上下摇动，这使我的脚部因自然弯曲而形成的足弓受到了极大的压力。经过大约两分半钟的折磨，我失去了意识，直到一桶水泼到我身上，我才苏醒过来。此后，我大约有4天无法行走。

我看到马修斯、威尔斯、泰勒博士以及梅弗先生都受到了同样的折磨，但除此之外，威尔斯还遭受了"塞米粒"[1]的酷刑，虽然我没有看到这种酷刑的实施，但我在威尔斯被这种酷刑折磨后的3个小时内见到了他。

我在山打根没有受到更进一步的审讯。

不久之后，温顿被带到古晋，经审判后被定为有罪并判处10年监禁，但他从未被告知这项指控的性质。审判于1944年2月29日进行，在同一法庭上，马场中将[2]主持审判了马修斯上尉、威尔斯中尉以及一些其他战俘。

没有一个战俘拥有辩护军官，也没有一个战俘得知他将要面临什么样的指控。所有被告都预先被迫在一些他们不懂内容的日文声明上签字。法庭上没有提供任何证据。被告只是被问及他们应该做出的陈述，开庭半小时后，除了马修斯、威尔斯和3名其他级别的俘虏之外，其余所有被告都被判刑。

1　这是由本书介绍的"灌水"刑罚变化出来的一种酷刑。
2　见本书附录1。

两天后，马修斯和威尔斯也被判刑，后者被判处12年监禁及苦役，前者被判处死刑。当马修斯离开法庭时，一支行刑队正等待着他。大约10分钟后，威尔斯听到了从罗马天主教堂的方向传来的步枪齐射的声音。

　　1943年至1944年间，八英里战俘营的条件逐渐恶化，到1945年初，每名战俘的日均口粮已经减少至一点木薯和甘薯、一些蔬菜以及4盎司的大米。然而，日军对工作组的需求却在不断增加。

　　因为1942年7月第一批澳大利亚战俘的到来，使山打根地区的战俘力量得到了增强。1943年3月，大约700名英国俘虏被带到山打根，在机场停留了几个月后，他们与澳大利亚战俘一起被转移到另一个营地。一个月后，又有500名被称为"E"部队的澳大利亚战俘在另外两个营地附近建立了第三个营地。[1]

　　1945年1月底，日军进一步要求从3个战俘营中再成立一个由500名澳大利亚战俘组成的工作小组，但到了此时，只有470名俘虏能被召集起来。那些被留下的人中，有1%的人不够健康，而另外1%的人则要从事基本的营地工作。

　　日军不断尝试寻找更多的工人，并不时举行专门的甄选检阅。一名普通的日本列兵负责检查战俘，他会在集结的队伍当中来回巡视。如果一名战俘包扎了腿部，负责检查的"军官"就会在包扎处踢一脚，来看看战俘是不是在装病。如果其中一名澳大利亚或英国医生反对日军挑选战俘，他自己就会因为阻碍日军而遭到抽打。

　　1945年3月，3个战俘营中有231名俘虏死亡。4月，因为总人数骤降，英国战俘被转移到了一号澳大利亚战俘营的一个封闭围场中。

　　5月29日上午9点左右，当时的营地指挥官高仓大尉在他的中尉和军需官陪同下视察了一号战俘营，这也是他们此后所占有的唯一一个战俘营。在他们离开约15分钟后，二号战俘营和三号战俘营都燃烧了起来。两个营地连同它们附近的弹药库被完全烧毁。

1　一号、三号战俘营中监禁着澳大利亚战俘，二号战俘营中全是英国战俘。

上午10点30分，战俘们接到命令，要在10分钟内清空营地。这显然是不可能的，不过随后时限被延长了20分钟。到上午11点时，最后一个病人被抬了出来，随后他们放火烧了战俘营。

当天傍晚5点，日军命令所有能走路的战俘于下午6时在已被大火烧毁的二号战俘营的园地列队集合。这次集合在户外进行，日军没有为那些生病的人提供任何保护措施。

然后，俘虏们4人一列，排队走出营地门口，随后被日军拦在路上。高仓大尉命令一队全副武装的日本士兵在战俘纵队的前方、两侧以及后方就位，并指示他们不得让任何战俘掉队或者逃跑。

战俘纵队共有536人，他们被分成几个小组，每组50人左右。那天深夜，他们开始行军，但他们中没人知道到底要去哪里。他们持续行军26天，最终到达了拉瑙。[1]

当5月29日离开山打根的俘虏队伍到达拉瑙时，这支队伍中只剩下了183人，有353名俘虏在行军途中丧生。而在这支队伍出发的3个月前，还曾有另一支战俘队伍也从山打根出发，向拉瑙行军。最先出发的战俘队伍走出山打根时，共有470名战俘，到了6月24日，他们中只有6人幸存下来。后来，这6名战俘全都加入到之后出发的幸存者队伍之中。

第二支队伍到达拉瑙后不到4天就被征用为工作组，开始从事许多繁重的工作，其中还包括每天必须行走18英里等其他事项，尽管这时他们全都身体虚弱、精疲力竭。在接下来的几天里，更多的战俘因过度劳累而失去生命。

但是，有一名日本卫兵并不赞成营地工作人员的做法。7月1日，准尉施提茨维奇和其他9名战俘被指派为后勤部队，护送日军完成猎牛之旅。这名看守战俘的卫兵变得非常健谈，他告诉施提茨维奇，他刚刚受到高仓大尉的惩罚，因此"非常难过"。

他还告诉这名澳大利亚准尉"所有的战俘都要死了"，他们会被全

1　从山打根到拉瑙的旅程在本书第七章中已有描述。

部杀掉，然后由台湾卫兵来代替战俘。

他还提到，在从山打根出发的最近一次行军中，高仓杀死了所有在行军路线上掉队的战俘。他说："高仓是不会有好下场的，他一定会死。"

第二天晚上5点左右，施提茨维奇正在厨房做饭，这时这名卫兵进来与他道别。几分钟后，四声步枪的射击声接连响起，经过短暂的间歇后，又传出了第五声枪响。在和施提茨维奇告别之后，这名卫兵走到军官住处，开枪射向了高仓大尉、铃木中尉、福田军曹以及一名勤务兵，铃木随即倒地身亡，其余3人则全部受伤。开枪射向他们之后，他又向他们中间扔了一颗手榴弹，但这枚炸弹并未爆炸。与此同时，这名卫兵将枪口伸进自己的嘴巴，射穿了自己的头颅。

到7月20日为止，只有76名战俘依然活着，其余的战俘已经全部因饥饿、劳累过度和暴晒而死，还有一名上士被两名日本卫兵活活踢死。

但无论死因是什么，战俘的死亡证明总是一模一样。当他在拉瑙工作时，准尉施提茨维奇在日本人的指示下开具了这些证明。这些文件上允许记录的死亡原因只有"痢疾"和"疟疾"，日军根本不会参考医生的意见。

7月26日，一名负责监督战俘埋葬死者的卫生员告诉施提茨维奇，他看到了一项命令，内容是所有的战俘都将被处死。他是在"总部"看到这条命令的，那可是军官们的宿舍。他让施提茨维奇保密。那天晚上，营地的卫兵增加了一倍，看来卫生员的消息并没有太大偏差。

一名友好的卫兵曾警告施提茨维奇，如果他想逃跑，最好动作快点。于是两天后，也就是7月28日晚上，施提茨维奇就和司机雷泽一起逃出了营地。在这两个人离开拉瑙时，那里只有38名战俘幸存，其中8人已经奄奄一息。10天后，司机雷泽去世。

1942年4月至1945年5月间，山打根战俘营的俘虏共计2736名。1945年1月第一次向拉瑙行军之前，有240名俘虏被转移到古晋，100

名俘虏被转移到纳闽岛，于是还剩下2396名俘虏。

然而，战争结束时，这些人中只有6人幸存。这3个战俘营几乎已被日军消灭。

许多在囚禁中幸存下来的人都将带着它的烙印度过余生，对更多人来说，他们的预期寿命被大大缩短。

如此多的人能够度过这可怕的磨难，并且在身体不再健康的同时却保持了心理健康，显然要归功于两个因素：宗教以及幽默感。

身处逆境时，人们从宗教中寻找慰藉，而在日本人手中度过的漫长岁月里，人们也是如此。正如前驻守马来西亚英军总司令珀西瓦尔中将所写的那样：

> 很快，马来亚开始出现教堂。有些时候，人们将现有建筑物的废墟改造为教堂；其他时候，人们用能找到的材料建造新的教堂……
>
> 在牧师的指导下，教堂由志愿工作者的双手建造而成——志愿者从未缺少过。但教堂只是正在发生的宗教复兴的可见标志而已。在那些黑暗的日子里，外界信息匮乏，而且大多数信息都来自敌方。因此在那些战俘营里，几乎没有在困难时期驱使交战国人民前进的那种民族热情。人们需要别的东西来替代它。邪恶势力正威胁着热爱和平和敬畏上帝的人民的生存，于是一种对正义终将战胜邪恶势力的坚定信念不断发展，宗教成了人们的选择。每个星期日，教堂里都挤满了人，如果没有教堂和牧师，礼拜仪式就会在普通的建筑物里或者在露天举行，由战俘们自己主持……
>
> 在信仰的激励下，这些战俘营里的英国士兵展示了他们种族中一些最优秀的品质。他们在压迫和饥饿中勇敢无畏，在漫长岁月的等待中保持耐心，在逆境面前乐观而又不失尊严，他们坚定地抵抗着日本人为了摧毁他们的精神所做的一

切努力，最终他们战胜了敌人。

在士气可能低落的时候，许多战俘的沉着冷静以及不知疲倦的幽默感对维持士气起了不小的作用。

由于俘虏他们的人乏味无趣且容易受骗，于是盟军战俘不失时机地利用了这些特点。

每个营地都长期缺乏食物及医疗用品，于是常常隔着铁丝网的黑市繁荣起来。然而，没有金钱，战俘们就很难利用黑市得到他们想要的东西。任何可以交换的东西都像宝石一样珍贵，而汽油的价值则等同于纯金。

在他们被囚禁的第一年，来自皇家陆军军械兵团和印度陆军军械兵团的一个工作组[1]被日军安排在新加坡码头附近修建道路，日本人按照订单向其提供所需的工具、设备以及材料。这些东西中包括了一台压路机，在整整一年的时间里，这队英国战俘每星期都从日本人的这台机器中获取20加仑汽油。汽油出售到铁丝网外，这极大地造福了战俘营里的病人。

一年后，在新加坡也出现了另一个通过捉弄战俘营当局来获得娱乐的机会，以下由墨菲少将对此进行描述：

> 我们接到通知，日本远东军总司令寺内伯爵即将到新加坡视察战俘营，我们奉令在每个战俘营的入口处搭建具有观赏性的大门，以供这位伟人欣赏。这是一个不容错过的好机会，对此我们应付自如。我们建造了一个非常迷人壮观的大门，并在上面刻下了以下文字："Optime qui ultime ridet."
>
> 就算不是一名伟大的古典文学学者也知道这句格言的意思是"谁能笑到最后，谁就笑得最好"。让每个人都感到幸

---

1   指挥这支队伍的是印度陆军军械兵团的少将（当时是中校）墨菲，他就是提供这些信息的人。

运，更让每个人都感到惊喜的是，因为日本人总是在寻找反对他们的宣传，并沉浸在因巨大的自卑情结带来的痛苦之中，所以这则笑话灵验了，直到营地解散，我们向其他地方转移的时候，这句题字依然停留在门上，人人可见。

第十章

平 民 拘 留 营

许多平民拘留营的生存条件和战俘营一样糟糕。仅在苏门答腊岛就有大约13000名平民被拘留在这些营地之中，其中大多数来自荷兰，这些营地曾位于3个主要地区，即苏门答腊岛的北部、南部以及中部。

其中一个平民拘留营驻扎在苏门答腊岛北部的马达山镇，那里专门收容女性以及儿童。到1944年11月，该营地每人每日的口粮仅为140克蔬菜。[1]被拘留者的身体状况变得极其糟糕，以至于数百名处于半饥饿状态的女性决心冲出营地，到外面寻找额外的食物，她们非常清楚此番行动会带来什么样的严厉惩罚，但她们决定殊死一搏。

拘留营的两位女领队普林斯夫人和艾肯斯夫人，曾多次向日本拘留营指挥官就配给不足提出抗议，但她们没有得到任何结果。当更多的女性威胁要逃出营地时，这两名女性举行了一场饥饿示威，她们将一些最瘦的被拘者带到了指挥官面前。这样一来，即使他还没有意识到，他也能亲眼看到饥饿对他手下的女性造成的影响。

指挥官承诺会访问棉兰的总部，尝试解决这个问题，但他直截了当地拒绝了拘留营领队提出允许他们以物物交换的方式从难民营外获得额外食物的要求。

11月20日，被拘留者的口粮没有得到任何改善，而那天就是指挥官承诺增加口粮的日子，于是被拘留者们再也不顾领队的约束，11月27日下午3点，386名女性离开了拘留营。日军出动了邻近村庄的宪兵部队，晚上9点，所有女性都回到了营地。

日军随后逮捕了拘留营的领队，并进行了一次初步调查。他们试图获得所有冲出营地的女性的姓名，但事实证明他们未能成功。因此，第二天早上，所有营区的领队都被一个接一个地带进不同的房间，并像往常一样接受宪兵队的审问。

50岁的修女舒德布姆是一名医院的护士，她曾被日军用一根大约

---

1   当时的官方标准是，每名成人200克口粮，每名儿童100克口粮，以及每名被拘留者50克蔬菜，但实际上，日军只发放了前文中提到的两个较低额度的口粮。

一英寸宽的窗帘杆狠狠击打。普林斯夫人听到了这名护士的尖叫声，当她向一名卫兵提出抗议时，她被告知，如果所有相关的女性自愿认罪，他们就会停止殴打。

以下是她对当时发生的事情的亲口描述：

我连忙大声反驳道，日军自己也有过错，这激怒了宪兵队的军士，他用同一根窗帘杆打在我的背部、肩膀以及颈部，他打了我6下左右，力度很大，以至于杆子都断成了两截。那天晚上，我又被日军传唤问话，但我捎了个口信，说我不能走路，去不了。第二天早上，我奉命与另一名领队以及另外6名女性一起到指挥官的办公室去。

到达办公室后，我们都被送到了卡顿·贾尔监狱。当我们到达那里时，日军收走了我们的外套和发夹（如果有的话），并把我们关了起来。我和艾肯斯夫人被分别扔进一个小型牢房，其他6名女性则被一起关在一个更大的牢房之中。我的牢房不透光也不通风，地板被尿液浸湿，排泄物被抹得满墙都是。后来我才知道，这些牢房是用来关押那些正在前往精神病院的疯子的。牢房里没有床，也没有厕所。

我在那里待了一整晚，直到早上我才被看守带到监狱后面一栋附属建筑的一个房间里。宪兵队的两名成员也在那里。我看见一张桌子上放着武器、棍棒、皮带和鞭子，地板中央有一个点着的火盆，里面烧着铁器。尽管从那扇小窗里透进来的光线非常微弱，我还是很快意识到自己是在刑讯室里。

然后我又受到了和之前一模一样的审问。其中一名宪兵队员指着那些工具，威胁我说除非我认罪，否则将会受到酷刑。当我拒绝这样做时，他把我的手腕紧紧地绑在背后，然后让我站在一把椅子上。他将一根绳子穿过我头顶上的滑轮，并绑在绕过我手腕的细绳上，然后他开始拉动绳子的另一端，直到我的脚趾尖几乎够不到椅子的座位表面……他不停地把我抬起又放下，直到我的胳膊关节几乎脱落。他每次放我下来时都会问我："你认罪吗？"我回答道："是日军做错了（Nippon salah）！"[1]每当我这么回答时，他都会用橡胶警棍击打我的背部。大约10分钟后，我对他说："白人警察是不会这样做的。"他突然松开绳子，这猝然一坠让我剧痛无比，我的鼻子开始大量流血。

随后，两名印尼警察将我带回牢房。他们帮助了我，并明确表示不赞成日军对我施以虐待，并为我感到难过。然而，当我走到牢房门口时，那名日本看守用力地将我推进牢房，这一动作使我脸朝下扑倒在肮脏的地板上，并且昏迷不醒地躺了很长时间。[2]

晚上，普林斯夫人被带回刑讯室，同样的刑罚又重新上演了一次，只是这次时间短了一些，而且中间没有发生任何殴打。刑罚结束时，当地的宪兵队首领走进房间，询问她是否有更多关于日本军官的话要说。当普林斯夫人告诉他，她所说的是关于荷兰军官的事情后，他扇了她一巴掌，并命令她跟着他去办公室。在那里，宪兵队首领又要求普林斯夫人说出逃出拘留营的女性的姓名。然而，普林斯夫人只是说出了她能记得住的营地里所有女性的名字。

第二天早上，这两名拘留营的领队都被告知她们已被日军判处死刑。一个小时后，这8名女性全部被带回了马达山拘留营，日军还在那里举行了一场模拟处决。

在东京对日本主要战犯进行审判时，普林斯夫人曾在证言中如此描述这场模拟处决：

1　日本人是错的。
2　普林斯太太于次日得知艾肯斯太太也受到了同样的虐待。

大约 1 小时后，艾肯斯太太、布鲁门达尔太太和我被带到了一个大房间里，预计日军在那里将我们枪毙。我们被放在那里，脸对着墙，双手交叉在背后……然后我们听到身后传来了一些日本士兵走进房间的脚步声，以及步枪枪栓打开和关闭的声音。另一个日本人走进了房间，并大声发出指令，我们以为那是开枪射击的命令。我们等待着结局的到来，但什么事情也没发生。布鲁门达尔太太控制不住自己的好奇心，偷偷看向身后。"他们无法开枪，因为步枪上还盖着防尘罩。"她小声地说。日本军官发出了第二条命令，随即我们被一名士兵打了一顿，然后被带出了房间。

普林斯太太和艾肯斯太太都拖着饱受折磨的残躯生活了一个多月。至少有 10 天，普林斯夫人不得不让朋友们给她洗澡，因为她的胳膊和手都无法活动。

即使这两位英勇的女性在野蛮的暴行下屈服，也很有可能会得到人们的谅解，但是她们却从未动摇，并树立了一个冷静勇敢的榜样形象，这似乎给冷酷无情的日本军人都留下了深刻的印象。

以上对平民拘留营生活的某些方面的描述，处于所有拘留营生活条件中的中等水平。有些营地的条件比其他营地更好一些，有些营地的条件则比马达山营地还要差，尤其是那些驻扎在爪哇的平民拘留营。除去没有毒气室之外，许多平民拘留营甚至不比希特勒的集中营好多少。

那些在日本投降后几天内视察过许多拘留营的人，可以更好地向我们展示日本拘留营中普遍存在的糟糕条件，以及这些条件对那些不得不在其中生活和受苦的人所产生的影响。

里德·柯林斯中校被派往巴达维亚，为爪哇和苏门答腊岛的战俘营及平民拘留营空运紧急物资，他于 1945 年 9 月 18 日抵达那里。在巴达维亚，他负责为 65000 名战俘以及被拘禁的女性提供食物。

参观这些营地时，他的第一反应是，他仿佛置身于另一个世界，正在和已经死去的人们交谈。西尔维娅·萨尔维森于1942年被扔进拉文斯布吕克集中营，并且第一次看到了那些在1945年集中营解放之前一直陪伴她的女性时，也曾产生过与之相似的感觉，这绝非是一种巧合。1946年，她在汉堡的拉文斯布吕克审判中作证时说道：

> 这对我来说就像在看一幅关于地狱的图画——不是因为我看到发生了可怕的事情，而是因为我有生以来第一次看到了一些我无法辨别男女的人类。她们剃了头发，看上去瘦弱、肮脏且并不快乐。但最触动我的还不是这些，而是她们的眼神。我只能用"死眼"来形容她们。[1]

里德·柯林斯极度震惊并厌恶他所看到的一切。他如此向东京法庭说道，他本以为这些拘留营的条件会与在印度瓜廖尔和德里被拘留的日本人所享受的条件相同。他说，过去日本人那种"如超凡的武士道所示"的道德观念和社会行为观念给他留下了深刻的印象。看到"武士道武士"如此堕落，他深感意外。

他不知道，任何阅读过本书的人都会了解，日本人打着武士道的神圣名义犯下了许多罪大恶极的罪行。

当里德·柯林斯第一次访问吉登、克拉玛特和秀厨易斯万格[2]时，拘留营的经历就已经对这些不幸的女性产生了明显的影响，这些影响足以使任何人感到震惊。她们的整个生活似乎都围绕着饥饿展开。到1945年9月，她们已经习惯了饥饿，以至于当足够的食物到达营地时，人们很难说服拘留营的女性领队将其分发出去。她们觉得必须小心地把它们储藏起来以备不时之需。她们并没有意识到食不果腹的日子已经结束了。

1　见《卍字旗下的灾祸》，第六章。
2　此处为音译。

里德·柯林斯注意到的另一种反常现象是人们对于想要获得和拥有一些小东西如一根细绳、一个旧烟盒、一张玻璃纸的强烈欲望。他在指挥这些营地的女性和儿童撤离的几个月时间里，与他们有过接触，发现他们总是随身携带一些无用的东西，比如旧罐头和布片，这些都是他们在被拘留期间发现十分有用的物品。当他们从苏门答腊岛的巴东到达巴达维亚前往荷兰时，他们带走了用作饮用器皿的旧罐子以及临时炊具。在船上，母亲们每顿饭后都会把桌子上的面包屑擦掉，然后带走。她们把这些残羹剩饭装在罐头里，囤积食物的习惯已经深深刻在她们的脑海中。

大多数女性看起来都无精打采，几乎很少或者根本不会表现出任何情绪。有些孩子似乎比其他孩子更受这些可怕经历的影响，但由于几乎所有的孩子都曾一度患上痢疾，所以他们全都面色苍白，瘦弱不堪。

里德·柯林斯见过的最糟糕的拘留营是位于吉登的女子拘留营，那里有超过1万名被拘留者。她们被关押在一个约1000码见方的空间里。为了关押她们，日本人接管了巴达维亚一个较穷的居民区，并将其封锁起来。

居民区里的大多数房子都没有门窗，因为它们都被日本人拆掉充当柴火。房间几乎无法通风，而且没有风扇，在炎热的天气里热得令人窒息。整个区域都非常拥挤，至少15人被安置在一个仅能容纳一辆10马力汽车的小车库里是件很正常的事。一所房子里住着84人，根本没有空间让他们同时躺下。

那里没有任何便利设施，孩子们没有玩耍的地方，他们只能在狭窄的街道上做做运动。雨季的时候，街道上化粪池里溢出的污水甚至能深及脚踝。

大多数被拘留的女性都设法保留了一条裙子，有些人会每天穿着它，而其他人则把这条裙子留待日后再穿。这些女性平时在拘留营里通常只穿一条短裤和一件文胸，除此之外没有别的衣物。

营地里最常见的疾病是水肿和脚气病等营养不良症。痢疾和疟疾也很猖獗，前者广泛传播的原因显而易见，后者广泛传播则是因为被拘留者们没有蚊帐。在吉登，每名女性和儿童在被拘留期间都曾感染过几次疟疾。

被拘留者们食物匮乏，饮食单调。他们的主要食物是一些数量并不足以吃饱的大米，有时还会有一点肉、一点用木薯粉做的酸黑面包，以及少量的欧比叶，这是他们唯一的蔬菜。日本人投降后，被拘留者的口粮立即增加了一倍。在盟军返回之前，巴达维亚的食物并不短缺，里德·柯林斯也并未发现当地居民有营养不良的迹象。

9月18日，营地医院里已经收容了1200名病人。还有许多人本应住院，却为了自己的孩子坚持了下来。当这些人都住进医院时，病人的数量上升至2000人，巴达维亚所有可用的建筑都改造成了疗养院。许多病情特别严重的病人被转移到新加坡接受治疗。

在身体情况足以支撑他们走动并乘坐交通工具后，这些女性和儿童便返回了家园，他们中许多人都回到了荷兰。就这样，他们结束了长达3年的苦难生涯，但它的影响还没有结束。他们吃不饱饭，受尽残酷的虐待，一有机会，他们的日本主人就会不断羞辱他们。

数以千计的被拘平民在囚禁期间死亡，还有许多人因疾病的影响而过早失去生命。有些人永远无法从被日军控制的经历中恢复过来，直到他们死去的那一天，他们的身体依然不完整，心理也依然扭曲。

这一切都要归咎于"武士道"精神。

第十一章

公 海 上 的 战 争 罪 行

美国、英国、法国、意大利和日本共同签订的《伦敦海军条约》第22条规定：

> （一）在针对商船的攻击行动中，国际法中水面作战舰船所遵守的相关规则，潜艇也必须遵守。
>
> （二）需要强调的是，除非对方执意拒绝按照命令停船或者以行动抵抗登船巡视以及搜查，战舰（无论是水面舰船还是潜艇）都不得在对方商船没有将船上的乘客、船员以及船舶文件放置在安全的地方之前，将商船击沉或令其失去航行能力。有鉴于此，商船的救生艇不被视为安全地点，除非在当时的海况和天气条件下，救生艇上的乘客和船员的安全可以得到保证，即要么他们已经接近陆地，要么附近存在其他可以将其搭救起来的船只。

尽管本条约的有效日期截至1936年12月31日，但根据条约第23条规定，条约到期后，第22项条款对缔约各方仍然具有约束力。条约第23条规定，即使本条约到期，条约中关于潜艇的第四部分内容仍将不受期限限制，持续生效。无论如何，日本都有义务遵守这些条款，因为1936年11月6日，日本曾与美国、英国（包括属地和印度）、法国以及意大利在伦敦签署了一项议定书，该议定书"逐字逐句地将条约中关于潜艇的第四部分条款纳入其中"。[1]

1943年至1944年间，日本海军一直无视这些规定，因为被鱼雷击沉的商船上有大量幸存乘客及船员遭到日军杀害。

这一情况在很大程度上是1942年1月3日希特勒与日本驻德大使大岛会谈的结果，当时美国参战还不足一个月，德国被迫面对这样一个事实，即可供盟军使用的船舶吨位将大幅增加，且盟军拥有了几乎无

1　《奥本海国际法》，由劳特派特校订，第7版，1952年，第491页。

限的造船能力。随后他们下达了比以往更为严厉的命令：潜艇指挥官们不仅不能营救船员，还必须根除他们。[1]

在与大岛的会谈中，希特勒解释了这些新的改变。他说，无论美国人建造多少艘船，缺少合适的船员将是他们的主要问题。他的意图是，所有商船都将在毫无预兆的情况下被德方击沉。德国正在为生存而战，无暇顾及人道主义感情。他会下达命令，让 U 型潜艇用鱼雷袭击商船后浮出水面，并击毁救生艇。

据这次观点交换的速记记录显示："大岛大使由衷地同意元首的言论，并表示日本也将无奈地采用这些方法。"

1943 年 3 月 20 日，日本第一潜艇部队司令官在特鲁克岛发出如下命令：

> 所有潜艇将联合行动，以集中攻击敌方舰队，并完全摧毁它们。不要在敌方船只和货物沉没时停止攻击。与此同时，彻底消灭敌方船员，如果可能的话，扣押部分船员，并努力获取与敌人相关的情报。

日本潜艇的指挥官们忠实地执行了这一命令，1943 年 12 月 13 日至 1944 年 10 月 29 日期间，8 艘英国、美国及荷兰商船在印度洋被日本潜艇击沉，一艘美国船只在太平洋被日方击沉。[2]

日军潜艇每次都会在发射鱼雷后浮出水面，潜艇指挥官会把被击沉的船长以及几名被挑选出来接受审问的乘客和船员带上甲板。随后，潜艇会继续摧毁所有的救生艇和木筏，并将余下的幸存者全部

1　详见《卐字旗下的灾祸》，第三章。

2　这 9 艘船的名称及其沉没日期为：蒸汽船"黛西·莫勒"号，1943 年 12 月 13 日沉没；蒸汽船"英国骑士"号，1944 年 2 月 22 日沉没；货轮"萨特利"号，1944 年 2 月 26 日沉没；蒸汽船"阿斯科特"号，1944 年 2 月 29 日沉没；货轮"毕哈尔"号，1944 年 3 月 9 日沉没；蒸汽船"南希·莫勒"号，1944 年 3 月 18 日沉没；蒸汽船"吉萨拉克"号，1944 年 3 月 26 日沉没；蒸汽船"让·尼克莱特"号，1944 年 7 月沉没；蒸汽船"约翰·A. 约翰逊"号，1944 年 10 月 29 日沉没。

杀害。

1944年6月5日，瑞士驻日大使在东京向日本外务大臣重光葵递交了英国就这些罪行向日本政府提出的抗议。

它首先指出，英国政府收到了许多来自被鱼雷击沉的商船幸存者的报告，这些报告清楚地表明，某些日本潜艇的指挥官和船员在印度洋上的所作所为完全无视国际法的规定和所有文明国家公认的人道主义原则。

然后，它简要介绍了其中6项战争罪行：

（一）1943年12月13日，格林尼治时间21时，蒸汽船"黛西·莫勒"号在北纬16度21分、东经82度13分处被鱼雷击沉。载有幸存者的救生艇遭到了一艘已被认定为日方所有的潜艇的猛烈撞击。幸存者随后在救生艇上遭到枪击，并且在水中受到了来自日方的机枪扫射。

（二）1944年2月22日，格林尼治时间5时30分，蒸汽船"英国骑士"号在东经68度、南纬56度的位置被鱼雷击沉。载有幸存者的两艘救生艇和4艘木筏遭到了一艘已被认定为日方所有的潜艇的蓄意机枪射击。许多人因此丧生，其中一艘救生艇沉没。"英国骑士"号的船长被俘，并被迫在潜艇上观看其船员遭受机枪扫射。

（三）1944年2月26日，格林尼治时间18时35分，货轮"萨特利"号在南纬8度、东经70度的位置被鱼雷击沉。一艘已被认定为日方所有的潜艇用轻武器向依附在木筏和货轮残骸上的幸存者开火。[1]

（四）1944年2月29日，蒸汽船"阿斯科特"号在距离迪耶果苏瓦雷斯港72度方向约800英里处被鱼雷击沉。它的救生

1　参见蒸汽船珀琉斯号，于1944年3月13日在大西洋被德国潜艇U-852号击沉。详见《卐字旗下的灾祸》，第三章。

艇随后被一艘已被认定为日方所有的潜艇用机枪扫射，52名幸存者中有44人丧生。

（五）1944年3月18日，格林尼治时间8时，蒸汽船"南希·莫勒"号在北纬2度14分、东经78度25分的位置被鱼雷击沉。一艘已被认定为日方所有的潜艇不断向幸存者开火，导致大量幸存者丧生。

英国的抗议中还提到了一场涉及荷兰蒸汽船"吉萨拉克"号的事件，荷兰皇家政府已经就此事提出过抗议。当蒸汽船"吉萨拉克"号被一艘日本潜艇用鱼雷击中之后，船上的幸存者受到了极其残忍的虐待，由于许多英国国民在这场大屠杀中遭到杀害，英国政府也加入了荷兰政府的抗议活动。

此文件最后"对日本潜艇指挥官和船员在上述事件中惨无人道的犯罪行为提出了最强烈的抗议"，英国政府要求日本政府"立即"发出指示，防止此类暴行再次重演，并对相关责任人进行纪律处分。这些事件的数量和情况着重表明，不止一名日本潜艇指挥官公然违反了海上战争的人道主义基本原则。

由于没有收到对于上述说明或者6月20日发出的补充说明的任何回复，1944年9月15日，瑞士大使向重光葵发送了一封礼貌的提示函。两个月后，他收到了日本外务大臣的以下答复，对此他并不满意：

亲爱的大使：

很感谢收到阁下的来信。信中提到了英国政府的一项抗议，该抗议称一些日本潜艇用鱼雷袭击了几艘航行在印度洋上的英国商船，并非法攻击了这些商船上的幸存者。

关于这一抗议，我已要求主管部门对所指的每一案件进行了严格调查，很明显，日本潜艇与抗议中所指称的事实毫无关系。

谨请阁下将此答复转交英国政府。

借此机会……

……

（签名）重光葵

外务大臣

1944 年 11 月 28 日

这种对英国抗议中提出的所有指控断然否认的态度实在令人无法接受，因为英国政府知道，第一潜艇部队司令曾在 1943 年 3 月 20 日发布作战命令，授权潜艇指挥官在盟军船只沉没后不要停止攻击，而要继续实行对其船员的彻底摧毁，只留下那些他们觉得值得俘虏的人，目的在于获取与船只动向相关的情报。

这项命令非常明确。当发出上述回信时，重光一定知晓此事，即英国方抗议中所描述的惨无人道的做法，得到了日本海军高级军官的正式批准和指示。[1]

1944 年 6 月 5 日，英国政府提出抗议时所陈述的关于非法屠杀盟军幸存者的详细资料中，只提供了这些暴行的基本内容。直到战后，这些事件的目击者在日本东京、新加坡和中国香港对日本战犯的审判中作证时，这些屠杀的细节才为公众所知。

"黛西·莫勒"号的船长描述道，他的船只被鱼雷击中了一号货舱和二号货舱之间的船体，船只立即开始倾斜，并且船头开始下沉。船上所有的救生艇都放了下来，但在这个过程中，右舷的救生艇因撞击而损毁，于是船长将两艘船的补给都带到了左舷的救生艇上。救生艇上的所有人都安全离开了，弃船后不到 3 分钟，"黛西·莫勒"号就沉入了大海。

1　人们普遍认为东京法庭对重光的审判并不公正，对此，作者在本书第十五章中作出了评论，根据重光葵在 1944 年 11 月 28 日的信件中的措辞来看，这一评论几乎能够被视为有所依据。

当船沉没时，潜艇出现在它刚刚沉没的地方以北约100码处，并向我们发射了一枚曳光弹，然后向我的救生艇靠近。没有任何指令传出，潜艇也调转方向离去，但3分钟后，它直向我们冲来，以大约每小时16海里的速度撞向我们，并且紧接着用机关枪向我们开火。我向大约1.5英里外的一个木筏游去。潜艇随后撞击了另外两艘救生艇，并用机枪扫射了一大片水域……

被鱼雷击中时，"黛西·莫勒"号上共有69人。他们中只有16人幸存下来。

1944年2月22日"英国骑士"号的沉没以及一些幸存者随后的经历在这些航海日志的摘录中有所描述：

击沉船只后，潜艇用轻机枪向两艘救生艇开火。一面白旗从船长的救生艇上升起，于是机枪停止射击。潜艇拉近了与救生艇的距离，挥手让我们向其靠拢。有人注意到它是由日本人驾驶的。他们示意要求船长登船，他照做了。然后，救生艇被命令继续前进，潜艇也离开了。

大约5分钟后，

……这艘潜艇突然改变航向，朝救生艇开去，并且用重机枪扫射。大多数船员都潜入了水中，还有几个人躺在救生艇里。

机枪扫射持续了很长一段时间，一艘装有无线电设备的救生艇被击沉，另一艘救生艇也处于下沉状态。然后潜艇向西南方向驶去……2月23日11时30分，一等水手莫里斯溺水身亡。他的伤势非常严重，以致精神失常。木筏上的幸存者努力控制他的行为，但他太凶狠了，其他人根本抓不住他，挣扎之中，他设法跳进了水里，并且在救援来临之前就消失在人们的视野之中。

这艘船上的38名幸存者后来遭遇了巨大的苦难，因为他们在一艘拥挤的救生艇上漂流了整整37天后，才被另一艘船救起。

"阿斯科特"号于1944年2月19日离开科伦坡，前往迪耶果苏瓦雷斯港。大约12时05分（船上时间），值班的炮手看到一枚鱼雷靠近右舷，但当他能够发出警报之前，这枚鱼雷就已击中了船舶右舷的机舱前部。船只右舷的两个救生艇被风吹走了，当船开始迅速下沉时，人们乘坐着两只左舷的救生艇和一只木筏弃船而逃。

第一次爆炸中，4名在机舱及锅炉房工作的船员丧生，其余的52名船员则成功逃脱。

这时，"阿斯科特"号开始下沉，弃船10分钟后，人们看见一艘潜艇在距离右舷后部一海里远的地方浮出水面。它绕着"阿斯科特"号转了一圈，然后开始对其炮击。

潜艇随后向这些救生艇靠近，尽管它身上没有任何明显的标记，幸存者还是能够通过轮廓辨认出它的级别，并且在他们后来接受审问时其猜想也得到了证实。他们还说道，甲板上所有的水手都是日本人，他们都穿着卡其色衬衫和休闲裤，戴着柔软的日式鸭舌帽。指挥塔里有一个欧洲人，他戴着一顶欧式海军军官帽，帽顶上方有着金色或黄色的翅膀。

一名日本人用蹩脚的英语问道，船上的船长、轮机长以及无线电报务员分别是谁。没有人对此作出回应，于是一阵短促的机枪射击声在潜艇上响起。随后，"阿斯科特"号的船长公开了身份，并被命令登上潜艇。

最先呼叫船长的那名日本人拿走了船长携带的公文包，并且嘴里说道："你不会说英语吗？你这头英国猪！"然后他用刀砍伤了船长的手掌并将他推进水里。在水中，船长被一艘救生艇救了起来。

随后，潜艇上的机关枪向两艘救生艇和木筏发起攻击。所有幸存者都跳入海中，以避免被子弹击中，其中10人在游泳时中弹而亡。

此后，机枪停止射击，大约30发炮弹射向了"阿斯科特"号，到那时，这艘船从头到尾都已经处在剧烈的燃烧之中。那些依然幸存的"阿斯科特"号的船员又爬回救生艇、登上了木筏，然而大约半小时后，潜艇再次返回，重新开始用机枪扫射。

木筏上的幸存者又一次跳入水中，只剩一名严重受伤的男子理查森神志不清，还留在木筏上，另有一名同属这支海上队伍的炮手沃克，为了照顾他而勇敢地留了下来。

炮手沃克以极大的勇气试图保护理查森。与此同时，他还向那些游泳的人们通报潜艇在海上的位置，以使他们能躲在木筏后面。受伤的水手被二次击中并因此死亡，沃克则受了两处枪伤，一处在小腿上，一处在大腿上，然而直到第二天早晨，他都没有向任何人谈起他的伤势。尽管非常痛苦，但直到获救时，他都表现得非常坚强。

这艘潜艇断断续续地用机枪向幸存者扫射，直到黄昏它才离开，此后再也没人见到过它。当它彻底离开后，仍在水中的5名幸存者爬回木筏，并升起了帆。

第二天早晨，3月1日，有人见到一艘救生艇出现在远方，但很快就消失不见。到了3月2日，它又再次出现，中午它来到了木筏旁边，木筏上仍有7名船员。这艘救生艇上还有一名船员，名叫休森。由于救生艇严重受损，他和救生艇上的给养都被转移到了木筏上面。

休森讲了一个可怕的故事。当机关枪第二次开火时，他正与船长和其他船员同在一艘救生艇上，另一艘救生艇已被潜艇撞沉。潜艇随即朝着他们驶来，显然也想将他们撞沉。

除了休森，船上所有人都跳进了水里，并且全部因机枪扫射而死在水中。

与此同时，休森躺倒在救生艇的底部。随后潜艇将这艘救生艇拖到一旁，很可能是为了确保不再有幸存者登上这艘小艇。他一动不动地躺在那里装死，什么事都没有发生。被拖行了大约10分钟后，他的救生艇开始随意漂流，之后在港口处遭到潜艇的撞击，受损严重。

休森整晚都保持安静，第二天早晨，当潜艇已从视线中消失之后，他举起了桅帆，尽管那时船只已经浸满海水。他驾驶着他的小艇整日在清新的风与海中航行，直到3月2日清晨，他看到了这只木筏并且向它驶去。[1]

3月3日13时25分，货轮"斯特拉特·索恩达"号发现了这只木筏，筏上的8名船员经历了3天的苦难后，终于成功获救，并在亚丁登陆。在2月29日弃船逃生的52名船员中，他们是仅有的幸存者。

蒸汽船"让·尼克莱特"号是一艘美国船只，它于1944年6月22日左右从弗里曼特尔出发，途经科伦坡前往加尔各答，并在那里接受订单。船上的乘客和船员共计100人。

7月2日晚上7点5分左右，第一枚鱼雷击中了二号和三号货舱之间的船体，"让·尼克莱特"号猛地向左倾斜，然后又向右倾斜。鱼雷击中船只时，炸毁了三号舱的舱口盖板并引起火灾。不久之后，第二枚鱼雷击中了船只右舷的五号货舱，船长下达了弃船的命令。

船员开始放下救生艇，所有救生艇都成功下水，所有乘客和船员都得以安全离开，但有6人除外。只有一名陆军中尉跌入了其中一艘艇中，并摔断了一条胳膊。留在甲板上的6人分别是船长、美国海军后备队的一名海军炮兵军官——迪尔中尉、两名海军炮手以及美国商船队的两名身强力壮的海员——赫斯和麦克杜格尔。

船长决定，他们应该乘坐二号前筏离开大船，麦克杜格尔跳入海中，查看了系着木筏的缆绳，然后放开了木筏。麦克杜格尔最先登上木筏，随后是两名炮手。船长和中尉决定对这艘船进行最后一轮检查，以确保没人被落在船上。他们检查完毕后，中尉和赫斯登上了木筏。

1　海军情报局参谋、英国皇家海军后备队少校苏厄德所作的一份关于蒸汽船阿斯科特号沉没的报告中包含了这段描述。

当然，船长是最后一个离开大船的人，当他和他的船员们一起登上木筏后，他们砍断缆绳，向船尾漂去。

当木筏还在漂流的时候，一艘机动救生艇在大副的指挥下来到了它的旁边。船长登上救生艇，并接过指挥权。因为他看到仍在漂浮的"让·尼克莱特"号上有一束光，于是他想回去再检查一遍，以防有人掉队。

船长的救生艇朝着"让·尼克莱特"号驶去，突然，日本潜艇从它的右侧浮出水面，并立即将甲板炮对准了正在下沉的"让·尼克莱特"号。为了不暴露他们的位置，船长迅速关掉引擎，悄悄将艇划回了木筏所在的位置。船长离开时，迪尔中尉和另外4人还留在木筏上。与此同时，日本船员发现了这两艘美国救生艇，潜艇改变航向，慢慢向他们驶来。

一等水手麦克杜格尔对当时发生的事情作出了如下描述：

当潜艇靠近我们的木筏时，我们从木筏远侧滑入水中并紧紧地抓着筏子。有一段时间我们看不清究竟发生了什么，但我们确实看到了潜艇在后退，还听到了机关枪射击的声音……后来它朝我们这个方向返回，并用一盏灯照着我们。然后我们爬回到木筏上，潜艇靠近我们，向我们扔出了一根绳子。

赫斯是第一个登上潜艇的人，我是第二个。他们一次只让一人上艇，艇腹在指挥塔的左侧。当我爬上甲板时，有人告诉我要脱掉救生衣并举起双手。当我举起双手时，一个日本水手发现了我的手表。他把我的手拉了下来，从我的手腕上褪下手表。紧接着他看到了我的戒指，他试图把它从我的手指上取下来，但它太紧了。他抽出刀来，当他似乎要切下我的手指时，我设法将戒指取下来递给了他。

所有幸存者都被带到潜艇上，但有3人除外。当这3个人还在四处游动时，日本人试图射杀他们，但他们始终未被击中，并设法游到了一只木筏上，那是没有被日本人的炮火击沉的少数木筏中的其中一只。然后，当幸存者上船后，潜艇回到了距离"让·尼克莱特"号不足800码的地方，向它开了3枪。与此同时，幸存者们都被捆绑起来，双腿交叉，下巴抵在胸前，坐在潜艇的前甲板上。他们被告知，如果有人移动，就会出现麻烦。

不过，他们没等多久，事情就发生了。他们在日本水手的带领下，一个接一个地经过指挥塔，到达后甲板。他们接连从其他人的视线中消失，然后再也没有出现。一个船上的木匠设法向指挥塔后面迅速瞥了一眼，他看到了其中一名幸存者的遭遇。那是一个18岁的普通水手，名叫"金"，他腹部被刺了几刀，然后被推下了船。

被带到潜艇尾部的大约60人中，除了3人以外，余者都遭遇了同样的命运。再也没有人见过剩下的人。那3人中的两个，第一助理工程师派尔和海军炮手巴特勒，生动地讲述了他们弃船后的经历。

派尔登上救生艇后不久，潜艇就出现了。艇上有人用流利的英语向其询问那艘被鱼雷击沉的船的名字以及船长和军官的下落。派尔给出了这艘船的名字——"让·尼克莱特"号，但他说船长及所有的高级军官都仍在船上。

随后，日军要求救生艇上的人登上潜艇并扔下一根绳索。所有幸存者登上潜艇后，他们的救生艇被日军用机枪击沉。像麦克杜格尔和其他人一样，派尔所有的私人财产首先被抢走了，然后被绑了起来，并按要求坐在前甲板上。

故事的其余部分用他自己的话来描述：

大约在午夜时分，有人将我选出来，并将我带到船尾，这时我注意到甲板炮都已经固定好了，我们船上的35名幸存者仍坐在潜艇的甲板上面。

然后我发现日本船员采用的策略有点类似于印度古老的挑战赛，他们迫使幸存者从两排手持棍棒、铁棍和其他钝器的日本水手中间穿过，当受害者走到尽头时，就会被他们推进或撞进海里。

　　显然，当我被叫去接受挑战之前，这一环节已经持续了一段时间，我估计大约有十三四个日本人组成了这支挑战队伍。当我停顿片刻以估量一下形势时，我的头部受了一次重击，这使我感觉自己像一个跳动的圆球。从那时起，我被推搡着穿过两排日本水手，他们用各种各样的武器对我的头和身体进行击打，如雨点一般密集。我被打得失去意识，头晕眼花，已经无法辨认出都是些什么武器，后来我的医生告诉我，在这个过程中，我被刺刀或者剑砍伤了。[1]在我到达挑战队伍的尽头后，我掉入了一片泛着白色泡沫的海洋之中。

巴特勒也不得不参加这场挑战，对此他作出如此描述：

　　当我们都坐到潜艇的甲板上后，他们开始挑人，并将那些人带到艇尾。我不知道他们在对那些人做什么，因为我坐得相当靠前，听不到船尾发出的任何声音，也不敢回头去看。

　　不久，他们来了，选中了我，并把我带到艇尾，8—10个日本人在指挥塔后排成一排，手中拿着军刀、棍棒以及长长的铅管。一个日本人拦住我，设法踢我的肚子。另一人用铁管打我的头。还有一人用军刀划伤了我的眼睛。经过第二个日本人身旁时，我设法逃脱并跳进水里，尽管我并未失去意识，但当我浮出水面时，潜艇已经走了，但它依然在我的视线之内……我开始向我的船漂去，但潜艇再次开火，我害

1　当麦克杜格尔在英国皇家海军舰艇霍克希号上看到派尔时，"派尔的头被豁开了一个口，伤口从一只耳朵开裂到了另一只耳朵"。

怕他们发现我后会用机枪对我进行扫射，所以我转身向另一个方向游去。

当这场屠杀发生时，潜艇正绕着"让·尼克莱特"号缓慢航行。麦克杜格尔、赫斯以及其他几个人坐在那里，等待着轮到他们被带到船尾的时候，他们明白自己肯定会死得很惨。

突然，一阵喇叭声响起，日本船员停下了他们正在做的事情，向指挥塔跑去，并消失在塔下。这艘潜艇马上就要潜入水中了。

美国水手们也知道喇叭的意思，如今卫兵已经走了，他们也没有浪费时间。在过去的两个小时里，赫斯用手指甲锯断了绑住他的绳子，他把绳子磨得很薄，这样他就能将其弄断。好运不断到来。他发现他的口袋里还有一把刀，日本人搜查所有幸存者时忽略了它。有了它，赫斯只花了几分钟，就救出了大约6个同伴。但那时，潜艇的头部几乎已经没入了水中，几秒钟之内，麦克杜格尔和他的同伴要么跳了下去，要么被冲进了海里。

一直游到天亮后，麦克杜格尔、赫斯和另外16名幸存者到达了"让·尼克莱特"号，它已经燃烧了一整夜，显然不会再漂浮很久了。几个小时后，它沉了下去，但就在下沉的时候，一只之前卡在索具上一直未能成功下水的木筏却奇迹般地漂浮起来，浮上了水面。麦克杜格尔和其他人爬到上面，一直待到第二天下午，然后他们被带上了前来搜寻幸存者的英国皇家海军舰艇霍克希号。[1]

"让·尼克莱特"号上的100名乘客及船员，现在只剩下22人可以讲述这个故事了。

1944年2月，日本海军西南方面舰队在海军大将高须的指挥下，开始在印度洋展开行动，目的是破坏盟军通信线路并俘获盟军船只。

在这次行动中，货轮"毕哈尔"号被击沉，72名幸存者被带上了日

1　幸存者们被加拿大皇家空军的一架飞机发现，该飞机为英国皇家海军舰艇霍克希号的抵达提供了信息。

本巡洋舰"利根"号。几天后,在指挥第十六中队的海军中将左近允的命令下,这些幸存者遭到屠杀。

1947年9月,执行了上级命令的"利根"号指挥官海军中将左近允及舰长黛治夫,在香港的英国军事法庭接受审判,罪名如下:

> 被告海军中将左近允尚正,作为西南地区舰队第十六中队的司令官,以及被告舰长黛治夫,作为大日本帝国海军舰艇"利根"号的指挥官,于1944年3月18至19日午夜左右在公海上犯下战争罪行,他们违反了战争法规和惯例,共同参与杀害了沉没的英国货轮"毕哈尔"号上的大约65名[1]幸存者,这些幸存者均为"毕哈尔"号上的船员或乘客。

参与此次行动的舰艇为3艘重型巡洋舰:旗舰"青叶"号、"筑摩"号以及黛治夫指挥的"利根"号,对幸存者进行的屠杀就发生在"利根"号上。

1944年1月,时任第十六中队参谋长的岛内大尉收到了行动的预备命令,其目标是"前往盟军在印度洋的通信线路,俘获盟军船只并破坏盟军通信"。2月,日本海军在西南方面舰队总部所在地槟城举行了一次会议。会议指出,只要有可能,最好俘获盟军船只,而非将其击沉,并且要将船上的俘虏一并带回。如果必须击沉一艘船,则只需带回其认为必要的最低数量的俘虏。这次会议的结果是,相关命令在2月中旬左右被发送至第十六中队的所有船只。

2月28日,日本特遣部队驾驶的船只从班卡海峡起航,在科科斯群岛西南方向航行了大约一周,没有遇到任何盟军船只。航向随后向

1　尽管指控称只有65名幸存者遭到谋杀,但"毕哈尔"号的所有者给出的官方数字是72人,如上所述的人员构成如下:

船上人员:欧洲人,44名;印度人,67名。获救:欧洲人,15名;印度人,17名。被敌人杀害:欧洲人,2名;印度人,1名。拘留期间死亡:印度人,4名。1944年3月19日前后被日军谋杀:欧洲人,27名;印度人,45名。

正北转移，3月9日11时左右，"利根"号发现一艘英国船只，后来证实它正是载有111名乘客和船员的货轮"毕哈尔"号。"利根"号向"毕哈尔"号发出信号，但由于没有收到回应，它转为平行驾驶并立即向"毕哈尔"号开火。此举反而将日本国旗打破了。它的第一轮齐射的落点与"毕哈尔"号的位置相比近了约100英尺，但炮弹反弹到了"毕哈尔"号的前甲板上，并在那里爆炸。它又进行了三四轮齐射，很快就不得不放弃对"毕哈尔"号的攻击。20分钟后，"毕哈尔"号沉没了。除了在炮击中丧生的2名欧洲人和1名印度人之外，所有的乘客和船员都乘坐救生艇安全逃离了船只，后来又都被带到日本巡洋舰上。

船长格林讲述了他们上船后发生的事，他是商船队的一名船长，作为前往孟买的乘客登上了"毕哈尔"号。

　　到达甲板后，我发现自己面对着6—8名手持步枪准备射击的人。其他日本水手脱掉了我们的大部分衣服，只给我们留下了衬衫和裤子。然后我的双手被细绳紧紧地绑在身后。我的胳膊被强行举到背后，绳索套住了我的喉咙。

其他乘客和船员登上甲板后也受到了同样的对待，其中还包括两名女性，但一名官员在几分钟后解开了捆绑她们的绳子。然后，他们全部排好队列，就像被潜艇袭击的幸存者们所被迫的那样坐在甲板上，本章此前已经对此作过描述。

与此同时，"利根"号的舰长黛治夫向旗舰发出信号，说他刚刚击沉了一艘英国船只，并给出了名字。当旗舰问他为什么击沉了"毕哈尔"号而不是俘获时，黛治夫回答道，"毕哈尔"号太远了，他无法将其带回，所以他选择击沉。"利根"号的信号中还详细说明了被带上巡洋舰的幸存者人数。

当天晚些时候，或是3月10日，审判中从未明确给出确切的日期，左近允中将亲自向"青叶"号上的一名参谋口授了一个信号，即只有最少数的俘虏能被留下，其余俘虏将交由舰长黛治夫"处置"。

在第二次世界大战期间，德国人和日本人用了许多委婉的措辞来形容普通的谋杀。占领区的反对派被"无害化"，犹太人被"重新安置"或"清算"。

无论是左近允将军信号的发送端还是接收端，没有人会对"处理掉其他人"这句话的含义产生歧义。公正地说，在这次审判中，每名日本被告及证人都承认他们完全清楚这句话的含义是左近允将军在命令舰长黛治夫杀死除几个人外的所有"毕哈尔"号的幸存者。

这名参谋长对此更加清楚，他明确表示，他"把这句话理解为'处决'"。"利根"号上的首席出纳员永井"将其理解为除了几个幸存者外，其余的人都应该被杀死"，所有在军官室讨论命令的"利根"号军官也同样这样认为。收到信号时正在舰桥上的"利根"号二把手三池长官，对信号的真正含义没有任何疑问，因为他在证言中始终将其称为"处决的信号"。舰长黛治夫不仅完全理解这一命令，而且强烈反对执行这项命令。与三池讨论过后，他向旗舰发出了以下信号："请救救幸存者们并采取措施让他们上岸。"得到的答复是"立即处置俘虏"。

与此同时，3艘巡洋舰正向巴达维亚驶去，它们将于3月15日抵达该地。13日，舰长黛治夫依然没有遵从将军发出的第二个信号，他决定自己唯一要做的事情就是抵达港口后马上去见将军，如果有必要的话，就跪在地上[1]恳求将军撤回命令。

然而，面谈并未取得成功，当他回到船上时，这名舰长告诉他的长官："没有希望了。"将军指责他没有及时服从这项处置命令，并明确表示，一旦他们离开爪哇，就必须立即执行死刑，不得继续拖延。当然，这位将军在审判中否认了这一点。然而，在"利根"号离开巴达维亚之前，有32名幸存者上了岸，分别为15名欧洲人和17名印度人。当巡洋舰继续航行时，船上还剩下72名幸存者。

对将军及舰长进行审判时，这名"利根"号的长官在证言中描述了

1　舰长黛治夫自己使用了"鞠躬"这个词。

这一肮脏罪行的最后阶段：

> 3月18日晚上，舰长黛治夫告诉我，对船上俘虏的处决必须在当晚于海上进行。我拒绝参与行刑，于是舰长直接向石原中尉下达了命令。我现在已经记不起行刑队成员的名字了，但我了解到他们大多数都是低级军官，尽管谷中尉和其他一些高级军官也在行刑队伍之中。后来我听到田中少尉和大塚少尉吹嘘他们参与了处决。因为我不是目击者，所以我无法描述屠杀中所使用的确切方法，但我确实听说俘虏的腹部被刺了一刀，睾丸还被踢了一脚，然后就被斩首了。

中将左近允和舰长黛治夫都辩解称他们只是服从了上级的命令。对左近允来说，他是否收到了这样的命令依然相当可疑，根据第十六中队参谋长岛内的证言，以这种方式"处置"幸存者似乎是将军自己的想法。按照公认且完善的国际法中关于上级命令抗辩的规定[1]，法庭并未接受这一辩护，并判处左近允死刑。

然而，黛治夫在某些程度上有些许令人同情，因为他曾在最终服从命令之前，尝试将其撤销。为什么他最终屈服了呢？如果他直接拒绝杀死俘虏，他几乎不会有任何受到严厉惩罚的危险。正如其在证词中所说，他的副指挥官三池不愿以任何方式参与处决，但日本人从未对其进行任何纪律处罚。不过，为了减轻对黛治夫的处罚，有人代表他进行了辩护，"在非常仔细地考虑了各种减刑情节之后"，法庭认为判处其7年监禁是合乎情理的。

1　这部分内容在本书附录1中进行了讨论。

第十二章

吃 人 、 活 体 解 剖 以 及 肢 解 人 体本书已经在前面的章节中描述过日军犯下的种种战争罪行，但如果不再简短地描述一下日本人野蛮行径中极其残忍的一面，这本书依然不够完整。

众所周知，日军对待战俘和被拘平民极为残暴，他们屠杀了成千上万的平民，还谋杀了被俘的飞行员。然而，以下事实依然会令许多人感到震惊，即日本医疗机构曾经对战俘实施活体解剖，肢解死尸和活体的情况并不少见，食人行为在日本军队中也十分普遍，甚至成了不止一项军令的主题。

来自一名目击者的证据表明，在坎多克没有受伤且健康状况良好的战俘，受到了如下对待：

> ……这名俘虏被绑在光市岛基坎办公室外的一棵树上。一个日本医生和四个日本医科学生站在他身边。他们先是拔掉了他的指甲，然后又切开了他的胸腔，取出了他的心脏，随后医生用这颗心脏进行了一次实际操作示范。

以下内容摘录自一名日本战俘军官的日记，它讲述了另一个类似的事件：

> 我们发现并抓获了昨晚在丛林中逃脱的两名俘虏。为了防止他们再次逃跑，士兵用手枪向他们的双脚射击，但很难击中他们。这两名俘虏后来在还活着的时候遭到了军医山路的解剖，他们的肝脏被取出，我第一次看到了人的内脏，真是让我长了见识。

在菲律宾坎安盖发生了一起对俘虏进行活体肢解的案件。以下是目击者对这起暴行的描述：

一名躲在草丛中的20岁左右女子被人发现了。发现她的那名日本巡逻队指挥官扯掉她所有的衣服，与此同时两名士兵抓住了她。然后她被带到一个没有墙壁的小避难所，在那里，那名军官用军刀切下她的乳房，剖开了她的子宫。当军官这样做时，士兵们按住了她。一开始女孩还会尖叫，但最后她只是安静地躺在那里，一动不动……随后，日本人放火烧了这间避难所。

　　另一名目击者描述道，在马尼拉时，他的男仆被绑在一根柱子上，在他还活着的时候，日本人割下了他的生殖器，并把割下的阴茎塞进了他的嘴里。

　　还有一名目击者讲述了另一个活体肢解战俘的案例，它发生在婆罗洲的巴厘巴板。

　　我看到一名地区官员和一名警督，正身穿制服与一名日本军官交谈。在谈话过程中，那名军官一直在虐待这名地区官员（一个荷兰人），扇他耳光，并用剑鞘击打他的全身。突然，军官拔剑砍掉了这个荷兰人肘部以下的双臂，然后又砍下了其膝盖以下的双腿。此后，他的躯干被绑在一棵椰子树上，被日军用刺刀刺死。日本军官接着把注意力转向了这名荷兰警察，以同样的方式砍掉了他的双臂和双腿。这名警察挣扎着撑起残缺的双腿，大声喊出"上帝保佑女王"，然后倒地而死，一把刺刀刺穿了他的心脏。

　　早在1938年，在哈桑湖战役期间，苏联领土上的苏联士兵遭到肢解的现象就相当普遍。一天晚上，一名年轻的中尉在日军对苏联战线的袭击中负伤并被日军俘虏。第二天早上，在苏军的一次成功反击之后，人们发现了这位年轻军官的尸体。五颗星星被刻画在他的背上。一颗大星星、锤子和镰刀则被刻在他的胸前。子弹打进了他的眼睛，他的头骨多处骨折，手腕和脚踝也全被打碎。他的阴茎被人切断，一枚反坦克炮弹射入了他的腹部。他的脚掌被烤焦，指甲被拔光，舌头被割下，耳朵也被割掉了。日军在肢解时没有遗漏任何细微之处。

以上只是众多有关苏联人案例的其中之一。在东京审判中，有证据表明日军对苏联人的尸体进行了大规模的肢解，很显然，有时这种肢解甚至发生在受害者还活着的时候。

大约是在太平洋战争的最后一年，日本陆军和海军甚至堕落到了以人肉为食的地步，他们吃掉了被其杀害的盟军战俘的部分身体，而谋杀行为本身就已经违反了战争法规及惯例。

这种令人作呕的行为，看起来似乎与一个以其历史、文明及武士道精神为傲的国家无关。该类行为中的一个实例被陆军士官长昌吉·拉姆所证实。拉姆曾隶属于印度陆军，当他看到这件事发生时，他一定在纳闷自己是醒着还是在做梦。

1944年11月12日，我正在新不列颠岛的托塔比尔地区为日军挖掘战壕。下午4时左右，一架单引擎美国战斗机在离我工作地点大约100码的地方迫降。那名飞行员还不到20岁，在日本人到达之前，他设法爬出了飞机。随后，去布泰肯德博营地的日军冲到现场抓住了他。

距迫降约半小时后，宪兵队将这名飞行员斩首。我在树后看到了这一幕，而且我还看到一些日本人从他的双臂、双腿、髋部和臀部上割下鲜肉，并将其搬回他们的住处。我当时非常震惊，并且跟了上去，想看清楚他们会怎么处理这些人肉。

他们将其切成了小块，然后用油煎炸。

那天晚上晚些时候，一位少将级别的日本高级军官向许多军官发表讲话。当他的演讲结束时，在场的每个人都得到了一块炸肉。

即使有最可靠的证据，不少人依然拒绝相信这令人难以接受的事实。为了避免人们认为陆军士官长昌吉·拉姆是在胡说八道，以下是一份缴获的关于食人问题的日本军令，以及日本军官少佐的场接受审讯时的一些内容摘录。审讯中，特别军事法庭向其询问了有关食人行为的问题，该法庭由关岛和马里亚纳群岛的美国海军司令于1946年8月召集。

关于食用美方飞行员血肉的指令

一、这支大队想要食用美国飞行员中尉（低级）霍尔的血肉。

二、金村中尉将负责这些鲜肉的配给。

三、候补军官坂部（医疗队）将参与此次行刑，并负责切除飞行员的肝脏以及胆囊。

大队长：少佐的场

日期：1945年3月9日

时间：上午8时

地点：三日月山司令部。

下达命令的方式：先通知我到场，然后召集金村中尉和候补军官坂部，并下达命令。

完成后汇报地点：旅团长立花少将。

同时通知：师团总部支队，第三○八独立步兵大队，堀江少佐。

当美国特别军事法庭要求少佐的场讲述他所了解的第一起食人案件的情况时，他作出了如下回答：

第一起食人事件发生在1945年2月23日至25日。那天，我到师团部亲自向立花将军报告，有一名美国人将在苏耶吉泰接受处决。当我在那里时，有人为将军端上了清酒，我们之间的话题也转向了驻扎在布干维尔和新几内亚的日本军队，据说那些军队的口粮非常短缺，士兵们不得不以人肉为食。当我还在师团部的时候，二〇七步兵大队部打来电话，邀请立花将军和我共同参加一个由加藤中佐为我们二人专门准备的聚会。我们走到加藤中佐的住处，可到达时却发现他没有足够的"食物"来搭配饮品。将军很不高兴，于是人们开始讨论到哪里去弄些肉和清酒。随后将军向我问起关于处决的事，并问我能不能通过这种方式获取一些肉类。于是我打电话给我自己的司令部，命令他们立即将一些肉和甘蔗朗姆酒送到三〇七营。肉送到了，并且在加藤中佐的房间里进行了烹饪。那些正是人肉。在场的每个人都吃了一些，但没有人喜欢它的味道。

尽管从少佐的场的陈述来看，这项试验并没有取得烹饪学意义上的成功，但它还是被重复了很多次。立花将军决定，以后每处决一名战俘，就要进行一次这样的试验，他也在一次会议上发表了这些观点。他说，供给会减少，弹药会短缺，到最后，士兵们甚至将不得不"用石头作战，以在战斗中牺牲的战友和敌人的血肉为食"。

将军曾不止一次地在会议上强调这一观点。有一次，当所有大队长都在场时，他告诉他们，敌人对该岛的入侵已经临近，这可能是敌军入侵日本之前的最后一场战斗。他接着又说，即使弹尽粮绝，他们仍须继续战斗，以战友和敌人的血肉为食。

无论如何，他告诉他们，敌人不过是一群野兽。立花将军的这句话，不过是对手下们的重复性洗脑。"Kichibu"[1]一词，意为"野蛮的"，在帝国司令部发出的命令中它常常用来形容盟军，同时也经常出现在大多数日本军事领导人的讲话中。铃木和东条就经常在讲话中使用这一词语，但关于他们是否打算像立花将军和他的军官那样，按照字面意思解释这个词语，这一点依然令人怀疑。

但立花并不是唯一一个持有这种观点的人，因为在日本海军中与他任同一职务的大将森也完全认同这一观点。

在从三〇七大队的第一次晚会，也就是那场端上并食用了人肉的晚会回来的路上，大将森与少佐的场就此事进行了讨论，森还向的场问道，当下次再有敌军飞行员在他指挥的三〇八大队接受处决时，他能否好心地带一点人类肝脏过来。毋庸置疑，在上文引用的命令中，正是出于海军大将的请求，学员坂部才接到了要求其在处决后从霍尔中尉的尸体中取出肝脏的指示。尽管事实上，由于坂部的操作经验不足，最后取出肝脏的是一名叫作寺木的医官。

少佐的场在审讯中详尽地叙述了所发生的事：

> 我命令外科医生寺木快点取出肝脏，因为我想把它带到海军大将的司令部去。医生后来告诉我，他把肝脏留在了我的房间里，但由于当时正在进行空袭，我无法将肝脏送往海军总部，于是我让人将其切成薄片，并脱去水分……后来我们所有人都在三〇七大队司令部的一次聚会上吃到了这些肝脏。当我们食用肝脏时，大将森提到，在中日战争期间，人的肉和肝脏被日本军队作为药物食用。用人类肝脏制成的药物被称为正露丸……所有其他军官都认同肝脏是治疗胃病的良药……我总共吃过三次人肉，分别是在我自己的大队司令部、三〇七大队司令部以及海军基地。

1　可能是"鬼畜"二字，怀疑英文拼错了，应为kichiku。——译者注

在新几内亚和所罗门群岛，日本军队也曾以人肉为食。由于这些案件所发生的地区曾经存在一些有食人传统的土著部落，因此，对这些岛屿上的暴行进行调查时，澳大利亚法官韦伯非常仔细地筛选了证词。证词来自几个长期接触当地土著，对他们的行为习惯和倾向很有了解的人，其中包括几名任职多年的地方官员。听取证词后，韦伯法官得出结论：日本人从拉包尔带来了一些土著，如果有此类需求和机会出现，他们有可能会做出食人行为，但也有其他证据表明，这些土著与发现尸体的战斗地区相距甚远，在这些尸体旁边还散落着从尸体上切下的薄片。

在向联邦政府提交的报告中，韦伯法官对证词的总结如下：

> 然而，所有仍存的与日军罪行相关的疑问都已被消除：（1）至少三名战俘承认，日本士兵以其队友以及死去的澳大利亚和美国士兵为食。（2）根据其他真实的敌方消息来源，早在1942年10月，在日军撤退期间，一些日本士兵就已经开始以澳大利亚士兵为食……一名日本犯人承认，1943年1月10日，他在布纳第一次吃了人肉，并且觉得味道还算不错……根据包括一名澳大利亚少将、一名美国陆军准将以及其他几名对此负有责任的军官在内的众多证人的证词，我发现日本武装部队的队员们肢解了澳大利亚、美国和日本士兵的尸体，并且在多数情况下将其吃掉了。不仅有人看到日本士兵肢解了其队友的尸体并把肉放进锅里，连士兵们自己都承认他们正在食用彼此的血肉。然而，值得注意的是，大多数日本士兵在没有食物的情况下，都宁愿饿死而非吃人。

吃同伴的做法并没有得到官方的批准，因为1944年12月10日，第十八军司令部下达命令，大意是允许士兵以盟军死者为食，但禁止他们食用己方士兵的尸体。此外，在一名日本少将身上发现的一份"纪律"备忘录中写着这样一段话："……尽管刑法中对此并未作出规定，但那些明知其为人肉（敌人的肉除外）却依然以其为食的人，将被视为危害人类的极恶罪犯，并被判处死刑。"

然而，食用敌人的血肉并不会被视为一种犯罪。事实上，在军官食堂里，敌人的血肉有时会被制成一道节日佳肴。正如前文中所描述的那样，甚至连大将和将军们也会参与这些庆祝活动。被杀害的俘虏的血肉或者是用这些肉熬成的汤，将会端上其余各级士兵的餐桌。

现有证据清楚地表明，在有其他食物可供食用的时候，食人行为就经常发生。也就是说，日军的这种食人行径并非一种必要措施，而是一种主动的选择。

第十三章

日 占 区 平 民 遭 受 的 暴 行

1942年至1945年间，在日本武装部队占领区内，成千上万的无辜平民在一系列大规模屠杀中惨遭杀害，且手段大都极其残忍，本章节将会对其中一些屠杀作出描述。

其中最早的一次屠杀事件发生在婆罗洲的巴厘巴板，时间为1942年1月20日，也就是珍珠港遇袭6周后不久。当日，日军将两名荷兰军官战俘送到巴厘巴板，以向荷兰指挥官发出最后通牒，要求其在保证巴厘巴板地区完好无损的情况下举手投降。在一名日本少将和其他5名日本军官的见证下，日方向两名军官战俘宣读了最后通牒，再由两名军官战俘将其传递给巴厘巴板的驻军司令。荷兰指挥官收到通牒后回复道，他已经接到关于实施破坏行动的上级命令。对此，他别无选择，只能服从。

因此，在日本人到达之际，油田到处燃烧着大火。恼羞成怒的日本人紧接着屠杀了巴厘巴板的所有白人，他们将白人们赶进海里，然后开枪将其射杀。在此之前，他们还用刀砍去了一些白人的全部手脚，最终致其死亡。

然而，这场屠杀并不是日军看到珍贵的油田被大火烧毁时出于愤怒和懊恼而产生的一种自发行动，而是日军对于一份日本外务省最高机密备忘录草案的严格执行。该草案于1940年10月4日发布，主题为"日本对南方地区的政策方针"。

关于荷属东印度群岛，这份备忘录规定："一旦有任何重要的自然资源遭到破坏，所有与原材料相关的个人以及政府官员，都将作为责任人受到严惩。"

当务之急，日方需要完好无损地占领荷属东印度群岛的油田。石油供应是南下行动的决定性因素，日本政府担心一旦战争爆发，油田将被付之一炬。1941年3月，外务大臣松冈向冯·里宾特洛甫表达了这份担忧。他还说道，他将竭尽所能避免破坏荷属东印度群岛，因为他担心一旦日本袭击该地，油田将会被大火吞噬。而被火烧毁的油田只能等到一两年后才能重新投入生产。

由于日本人在战争结束时销毁了所有"有害文件",所以备忘录的终稿至今未被发现。据外务省前高级官员山森说,该备忘录草案的大部分内容实际上出自一名初级秘书之手。然而,当被问及草案为何出自秘书之手时,山森冷笑着说:"这些秘书都是非常优秀的学生。"

我们十分肯定日军按照计划实施了这次暴行,因为当爪哇炽布油田遭到破坏时,布洛拉地区也发生了类似的屠杀男子事件。在这起事件中,只有男性惨遭屠杀。女性虽免于一死,但也在日本指挥官在场的情况下遭到了多次强奸,无一幸免。1941年12月至1942年4月间,此类屠杀发生在日本占领下的至少26个不同地区以及许多不同的国家,例如中国香港、马来亚、婆罗洲、苏门答腊岛、爪哇、摩鹿加群岛、新几内亚、新不列颠和菲律宾等。

1942年2月15日,新加坡投降后不久,山下将军部下的先遣部队就抵达了该岛,并成为了岛上的占领军队。

该岛的不同区域被分配给山下将军手下的不同编队。西村中将[1]指挥的皇家近卫师团负责驻守并管理岛屿东半部区域。新加坡城本身及其周围地区则由河村[2]少将指挥的一支部队占领,其中包括第二野战宪兵队、两个步兵大队以及5个独立的警卫中队。岛屿北部和西部则分别由松井中将和牟田口中将管辖。

占领该岛后,山下将军向他的四名指挥官西村、松井、牟田口和河村下达了一项通令,大意是要求所有在新加坡的中国居民全部聚集到集中区域并接受审查。那些不良分子,如带有反日情绪的居民以及政府官员等,将被日军带走并处死。

该命令规定,审查工作应于2月23日之前完成,但人们发现这根本不可能实现,直到3月3日,这项行动才彻底结束。

1　1947年3月,英国军事法庭对西村中将、河村少将及其他5名日本军官进行了审判,指控他们于1942年2月18日至3月3日间在新加坡参与屠杀了数千名中国平民。7名军官被定罪,河村少将和另外一人被判处绞刑,其余众人被判处无期徒刑。

2　或川村,音译。——译者注

受害者的选择，以及杀戮的时间、地点和方式，均交由4位将军任命的地区指挥官们自行决定。为了协助他们执行这一命令，一些北条宪兵被调配给他们执行警卫任务。屠杀行动次数众多，且全部在宪兵队的监督下进行。在宪兵队军官的命令下，由北条宪兵负责执行实际的射杀行动。

这些可怕的屠杀，长期以来统称为"华人大屠杀"，它们发生在全岛各处，并不局限于宪兵队占领的地区。失去生命的无辜平民总数不详，但根据日方的数据，受害者不少于5000人。[1]

第一轮屠杀始于2月16日。当日，日军开展了对丹戎巴葛警察局的攻占行动，最终宪兵队的一支分队以及一支被派去执行警卫任务的百人附属部队占领了该地。指挥官久松中尉在警察局设立指挥所，并将其辖区内的所有中国平民聚集在3个集中地点：中峇鲁、兵营与尼尔路的交界处，以及港务局的苦力行。

久松亲自监督执行那些被判定为"不良分子"的审讯及关押。此前，他曾就肃清所有反日分子的必要性问题向刚刚投降的新加坡警察局"D"部门的警务人员发表了一番训话。

审讯过后，每天都有大批华人被赶到丹戎巴葛码头斩首。随后，许多具无头尸体在游艇俱乐部的海滩上出现。在审查期间，人们每天都能看到从新加坡港驶来的汽艇，上面挤满了华人平民。当汽艇到达距离布拉坎马蒂岛大约一英里的地方时，日本卫兵就将华人推进海里并将其射杀。随后，至少有150具尸体冲上该岛的海岸，其中一些人身上还戴着臂章，臂章显示他们是新加坡港务局雇用的码头工人。

对"华人大屠杀"进行审判时，马来亚警察部队的两名巡视（查）官亚瑟·约翰和托马斯·艾萨克讲述了这场暴行的详细情况。大屠杀发生时，他们正驻扎在丹戎巴葛警察局。

巡视（查）官约翰接到命令，大意是所有居住在该地区的华人都要被集中到特定地点。命令还指出，在新加坡华人逮捕行动中具有突出

1　这一数字出自杉田大佐在"华人大屠杀"审判中提供的证言。

表现的成员将得到奖赏。

2月17日至24日，超过700名华人男子在集中点接受审查后，被带到警察局关押起来。之后，他们被卡车分批运走，一次大约30人，巡视（查）官约翰并不清楚他们被运向何处。但几天后，在丹戎巴葛码头附近，约翰看到了几具无头尸体。他们均为华人，双手被绑在背后，且从伤口来看，似乎被人用刀砍下了头颅。

所谓的审查只是名义上的。除了被问及姓名以及不时有人被问及地址之外，这些人再也没有被问起过任何其他的问题。有些人被处死仅仅是因为警方知道他们有过犯罪记录，还有很多人被处死是因为他们身上带有文身。日本人假装这些文身代表着其主人是某个秘密团体的成员，但众所周知，中国人的文身习惯纯粹是为了装饰，他们身上的文身不具备任何政治意义。

2月23日，另一场大屠杀发生在琥珀路附近的海滩上，大约有50名无辜的华人平民卷入其中。住在离那片海滩很近的一所房子里的李秀高是这场屠杀的目击者之一。

2月23日下午，他看到3辆载着华人平民和日本卫兵的卡车经过他的家。当他们在附近停下并跳下卡车时，他注意到那些华人的手被绑在背后。随后，日本卫兵将他们三人一组捆绑在一起，押着他们走上一条小路，穿过华人游泳俱乐部，最后踏上海滩。李秀高小心翼翼地跟在他们身后，他看到那些华人面朝大海，跪在海滩上，日本卫兵在他们身后各就各位。一名日本士官挥动了一面红旗，在此信号下，那些华人受害者全部因步枪射击或刀剑砍刺而死。

另一场大屠杀发生在东海岸公路上的第7个里程碑附近，时间同样为2月23日。在此之前，芽笼区的所有华人居民曾于2月18日至20日遭到围捕，并被带往直落古楼英文学院。对这些人进行了集中审查之后，大屠杀开始了。

对"华人大屠杀"系列事件的审判中，邱阿岭提供了一份详细的目击者证词。这名证人奉命于2月20日进入该学院。据其所说，那里至少还有3000名华人，年龄从16—50岁不等。

审讯开始时，日军要求所有拥有5万美元及以上财产的人举手示意。那些举手的人被带到一侧，并被分到一块相邻的区域。紧接着，以下几类人也被与其他居民分隔开来，他们分别是学校教师、海南人以及那些在马来亚待了不到5年的人。所有这些类别的人都被带进了学校，并监禁在那里。邱阿岭不知道学校里关押的确切华人总数，但有不少于200名华人和他关押在一个房间。

第二天，学校里关押的所有华人都被成双成对地带上卡车，并被运送至实乞纳路的第7个半里程碑处。日军命令受害者们跳下卡车，并将他们捆绑在一起，形成了一条由约四五十人组成的长链。他们被从公路拖上一个斜坡，朝一座不会被人听到枪声的小山走去。此时，他们仍然被绑在一起。那些不愿前进的人被日军用刺刀驱赶着。

当他到达山顶时，邱阿岭设法解开绳索，逃入丛林。枪声响起，但没有人追赶他，跑了几英里后，他终于到达了樟宜路附近的朋友家里。此后，在他自己的交际圈里，那些他认识的华人再也没有出现。

东海岸公路附近那场大屠杀的受害者被埋葬在他们倒下的地方。大屠杀发生的当日早晨，一名叫作安阿梅的华人女子被日军要求在这座小山附近挖掘壕沟。当这些华人全部被杀后，日本人放火烧毁了这个地区的每一栋房屋，其中也包括了安夫人的房子，但当她几天后回到这里时，这里依然留存着明显的屠杀痕迹。地上散落着大米、眼镜、鞋子、零碎的衣服以及私人文件。壕沟已被填平，几天后，当狗开始四处抓挠的时候，人们发现了更进一步的屠杀证据。

2月18日至20日间，居住在惹兰勿刹区的所有华人平民都被赶出家园，聚集在维多利亚学校的操场上。隶属于宪兵队的士兵们照常对这些人进行了名义上的审查，并从中挑选出了大约800名"不良分子"。

在接下来的三四天里，这些不幸的人被分批带走并遭到屠杀。该系列的第一起屠杀发生在距离马塔伊坎村一英里远的地方，大约有120人因此丧生。第二起屠杀发生在塔纳马什附近的樟宜海滩，最终导致

600人失去生命。

黄秉银是被日军带到维多利亚学校接受检阅的居民之一，由于他说自己是政府部门的一名雇员，所以他也和许多人一样遭到了拘留。他们登上卡车，从学校来到了比樟宜监狱还远半英里的地方，在那里他们被要求下车，并走上了一条通往海边的小路。他在证言中对他们一群人离开卡车后所发生的事情描述如下：

> 我们跳下卡车后，日本人把我们绑成5组，然后将我们押送至海边。当我们到达时，我注意到一些尸体正躺在那里。他们全部都是华人。我一下水，绑着我的绳子就变松了，我们被驱赶着走到离岸边约200码的地方。日本卫兵仍在岸上。当我们走到200码开外时，日本人开始用机关枪和步枪向我们射击。我设法挣脱了绳索，向马塔伊坎的方向游去，在那里，我涉水上岸，在一个棚户区里住了一晚。据我所知，我们组只有另外一人成功逃脱，而且他还受了枪伤。

另一名幸存下来的受害者讲述了更为糟糕的经历。蔡春冠被一个由大约11辆卡车组成的车队运送至同一片海滩，每辆卡车上都载有35—40名华人。当他们到达那里时，他们被分组绑在一起，每组11人。然后，他们被带到岸边，紧接着日本人用机关枪射向他们。就其所见，与他同组的人全部被日军杀死。关于这场经历，他如此描述道：

> 他们全部遭到了机枪的扫射，我猜他们已经死了，因为我再也没有见过他们。我站在第五排接受扫射。他们击中了我，但我没死。我摔倒了，其他被枪杀的人倒在了我的身上。我几乎处于不省人事的状态，随后我的头部受到了一记重击，这使我完全失去了意识。等我恢复知觉时，天已经黑了。我之所以醒过来，是因为潮水涨了一点，拍打着我的脸。我仍

然被捆绑着，但我在海滩附近发现了一块锋利的岩石，我用它磨断了绳子。然后我爬起来，逃离了那里。[1]

下一个被"扫荡"的区域是福康宁地区。在乌德路建立起指挥部后，地区指挥官细野大尉于2月19日派出了他部下的宪兵队以及附属部队，将新加坡该地区内的所有华人居民聚集到一起。

48小时之内，就有数千人被聚集在河谷路和乌德路的交汇处，开始了为期3天的审查。

最终，有三四百名"不良分子"被挑选出来接受"处置"。这些人被移交给了北条宪兵连的中队长。该连队连续3天分批带走了他们，并在樟宜海滩上将他们射杀。

2月28日，在西村的指挥下，日军对所有居住在皇家近卫队管辖区域的华人进行围捕。

大约有1000人聚集在奥勒旅馆附近，他们全都挤在一个网球场里。在那里，他们被问及是否带有文身，以及从事何种职业。像往常一样，这些问题的提出似乎只是为了给人留下一种正在进行某种审查的印象，因为这些问题的答案根本无关紧要，审查的过程也相当随意。最终，大约300名华人遭到关押，其余众人则被就地解散。

这300人中有一个人这样描述他们的命运：

> 我的弟弟被释放了，但我和我的另两个兄弟被关了起来。之后我们被一辆卡车带到约9英里外的一个地方，在那里我们脱光衣服，接受了文身检查。之后，我们又登上了一辆卡车，这次的目的地是榜鹅路上的第11个路标处。当我们到达那里时，我们看到了11辆满载着更多华人的卡车，以及守在旁边

1　1940年5月26日，党卫军第二骷髅师在帕拉迪斯屠杀了一百名诺福克团的士兵。屠杀过后，二等兵普利和奥克拉翰以某种类似的方式成功逃离了现场。参见《卍字旗下的灾祸》，第二章。

的大约100名日本士兵……被迫在海边一间平房的花园里跪了20分钟之后，我们18个人，包括我自己在内，被日本卫兵押着穿过马路，走进了橡胶园附近的一片田地。日本护卫队的领队在沙滩上写道：他是我们的救星……我们以为他是在给我们一个逃跑的机会，于是我们飞快地跑上一座小山，进入了种植园中。途中有人开枪射向了我们，但我们中有两人安全地逃了出去。

但其他人就没这么幸运了。据悉，有近300人在榜鹅路尽头的海边遭到枪杀。3天后，在对屠杀现场的一次视察中，人们发现有许多具尸体散落在前滩，还有许多具尸体漂浮在海里。公共卫生部的一个工作小组掩埋了100具华人尸体。

新加坡岛上最后一次重要的华人大屠杀发生在3月1日。在2月结束前的几天，马塔伊坎区的华人咖啡屋张贴了几张告示，要求所有当地居民聚集在樟宜路第8个半里程碑处进行登记。

3月1日，日军按照惯例结束挑选之后，大约有300名华人居民被卡车运送至桑巴伊卡特村，该村庄位于樟宜路第10里程碑处附近。

当时住在桑巴伊卡特村的一名华人目击了这300人遭遇屠杀的过程。在为审判西村提供证言时，这名目击者对这场屠杀描述如下：

下午早些时候，我看到两辆车经过我的家，一辆车上挂着一面红旗，另一辆车上则挂着一面蓝旗。一些日本士兵从车里走出来，检查了一下我家房后一条巷子尽头的防空洞，然后就离开了。

两小时后，六七辆载满华人平民的卡车在日本哨兵的看守下，从同一方向驶过房子，最后在防空洞前停了下来。华人们被迫下车，跪在防空洞前。我看到了这一切，因为我正躲在一棵芒果树后面，并且没有人注意到我。然后他们遭到了机枪的扫射。我看到他们被击中时倒了下去，我听到那些没有当场死亡的人的呻吟。不一会儿，卡车空着回到了它们来时的地方。

几天后，我又去了那里一趟，当时那些尸体已经被一层薄土遮盖了起来。然而，尸体并没有被土壤完全掩埋，并且已经散发出难闻的腐烂气味，于是我们一群农民重新埋葬了这些尸体。

因此，到了3月2日，山下将军的命令已被彻底贯彻执行。自此以后，日本人一直试图以保障安全为由为这些屠杀辩护。这样的借口无法被世人接受，真正的理由昭然若揭。

1941年12月8日，当日军开始入侵马来亚时，华人居民一致决定与英军协同作战。重庆当局告诉英国大使，"如果英国政府需要"，中国政府愿意指示海外华人"与英军合作开展反日运动"。自九一八事变以来，日本与中国一直处于交战状态，尽管他们始终拒绝将其称为战争，但中国和日本已经成为死敌。

新加坡岛上的华人大屠杀，显然是日军因马来亚华人支持英军而进行的一种报复行动。

在日本军队占领了这片土地并且结束了这里的所有战争之后，他们将屠杀作为一种恐吓平民并使其接受日本统治的普遍手段。这类屠杀至少发生在29个不同的地方。

在日本占领期间，其他许多平民，其中大部分是被征用的劳工，因出于疾病或饥饿等原因不适合为"大东亚共荣圈"工作而遭到屠杀。他们已不再是一项资产，而是一种负债。此类屠杀在不少于15个地方发生，在缅甸—泰国铁路工地沿线的劳动营中，这种屠杀相当常见。

其余大屠杀的发生则是为了阻止普遍存在的违反日军规定的行为。例如，在海南岛的劳动营，屠杀旨在防止走私；在法属印度支那的西贡，屠杀旨在阻止无线电的违禁使用；在安汶岛，平民们则因为给予战俘食物而遭到杀害。

1945年8月，在满洲里，大批苏联公民遭到谋杀。这场行动由关东军司令官下令进行。受害者没有被指控犯有任何罪行，关于这场谋杀，日方给出的理由是，这些人可能会从事间谍活动或者蓄意破坏日本占领军的行动。

当日军预料到自己即将撤退或者盟军即将发起进攻或入侵时，他们就开始屠杀平民，以此来阻止他们获得解放，许多平民就这样失去了生命。

当马尼拉市显然要获得解放时，这种性质的大屠杀在整个城市中上演，同时还伴有大规模的强奸和纵火事件。如同1938年在南京的野蛮行为[1]一样，马尼拉大屠杀也并非日军野性的自然爆发。有无可争辩的证据表明，这场行动早有预谋，被缴获的书面指令也已经完全证实了这一观点。

以下内容摘自一份题为"马尼拉海军防卫部队和西南方面舰队行动令"的文件，时间为1944年12月23日至1945年2月14日。

4. 当敌人入侵时，在爆破和放火的时候注意不要出错。

6. 杀死菲律宾人时，应尽量将他们集中在一个地方，从而节省弹药以及人工。尸体的处理会是件麻烦事，所以你们要么将尸体收集在预定的房子里进行焚烧，要么将其扔进河里。

被缴获的日军特务曹长山口的日记摘录再次证明这些暴行是根据命令实施的：

我们接到命令，要求杀死所有发现的男性。从现在开始，

1　1937年12月13日，南京沦陷。残暴的日军在南京及附近地区进行了长达6周的大屠杀。

肃清土匪[1]将成为一道亮丽的风景线……我们的目标是杀死或重伤所有的男性并收集情报。企图逃跑的女性也将被杀死。总而言之,我们的宗旨是斩草除根。

当美军逼近马尼拉时,持续不断地轰炸和炮击也随之而来。火灾发生后,水和食物变得极其难得,全城有无数难民在寻求安全的庇护之所。

2月9日下午,日本巡逻队搜查了艾米塔区,将所有人赶出了他们的家和营业场所,并把他们带到弗格森广场。他们中大多数人出于自愿和信任前往广场,因为日本人告诉他们,这次转移只是为了让他们变得更加安全。

到下午5点前,广场上已经聚集了大约2000名来自不同民族的男女老少。一名似乎主管着这支队伍的日本军官下令,将男子、青年以及年纪稍大一点的男孩与女性和儿童分开。前者被带到马尼拉酒店,后者则被带到湾景酒店。除此之外,还有一小群女孩,大约20人,被带到附近一家名为"咖啡壶"的餐厅,同时它也是一个日本军官俱乐部。在那里,她们得到了食物和饮品。之后,她们又被带到了湾景酒店的一个较高楼层。起初,这些不幸的女人对于她们被带到湾景酒店的原因仍然心存猜疑。但当夜晚来临时,她们的疑惑很快得到了解答。军官和其他士兵三三两两地来到这些女性所在的房间,挑选他们想要的人,然后将她们带到其他房间实施强暴。[2]

在被占领前的最后几天里,在那段可怕的岁月中,无情的屠杀遍及整个马尼拉城。

1942年1月至1945年2月间,数以百计的平民被带到圣地亚哥堡,并被关押在那里接受审问。在整个这段时期里,日本人对那里的所有

1　从他使用"土匪"这个词来形容敌人这一点来看,山口特务曹长似乎曾在中国境内的日本军队服役。参见本书第二章。

2　美国陆军法务总署的一份报告中详细描述了这场持续了4天的狂欢,与之相关的证据也呈上了东京军事法庭。

俘虏实施了最骇人听闻的残酷虐待。

1945年2月，就在马尼拉沦陷之前，牢房里挤满了所有住在城内的平民。许多房门被刻意堵住，汽油被洒得到处都是，建筑物被纵火焚烧，数百人被大火烧死。还有其他民众遭到了处决。当圣地亚哥堡被占领时，美国军队发现了数百具尸体。

这些平民中有许多人成功地从燃烧的建筑物中逃了出来，但当他们跑出火海或试图从河里游泳逃跑时，却遭到了日本卫兵的射击。

然而，也有一些人幸存下来并讲述了这个故事，这段描述正是出自他们之口。

在马尼拉的德国俱乐部发生了另一起暴行。1945年2月的最初几天里，大批平民在俱乐部大楼下躲避炮火和空袭。当他们躲在那里时，日本士兵先用易燃物做成的路障包围了这栋大楼，然后又把汽油倒在易燃物上并随即点燃。躲在建筑物下面的平民跑出来并试图爬上路障，但大多数人都受到了埋伏在那里的日本士兵的射击或者劈刺。一些女性被日本人抓住并遭到强奸。之后，这些日军还将汽油倒在她们的头发上并点燃。连妇女怀中抱着的婴儿也被日军用刺刀刺死。

另一场大屠杀发生在圣保罗学院，当时的具体情况如下。大约250名平民被集中安置在学院的一幢建筑物里，之后日军关闭并封堵了这里的所有门窗。尽管如此拥挤，但还是有人注意到天花板上挂着3盏枝形吊灯，它们被遮光纸包裹着，绳子或电线从包装纸里穿过窗户，一直延伸到房子外面。

大约一小时后，日本人带来了一些饼干和糖果，并将其放在房间中央的一张桌子上。日军告诉屋里的人，这里很安全，可以拿些东西吃。

日本人离开几分钟后，当屋里的人正在吃东西时，出现了3声爆炸的巨响。被包裹住的枝形吊灯内装有炸药。男人、女人和孩子都被炸倒在地上，许多人受伤，恐慌也随之而来。

爆炸炸飞了窗户，还把墙炸出了一个大洞，所有能够移动的人都试图通过这些出口逃跑。但当他们这么做时，就会被步枪和机枪射倒。

在马尼拉总部的菲律宾红十字会是另一起暴行发生的现场，它位于伊萨克·佩拉尔街和卢纳将军街交汇处的一幢大楼内，上面清楚地标有红十字会的标志。一天傍晚6点左右，日军到达此处。楼内有70多名平民，其中包括7名病人和5名长期工作者。剩下的60余人均为当地居民，他们在红十字会避难，他们相信日内瓦的会徽能够保护他们。

安达娅小姐是一名训练有素的护士，她正和其他几个人一起在大楼后面准备晚餐时，听到后门附近传来枪声。就在这时，一个身份不明的女人尖叫着跑进大楼，怀中还抱着一个中枪的孩子。4名日本海军陆战队员和一名日本军官紧随其后进入楼内，军官随即开始用手枪射向大楼里的儿童。安达娅护士命令所有人平躺在地板上，所有人都照做了，但有一个孩子除外，他被吓坏了，尖叫着在房间里乱跑，然而没过多久，他就被三颗子弹命中头部，随即倒地身亡。当枪声暂停时，安达娅小姐通过红十字会的翻译告诉这名军官，她是一名红十字会护士，而军官和他的手下则出现在红十字会的大楼里，这是要做什么。她收到的唯一回答是胸口处射入的一枚子弹。她倒在地上，但在她失去知觉之前，她看到其他士兵进入病房，对那些躺在病床上的病人伸出了枪和刺刀。

在隔壁，经理法罗兰先生正在和一位准备手术的医生谈话。当海军陆战队员们进入他的房间时，他滑到了桌下，并躲在了他所坐的那把椅子的后面，因此没有被日本士兵发现。一名年轻的女性志愿工作者试图保护医生，她向日军说道："他是我们的医生，请你们放过他吧。"然而，她的话根本无济于事，医生倒地而死，子弹穿透了他的心脏。开枪打死医生的那名日本士兵绕着病房走了一圈，用刺刀刺死了病房里的每一个人，这些人有的躺在床上，有的躲在床下。遇难者中包括一位老奶奶、她的女儿和她刚出生10天的外孙女。两天后，婴儿的父亲发现了她们的尸体，其妻子的尸体显示，她的面部和腹部被刺刀刺伤，并且胸部中弹，而婴儿的尸体状况和位置表明，虽然她只被刺刀刺伤了右臂，但最终在其母亲的尸体的压迫下窒息而亡。

当日本人到达时，一名也在红十字会总部避难的女性电影演员正待在一楼的走廊里。她试图躲在一个药柜后面，但被他们当场抓住，她被子弹打穿了肘部，继而摔倒在地，此时她怀里还抱着她的孩子。她躺在地上一动不动，假装自己已经身亡，但即使这样，那名向其开枪的海军陆战队员还是用刺刀刺了她9下，以确定她是真的死了。

屠杀持续了将近半个小时，之后日本人就离开了这栋大楼。在他们走后，法罗兰先生在大楼里进行了一次仔细的检查并发现了许多具尸体。两天后，这栋楼宇被大火烧毁，人们发现有许多灰烬、骨头和尸体堆积在走廊或者厕所里的角落。多数情况下，只有那些被幸存者知晓藏身于此的人的尸体才能被识别出来。该协会所有的记录以及档案都在大火中化为灰烬，因此受害者的确切人数已经无从得知。对于这一数字，已经出现过的估算从30—80人不等，但其中最可靠的无疑是法罗兰先生给出的不少于50人的推断。

马尼拉的任何地方都没能幸免于难，甚至连教堂也被日军闯入。他们把年轻的女孩拖到教堂外面，在西门廊强奸了她们，随后他们放火烧毁了教堂。[1]

被缴获的日本士兵的日记中所涉及的1944年12月至1945年3月间的部分，证实了所有其他证据的真实性。

> 我记不清具体日期了，但我们从利帕宪兵支队得到消息，大约30名游击队员用手榴弹和其他炸药袭击了利帕空军基地，其中11人被俘。宪兵队要求我们"处理"这些俘虏。夜里，我们在墓地附近的椰林里到处挖坑，并用刺刀将这些俘虏刺死。他们已经断气了，因为自被俘以来，他们3天都没有吃到任何食物。他们被反绑双手，并被迫微低着头站在坑前。他们似乎已经下定决心受死，因为他们始终一言不发。他们的头发

1　在审判山下将军时，目击者罗莎·卡拉隆在证词中提到了这一情节。

非常浓密。我被激怒了。后来，我们队的人一个接一个地刺死了他们。第一名俘虏被铃木所杀。紧接着就轮到了我。就在我刺向他的那一刻，这名受害者大喊一声"啊"，然后掉进了他身后的坑里。他很痛苦，而我却对此无动于衷，可能是因为我太兴奋了吧。用刺刀刺死他们之后，我们用泥土掩埋了尸体，并在上面铺上了椰树叶。

夜间22时，我们唱着进行曲回到了部队。

下面是另一名日本士兵的日记节选：

1945年2月7日，今晚处理了150名游击队员。我刺死了其中10人。

1945年2月9日，今晚烧死了1000名游击队员。

1945年2月13日，敌方坦克潜伏在万岁桥附近。我们的进攻准备工作已经完成。此刻我正在游击队俘虏拘留营站岗。游击队员们在我值勤时试图逃跑。他们都被抓了回来，并被我们用刺刀刺死。之后，在下午16时，游击队员们全部被大火烧死。[1]

以下内容摘录自1945年4月伊地知部队指挥官的作战报告：

4. 消耗了28发子弹(用于杀死当地人)。

5. 今日12时，22个当地人从我们部队阵地附近经过。此时，由列兵林领导的一支小队刚刚执行完一次自杀式袭击任务并返回营地，该小队的剩余人员采用刀刺或者枪击这两种方式将这群当地人全部杀死。

1　参见本书附录1。

由藤田部队的一名成员所记录的另一本日记中，出现了以下内容：

2月13日，出于安全原因，我军杀死了该镇的所有居民，并没收了他们的全部财产。

2月17日，因为90%的菲律宾人都不是亲日派，所以陆军总部在10日下达了惩罚他们的命令。在不同区域，我们杀死了数千人（其中包括年轻人、老人、男人和女人以及中国人），还烧毁了他们的房屋，并没收了他们的贵重物品。

在被缴获的其他日记中发现的两条记录表明，至少有一些日本军队成员并不赞成这种野蛮行径。第一条记录来自一名宪兵的日记：

7月10日，日军把所有的男人和男孩都聚集在教堂里，就游击行动对其进行讯问。士兵们强迫他们饮水，并用力扇他们的耳光。他们实在太可怜了，简直令我不忍直视。然后，他们又被士兵们用枪击毙，或者被竹制长矛刺死。日军确实做了一些极端的事情。

第二条记录摘自一名日本士兵的日记，他于1945年2月参与围捕了菲律宾游击队以及手无寸铁的平民：

1945年2月，每一天都在猎杀游击队员以及当地百姓中度过。我已经杀了100多人了。我离开祖国时的那种纯真早已不复存在。现在我是一个麻木不仁的罪人，我的刀上总是沾染着鲜血。

虽然这样做是为了我的国家，但这简直是太残忍了。愿上帝宽恕我。愿我的母亲原谅我。

在占领菲律宾的整个期间，日本军队对平民百姓犯下了最可怕的暴行：大屠杀、残酷折磨以及大规模强奸。

早在1942年8月，拉瑙省一个街区的大多数居民就遭到了杀害，该区所有的房屋都被烧成灰烬。一天清晨，刚过黎明，大约100名日本士兵在4名军官的指挥下，从丹萨兰城的卫戍部队来到这里。逃脱的少数村民之一对所发生的事情进行了如下描述：

> 我们的所属辖区内有2500人，每个人都被打了个措手不及。当日本人到达后，他们立即开始刺杀所有居民，其中有许多居民正在湖中捕鱼。然后他们放火烧了房子。在随后的骚乱中，有4名日本士兵被杀。之后士兵们带着我和另外3个人从村庄中撤了出来。

一年后，24个男人和3个女人像牛一样被绑在一起，在怡朗省被日军斩首。日本军队突袭了该村庄，并抓捕了一些居民进行审问。审讯结束时，上文提到的27人都被反绑住双手。后来，他们被一根更粗更长的绳子拴在一起，像牛一样被拖到25码外的灌木丛中，在那里被砍下了头颅。在围捕行动中，一名只有3个月大的婴儿被一些士兵抛到空中，并被刺刀刺穿。一位名叫何塞·图帕赛的村民目睹了这一切，后来他就此事发表了一番陈述。[1]

一个月后，在同一省份，一名居民在日军突袭阿朱夫时，被一名日本士兵钉死在十字架上。

在许多村民遭遇刺杀和枪击之后，一名目击者描述道：

> ……就在同一天，我看到还有其他菲律宾平民遭到了同一群日本士兵杀害，他们是38岁的奥雷利奥·阿尔塔乔和40

1　这一事件让人想起曾任亚诺夫灭绝营指挥官队长的威尔豪斯，他曾经利用年幼的孩子进行飞靶练习。参见《卐字旗下的灾祸》第四章。

岁的卢卡斯·多克托莱罗。前者被刀砍在脖子上，然后被扔进了一栋房子，后来这栋房子也被日军付之一炬。后者被日军用3根6英寸长的钉子钉在了十字架上，两根钉子分别刺穿了他的两个手腕，另一根钉子则刺穿了他的头骨。[1]发生这一切时，我正站在只有两米远的地方。

1943年10月19日，在当时处于日本占领下的北婆罗洲首府，即港口城市杰西顿爆发了一场起义。大约有40名日本人在起义中被杀。作为报复，日军派出飞机对首都以北的所有村庄进行了轰炸和机枪扫射，将古打毛律的每一幢建筑都夷为平地，并在斗亚兰、孟加达、伊纳南和周边地区造成了巨大破坏，导致大量人员伤亡。

此举虽然镇压了起义，却并没有让决定进行可怕报复的日本人感到满意。[2]大量宪兵从古晋前往杰西顿，在接下来的几个月里，这支小分队在平民中制造了恐怖统治，他们逮捕了数百名涉嫌起义的男性和女性，并对其施以酷刑，以获取游击队的情报。

逼供之后便是大规模的立即处决。有一次，日军自己承认，有189名嫌疑人未经审判就遭到了处决。除此之外，还有几百人因酷刑、疾病或饥饿而死在狱中。

这次起义主要由中国人发起，但日本人以此为借口，决心消灭整个苏禄民族。这些苏禄人居住在北婆罗洲西海岸的一些岛屿上，他们与这场叛乱的确没有什么关系，从现有的证据来看，似乎只有几个苏禄人在第一天晚上参与了叛乱。

1944年2月，一支日本军队被派到苏禄族群岛之一的曼塔那尼岛上，其主要目标似乎是搜寻一支华人游击队。日军认为这支游击队藏在岛上，并怀疑该队伍在这场叛乱中发挥了重要作用。

然而，当这支军队抵达曼塔那尼岛后不久，一个因涉嫌起义而被

1　德军在法国也有过类似的举动。参见《卐字旗下的灾祸》，第四章。

2　参见本书附录1。

宪兵队逮捕的中国人——卢莱医生，在反复的严刑逼供下垮了下来，说出了一些参加抗日运动之人的名字，其中包含了一些苏禄族领导人的名字。

正是由于这一情报，日军才在之后对苏禄族人采取了报复行动。此后，一名英国军官迪克森上尉被指派对此事进行调查。在一份报告中，他提供了关于这场报复行动的详细信息。

当曼塔那尼岛上的日军指挥官找不到华人游击队员时，他逮捕了58名苏禄族男子，并将他们带回杰西顿。在接下来的几个星期里，这些苏禄族人纷纷在宪兵队总部或杰西顿监狱因酷刑或饥饿而死，无一人幸存。

这支日本军队带着被捕的苏禄族人离开曼塔那尼岛的两天之后，又再次返回。有包括中国人、马来人、苏禄人和日本人在内的8名目击证人证实，在这次回访中日军犯下了两起暴行。第一，在一支日本搜索队与一群苏禄族人相遇之后，这群苏禄族男女遭到了日军的机枪扫射，其中的伤员也全部惨遭杀害；第二，在第一起事件发生后，立即有25名女性和4名儿童遭到屠杀。

所有这些目击者都已证实，苏禄族人没有枪炮，他们全靠长矛和帕兰刀进行抵抗，而且这种抵抗只是为了回应日本人的射击，或者是为了保护他们的女人和孩子。

日本人随后烧毁了这个村庄并摧毁了这些岛民的船只，如此一来他们便同时剥夺了这些苏禄族人的家园以及生计。

负责指挥这支队伍的清水中尉发表了一份声明，承认是他下令杀害了这些女性。[1]他在声明中说道，其小队的所有成员都尽可能多地将苏禄族女性和儿童聚集在小队总部所在的清真寺附近。日军命令这些女性和儿童摘掉珠宝，并将这些珠宝连同所有其他贵重物品，包括钱财，一并拿走。受害者们被反绑双手，并被日军用一根绳子绑成一串，随后这根绳子又被日军系在了清真寺的柱子上。当架好机枪后，清水

1　清水中尉于1946年在新加坡受到了英国军事法庭的审判，并被判处死刑。

下令射击。枪声停止后，其他队伍的宪兵用他们的左轮手枪了结了那些仍有生命迹象的人。

几周后，日本人第三次造访该岛，发现岛上空无一人。一个月后，八九名苏禄族人在曼塔那尼岛对面的大陆被捕，并被拘留在古打毛律。其中有两名男子，其余均为女性和儿童，最小的是一名被抱在怀里的婴儿。他们都是2月大屠杀的幸存者。在被宪兵队拘留6周之后，他们遭到了处决。在被射杀或被斩首的选项之间，他们选择了前者。

由于日军的报复行动，曼塔那尼岛的人口从430人减少至125人，其中成年男性不超过20人。

生活在汀娜湾岛上的苏禄族人没有参加起义，但日军同样企图将他们灭绝。岛上的人口从日军到来之前的120人，减少至日军离开后的54人，剩下的这些均为女性以及16岁以下的儿童。在岛上的原始人口中，没有一名成年男性存活下来。

1944年2月，所有12岁以上的男子，共计37人，都遭到了逮捕并被押往杰西顿监狱。我们至今不知道他们到底遭遇了什么，但他们之中没有一人幸存。

同样的事情也发生在苏禄族人居住的其他3个岛上，它们分别是曼格鲁姆岛、苏禄岛以及乌达尔岛。一位在和平时期和战争时期都了解苏禄族人的经验丰富的殖民地行政长官认为，成年男性人口的减少将对苏禄民族产生严重影响。有足够数量的两性苏禄族儿童幸存下来，延续了这个种族，并防止了灭绝，但"他们的健康状况很差，几乎可以肯定他们会吸收大量的巴瑶族血统。"无论如何，苏禄族一些代代相传的捕鱼技能、主要谋生手段以及其他传统职业都可能因为缺少成年男子对其种族传统的传承而逐渐丧失。

1943年10月至1944年6月，荷属婆罗洲发生了大规模预谋性谋杀。被称为"特警队"的日本海军宪兵队假称该地区存在大规模抗日运动，并通过刑讯逼供的手段获得大量口供，从而助长了抗日运动存在的谣言。通过这些手段，他们进行了多次间谍审判，之后处决了63名无辜平民。然而，一段时间后，他们甚至免去了表面的法律程序，将更多的无辜平民当场处决。

在东万律，总共有1000人遭到杀害，而在双溪杜瑞和卡塔邦，这一人数分别为240和100。在荷属婆罗洲西海岸的一个大型港口城市坤甸，被日军杀害的总人数则依然不为人知。这些受害者中有几位是西婆罗洲当地的统治者，包括坤甸的苏丹和他的两个儿子、许多富裕的中国人和印尼人，以及一些荷兰官员。

这一谋杀行动由位于苏腊巴亚的日本海军司令部下令进行，相关特警支队军官山本中尉的审讯报告提供了所有相关的细节。这些内容证实，在被处决的所有人中，只有63人被送交至军事法庭接受审判，而且这种审判实际上只是一场闹剧而已。剩下的1340人没有经过审判，因为这"可能要花费2~3年的时间，而我们没有时间了"。[1]

后来，1944年8月，特警队继续进行镇压运动，在西婆罗洲的山口洋处决了另外120名华人平民，他们中只有17人在日军通过常用的刑讯逼供手段得到了口供之后，接受了审判。

据参与调查这一所谓的"第二次阴谋"的日本翻译林所说，事实上这一阴谋并不存在，贪婪似乎是日军杀人的唯一动机。

> 1944年8月，我发现一些中国人正在山口洋开会。我向上级冈岛报告了这一情况，他给了我一份50人的名单，让我逮捕他们。逮捕他们之后，我对他们进行审讯。实施了电刑和水刑之后，他们承认密谋推翻日军政府。我也参与了刑讯逼供。在我看来，这120人既没有犯罪，也没有参与任何密谋。他们因富有而遭到逮捕。整个事件都是由3名特警队成员和我自己策划的一场阴谋。我们声称的由嫌疑人在审讯过程中作出的口供，实际上是特警队事前拟定的，只是在刑讯后才由所谓的供述人签字。我们预计法庭将根据这些报告作出死

1　参见本书附录1。

刑判决。他们是最富有、最重要的人，因此，杀了他们最好。他们的钱和贵重物品全部被特警队没收。

1944年9月，由于有两三名宪兵队成员被当地人杀害，田中将军下令对帝汶东部的两个小岛，即罗昂岛和塞尔马塔岛上的居民进行报复，日军对当地人实行了名副其实的恐怖统治。

在这一地区行动的日本宪兵始终采取其惯用的审讯手段——严刑拷打。他们用香烟灼烧犯人，对犯人施以水刑和绞刑，让犯人跪在锋利的石头上，等等。多数情况下，他们未经审判就直接对犯人作出了处决。

日本人命令罗昂邦主去寻找所谓"叛乱者"的头领。由于他没能找到，日军便处决了他。作为这次报复行动的一部分，最终至少有96名岛民遭到处决。他们全都是无辜的受害者，因为真正的凶手从未找到。

一名日本中尉如此描述他们在摩瓦岛上杀害这些原住民的过程："这些原住民3人一组地被21名日本士兵轮流用刺刀刺死。在将他们处决后，我组建了一个妓院，强迫当地女孩充当妓女，以此作为对其父辈的惩罚。"[1]

在葡属帝汶，日本人也以同样的方式行事。大多数居民都惨遭监禁，拘留营的条件恶劣至极。1942年12月，在阿特萨贝，日军袭击了保卫该岛的澳大利亚军队。在战斗中，他们以50—60名原住民作为掩护，导致其中多人遭到杀害。在卡特莱山附近的几个村庄，日军放火烧毁了当地棚屋，并在女性和儿童跑出棚屋时开枪将其击毙。

新几内亚甚至是遥远的所罗门群岛都未能逃脱日军的恐怖袭击。

日军在巴布亚新几内亚东南角的米尔恩湾登陆后的几个小时内，就袭击了利利霍尔村和西万达拉村附近手无寸铁的原住民，连妇女和儿童也没有放过。在那里，他们实施了大规模的屠杀以及强奸。

他们埋伏在当地人的房屋下面，当居住者出来时将其抓住并当场

1　原作者在此处使用了斜体。——译者注

杀死。他们还将未被杀害的其余原住民带走并加以盘问，如果他们没能得到满意的情报，那么这些人也会被杀死。

在这一地区，日本军队在没有任何正当理由的情况下，杀害了59名当地男性以及女性。此外，如本书第六章所述，他们还在此杀害了36名澳大利亚战俘。许多包括女性在内的原住民，都遭到了日军的肢解，且手段残忍，令人震惊。还有一些原住民在仍有意识的时候被日本士兵用来进行刺刀作战训练。[1]

在关于这些暴行的报告中，韦伯法官指出：

> ……对这些原住民的每一次杀戮都应被视为日本武装部队对战争规则的违反，对这些原住民的每一场屠杀都是日军犯下的暴行……日本保留《海牙公约》[2]第44条的原因，从其对拒绝在米尔恩湾为其军队充当向导的不幸原住民的处理方式上就已经显而易见。即使日本有权要求他们提供帮助，也没有证据表明他们拒绝了日军的要求，更没有理由不经审判就将他们刺死或者击毙。

1942年7月，日军再次登陆，这次是在布纳地区。之后，他们又向南移动，挺入新几内亚中部。一支由5名澳大利亚飞行员和25名当地士兵组成的队伍正在行军，他们中有一名飞行员受伤，这时，包括两名女性在内的3名传教士也加入了他们的队伍。后来，在行军途中的一个叫作多巴杜拉的地方附近，这支队伍遭到日本人的射击后朝着不同的方向逃跑。在韦伯法官的报告中，如此描述了这两名女子的遭遇：

> 天刚亮，她们就发现，在丛林中游荡了整整一天一夜之

1　在韦伯法官向澳大利亚联邦政府提交的《关于日本在新几内亚、所罗门群岛和邻近岛屿犯下的暴行的报告》中，描述了这场大屠杀的可怕详情。

2　即《海牙第四公约》。——译者注

后，她们又回到了多巴杜拉。一开始，她们遇到了友好的原住民，但后来，充满敌意的原住民把她们交给了波宾德塔的日本人。日本人扣留了她们一晚，第二天把她们带到哈鲁鲁咖啡种植园，在那里，日本人挖了一个大约3英尺深的大坑。在这个坑快要挖好了的时候，一个正看押着其中一名女子的日本士兵，抓住并抱住了这名女子。当他将刺刀深深刺入她的身侧时，她奋力挣扎，几乎挣脱了他的控制。她尖叫着摔倒在地。这时，另一名传教士用一块布或毛巾遮住了自己的脸，押送她的日本人则用刺刀刺穿了她的脖子。日军随后将两具尸体捡起来并扔进坑里。1943年2月25日，在两名医生的见证下，她们的尸体被挖了出来。

日本军队在所罗门群岛南端的瓜达康纳尔岛上，也曾犯下战争罪行。

一名日本军官向当地一个男孩询问关于美国军队的消息，但由于男孩不肯说话，军官没有得到任何答覆。之后，这名军官用鱼线绑住了男孩的手，并用刺刀刺了男孩8下，其中一下刺穿了他的脖子，并割断了他的舌头。男孩被丢在那里等死，但后来他被其他当地人救起，并被带到了美军战线。他恢复了部分语言功能，并被授予了乔治勋章。

一个月后，在同一地区，日军又犯下了违反《海牙公约》第46条[1]的暴行，对此，韦伯法官的报告也作出了相应描述：

> 大约在1942年8月，我发现两名罗马天主教牧师，一名荷兰人，一名美国人以及两名年龄分别为25岁和35岁的罗马天主教修女，在塔西姆博科村遭到了日本武装部队的刺杀。这两名修女的尸体被发现时均为全身赤裸的状态。第三名约

---

[1] 第46条规定："家庭荣誉和权利、个人的生命和私人财产以及宗教信仰和习俗，必须受到尊重。"

为60岁的修女被日军允许逃跑而免于一死……当年轻的修女被撕掉了全部的衣服，而年长的修女被允许逃跑时，我确信被刺刀刺死的两名修女也遭到了日军的强奸。

到1945年6月，日本军队在缅甸的处境已经岌岌可危。几个月来，英国伞兵部队一直与游击队一起在毛淡棉和大理森林之间的丹那沙林作战，该地区处于日军战线后方，日本第三十三师团的指挥官决定派遣一支远征队前往该地。

这支远征队抵达之后，由日军二一五联队第三大队在该地区进行了一次初步扫荡。但是，他们几乎没能得到关于游击队的情报。随后，该联队联队长对卡拉贡发动了一次袭击，目的是消灭该地区的伞兵和土匪，日军怀疑这些人正在接受当地居民的援助。

在这次袭击行动开始前的一次会议上，联队长告知三大队指挥官，如有必要，他有权"杀死卡拉贡的居民"。[1]在远征队离开基地之前，毛淡棉宪兵支队的主管长官以及他所在部队的4名士官也加入了远征队伍。

第三大队于第二天早上启程，并于7月7日到达卡拉贡，占领该村。到下午4时，所有居民都被围捕起来，男人关在清真寺内，女人和孩子则关在邻近的建筑物内。

之后，有几名村民受到宪兵队的审问，审讯过程中还伴随着一些他们惯用的酷刑。所谓的调查进行了一整夜，在此期间这些本村男女遭到了日军的殴打以及各种其他方式的残酷虐待。其中有8人被宪兵队带回总部，以接受更进一步的"处理"。

第二天早上，大队长召开军官会议，下令摧毁整个村庄，并屠杀该村居民，不论男女老少。

当天下午，村民们5—10人一组被绑在一起，被带到附近的水井处。在那里，日军将他们的绳索解开，再将他们单独捆绑起来，蒙上他们的眼睛，用刺刀刺进他们的身体，然后便不论生死地将他们全部

1　参见本书附录1。

扔进井里，最后再用竹竿连续敲击井中的尸体。第三大队就这样"处置"了600多名村民。

有两名被扔进其中一口井的受害者奇迹般地活了下来。后来，当该大队长和其他13人被带到缅甸的英国军事法庭接受审判时，他们还提供了证据。

7月9日，日军离开卡拉贡，前去搜寻大理森林，但两天后他们又返回卡拉贡，洗劫并烧毁了村庄，并于7月12日带走了10名幸存的妇女。此后，她们便再也没有出现。

在审判中，辩方辩称，卡拉贡的村民一直在积极协助在该地区活动的英国伞兵和游击队，这证明日方有理由对他们进行报复。有人认为，消灭卡拉贡居民不仅是一种正当的报复，还是日本为清除该地区敌对势力而采取的一种必要军事行动。[1]甚至有人提出，该村村民的死亡与那些在盟军飞机轰炸日本和其他城市时导致的女性和儿童的死亡没有任何区别，在所有必要的军事行动中，女性和儿童的死亡都不可避免。总体来看，整个卡拉贡村都对日军抱有敌意，因此，整个村子都应该被日军消灭。

然而，显而易见，屠杀该村庄的全体居民在国际法中并不正当，而且还犯下了其中的一项战争罪行。日方手中最有利的证据表明，只有不到10%的村民以一种轻微的方式向英方提供了援助，他们没有拿起武器与英军一起反对共同的敌人，而是通过从事一定的体力劳动以及提供一定的给养来帮助盟军。

这场对大约600名手无寸铁的男人、女人以及儿童的屠杀不能被认定为一种针对如此反抗的合法报复，或者一种出于保护日本军队的军事需要。至少到目前为止，就女性和儿童而言，该命令显然违法。而辩方所提出的服从上级命令的抗辩同样不能被人接受，并且也未被法院受理。

在所有于日本军事占领下遭受苦难的人中，没有人比安达曼群岛

1　参见本书附录1。

的居民更有理由记得日军的野蛮行径，因为在那里，曾有成千上万人死于日军之手。

1945年7月末，安达曼岛上的粮食形势变得严峻起来。在位于该岛的海军总部举行的一次会议中，日军决定将一些"无用的嘴巴"转移到南安达曼岛东北海岸附近的一个无人居住、丛林覆盖的岛屿——哈夫洛克岛上。这些"无用的嘴巴"来源于那些因没有被日本人雇用而没有配给卡的人，其中包括年老体弱的人、女人和儿童，以及一些被日本人归类为"不良分子"的反抗者和游手好闲之人。

这些人先是被剥夺了家庭和私人财产，然后便纷纷被迫登上了3艘船只。当他们接近哈夫洛克岛，但与海岸之间还有一段距离时，日本水手就逼迫许多乘客下海自行前往海滩，最终导致100多人溺水而死。

那些成功到达岸边的人被丢在那里，他们没有任何口粮和器具，只能靠食用贝类和丛林水果来维持生计。

到9月21日，也就是他们抵达6周后，最初登陆的300人中只有11人还活着。他们被聚集起来带回安达曼岛。其余的人则全部因饥饿而死，或者逃跑时溺水而亡。在安达曼群岛获得解放之后，盟军调查人员巡视了这个岛屿，他们在岛上发现了108个男人、女人及儿童的头骨和骨骸，并且在高水位线以下的海滩上，发现了许多其他人的骨头。

最终，当日本投降后，这名日本指挥官和安达曼群岛的总督以及7名海军人员被带上英国军事法庭接受审判，并被指控犯有战争罪行。

总督在辩护中说道，把这些"无用的嘴巴"运送至哈夫洛克岛是一项移民计划的部分内容。日本当局对安达曼群岛的粮食短缺问题表示担忧，并决定不再向非工人发放口粮，因为这些人无论如何都将死于饥饿，而且他们已经被视为"对社会治安的一种威胁"。紧急措施变为必要，移民计划开始实施。

日本总督似乎没想到，如果他们想减少安达曼群岛上的人口，他们完全可以将这些人送到任何一个能够找到食物的地方。这种把他们留在一个无人居住且没有任何生活物资的岛屿上的做法，不过是一种纯粹的谋杀而已。

1945年8月13日，就在他们将要离开安达曼群岛的时候，日军又在其军事指挥官的命令下于群岛上犯下另一起战争罪行。750名平民被聚集起来，并被运送至泰木里岛，根据命令，他们将在那里被击毙，并被掩埋。

被派去执行这场屠杀的日本军官与一支由19名士兵组成的行刑队一起，将受害者送到岛上。挖好坟墓后，处决开始了。首先被枪毙的是所有男人，接着是所有女人，然后才是那些刚刚目睹了父母及其他亲属遇害的儿童。之后，这些人的尸体被扔进坟墓并被掩埋起来。当他回到安达曼岛上的陆军总部时，这名军官被告知，要返回泰木里岛，挖出尸体并将其烧掉。他还接到命令称，如果以后有人问及此事，他的回答应该是，这些平民已被带到坎贝尔港并获得释放。

后来，行刑队的指挥官被带到英国军事法庭受审，并提出了常见的"上级命令"的抗辩。在这种情况下，法院不由分说地拒绝接受将这一抗辩作为对指控的辩护，而是在判刑时将它视为一个减轻罪责的因素。

然而，令人难以理解的是，法院为何只从轻判处这名被告两年监禁，毕竟被告军官残忍地处决了这些平民，其中还包括许多女性以及儿童。即使他这样做是为了服从命令，他也不应该在参与了这一令人发指的犯罪活动后，依然受到如此宽大的处理。

第十四章

日 本 宪 兵 队 的 暴 行

虐待战俘和平民的做法盛行于日本军队占领的任何地方，也同样普遍存在于日本国内的许多地区。

日军在整个战争期间大肆施行这种虐待暴行，并且在虐待方式上保持高度一致，毫无疑问，这一定是武装部队在帝国政府知情和认可的情况下，采取了明确政策的结果。

日本陆军和海军部队都使用相同的手段，但最极端的施虐者是可怕的宪兵，即纳粹盖世太保的日本版。

然而，与盖世太保不同的是，宪兵是由陆军部管理的陆军军事警察。在日本，还有一所同样由陆军部直接支持和操纵的宪兵训练学校，在此能学习与实践许多审讯手段。

宪兵拥有对平民和军人进行逮捕及调查的全部权力。当时，在他们特有的刑讯方式上，他们是当之无谓的大师。就像德国的盖世太保一样，因为日本帝国自1931年以来一直在参与战争，因此，他们在第二次世界大战之前就已经积累了大量经验，而宪兵也有充足的时间来完善技术。

被缴获的一份日本陆军训练手册的副本也证明了那些令人生畏的证词的真实性，即在某些情况下，酷刑被正式批准为一种必要的审讯辅助手段。

这本手册名为《战俘审讯要领》，由驻扎在缅甸的林手下的日军部队于1943年8月6日发行。以下是这本富有启发性的专著的部分摘录：

> 对人进行责备、谩骂或折磨时必须格外小心，因为这样会致人说谎并令自身产生困惑。[1]
>
> 以下是一些常用的方法：

---

[1] 所有希望在审讯战俘时获取可靠信息的人都知道这一明智的建议。然而，这并非是指宪兵应该永远遵循这一法则。有时，他们的目标是在审讯受害者时得到某种形式的供词，在这种情况下，他们不在乎供词是真是假。

（一）酷刑。包括踢、打以及一切能使肉体痛苦的办法。这种方法只能在其他方法均已失败的时候使用，因为它是最笨拙的。[1]在暴力刑讯之后应当更换刑讯人员，如果新的刑讯人员以同情的态度进行提问，将会取得良好的效果。

（二）威胁。（1）暗示未来肉体上的不适，例如酷刑、谋杀、禁食、单独监禁以及剥夺睡眠。（2）暗示未来精神上的不适，例如不准寄信，不准与其他战俘享有同等待遇，成为最后被交换的战俘。

宪兵使用的较为常见的酷刑有以下几种：灌水、火烧、电击、膝关节脱臼、悬梁、跪利刃以及鞭打。

成千上万的盟军战俘和更多数量的日占区平民，在宪兵的手中遭受了极其残忍的折磨，许多人因此丧生。如果不简要描述一下宪兵所采用的主要手段，这些不幸且无辜的日军暴行的受害者的遭遇是无法被人理解的。

灌水

这是日军的惯用手段。受害者被绑起来或者被以其他方式固定在俯卧位，水通过嘴和鼻孔被强行灌入肺中，直到其失去意识。然后便会有人对其腹部施加压力，有时甚至会有人跳上他的腹部，迫使这些积水排出身体。通常情况下，采用这种方法时，日军会使受害者苏醒过来，并根据需要不断重复这一过程。

火烧

日军频繁使用这一刑罚。它的通常步骤是，用点燃的香烟或雪茄灼烧受害者的身体，但在某些情况下，也会以点燃的蜡烛、烧红的烙铁、燃烧的油或者滚烫的水代替。这种灼烫通常作用于人体的敏感部

1　在被缴获的副本中突出显示了斜体字的内容。原作者在此处使用了斜体。——译者注

位，如鼻孔、耳膜、肚脐、性器官以及女性的乳房。

电击
和火刑一样，电击通常施加于身体最敏感的部位。

膝关节脱臼
这是一种非常常见的酷刑。受害者被反绑双手，并被迫双膝跪地，随后一根有时直径可达3英寸的杆子会被夹在两个膝关节的后面，如此一来，当大腿受到压力时，膝关节便会分离开来，日军偶尔会通过跳上受害者的大腿上来向其施加压力。这种酷刑的最终的结果便是通过使受害者的膝关节脱臼，引发其身体上的剧烈疼痛。

悬梁
另一种很常见的刑罚方式是，受害者被捆住手腕、胳膊、腿或者脖子吊在半空当中，有时这种方式会将其勒死或使其脱臼。有时，遭受这种刑罚的受害者在悬挂期间，还会同时受到日军的鞭打。

跪利刃
这是一种令人非常痛苦的刑罚。大多以方形块状物的边缘作为利刃。受害者被强迫跪在锋利的边缘上，一跪就是几个小时。如果受害者移动了位置，就会遭到鞭打。

拔指甲
日军通常会使用钳子拔掉受害人的手指甲和脚趾甲。另外，一种众所周知的中国酷刑，即竹签插手指，也被日军广泛采用。

夹手指
这种刑罚的做法是，先用绷带将受害者的手指包在一起，并在每两根手指之间都夹上一根棍子，随后再用一根绳子将绷带收紧，向手指施加额外的压力。这种做法会给人造成极大的痛苦，手指即便没有被折断，也会连续几天都处于淤青和肿胀的状态。

除了武装部队和宪兵队在每个战区及所有被占领土上使用的这些标准酷刑以外，盟军战俘和平民还遭受了许多其他形式的非人对待和残酷虐待，其中最常见的便是鞭打。

在劳动营中、在囚船上、在所有战俘和平民拘留营、在所有监狱，以及所有宪兵总部里，酷刑均得到了普遍应用。在营地指挥官的批准下，卫兵们可以自由使用酷刑，而且很多时候，这种酷刑会在指挥官的指导下进行。许多营地使用了特殊的工具，比如棒球棒大小的木棒。俘虏们有时会被逼着殴打其他俘虏，他们会被打出内伤、骨折并且皮肤撕裂。他们经常被打得不省人事，苏醒过来后，再继续被殴打，许多人甚至被鞭打致死。

在宪兵队的施刑人中，有一些人发明了独属于他们的变种刑讯手段。一名曾在瓜拉丁加奴担任地方法官的马来裔印度人，被宪兵指控为间谍。他整晚都被绑在桌子腿上，第二天早上差点被日军踢死。后来，他被埋在土里，只有头露在外面。他还曾被淹没在装满脏水的桶中。对于最后两起事件，他描述如下：

> 他们把我带到外面，将我埋进地里，只让我的头露出地面。然后我被迫闭上眼睛。当我闭眼时，一名宪兵将他的剑抵在我的喉咙上，好像要将它割开，并停留了几分钟之久。之后，我被挖了出来，在剩下的时间里，我一直被遗忘在阳光之下。第三天，他们把我放进了一个装有40加仑含油污水的汽油桶里。他们把盖子盖在桶上，当我再也无法呼吸时，我试图逃出油桶。我用尽全力猛推盖子，盖子掉在了地上。

在槟城，宪兵队也对数百名无辜居民使用了一些不寻常的酷刑，目的是迫使受害者承认他们是共产党员、间谍或非法拥有收音机。例如，曾经有两名女子全身赤裸地被日军用绳子绑在一辆摩托车上绕着营地拖行。

精神折磨也得到了日军的普遍应用。在东京法庭上，一名证人证实杜立特空军队员于被捕后受到了宪兵的虐待时，提供了一个日军对俘房进行精神折磨的典型例证。

当遭受了所有常规酷刑之后，他们被逐个带走，紧接着被蒙住眼睛走了相当长的一段距离，然后日军命令他们停下。随后，这名受害者听到了说话声、行进的脚步声，以及一个小队停下来像行刑队一样给他们的步枪上膛的声音。

一名日本军官随后走近这名美国飞行员并对他说道："我们是有武士道精神的骑士，我们听从天皇陛下的命令，我们的天皇犹如上升的太阳，所以我们从来不在日落时处决战俘，只在日出时行刑。"然后，这名俘房便被押回了牢房，并被告知除非在黎明前开口，否则就会被枪决。

1943年至1944年间，宪兵队忙于瓦解在马来亚各地兴起的抗日军事占领的运动，数百名嫌疑人受到酷刑审讯。

卡迪卡素夫人通过提供物资、衣服以及金钱，帮助了许多抵抗组织的成员。1943年8月，她被宪兵队逮捕，并被带到怡保市中央警察局，在那里她被关押了三个半月。

她被其所属地下组织的一名成员出卖，在被关押在中央警察局的这段时间里，日方用尽一切努力想令她说出这支抵抗组织中那些隐藏在霹雳州与彭亨州边界处金马仑高原上其他成员的名字。

她不顾主管当地支队的宪兵军曹吉村的一再折磨，誓死不从。在这3个月里，她遭受了灌水刑罚的折磨，其腿部和背部也被烧红的烙铁烫伤。针被插进她的指甲里，她还不断地受到竹杖的鞭打。她被绑住一条腿倒挂在半空中，一挂就是好几个小时。除此之外，她还遭受了许多其他难以形容的折磨。

直到 11 月中旬，这些方法依旧没有起到丝毫效果，于是日军将她从警察局带到戈浜路的宪兵总部，并在那里指控她于波普收听广播新闻，波普正是她被捕的地方。被指控后，她再次被问及是如何援助"反日运动"的。

她仍然拒绝提供任何信息。1946 年 2 月 11 日，当吉村军曹在怡保受审时，她在证言中讲述了后来发生的事：

> 我的小女儿被吊在一棵大约 10 — 12 英尺高的树上，树下燃着熊熊大火。她一直悬在那里，而我则被绑在附近的一根柱子上，遭到日军棍棒殴打，直到棍子断成两截为止。
>
> 吉村军曹不停地向我喊话，让我说出情报，但我和女儿都很清楚，说出来将意味着山上数百名抵抗分子的死亡。我的孩子替我作出了回答："要勇敢，妈妈，不要说出来，我们终有一死，耶稣会在天上等着我们。"
>
> 听到这些话，我告诉军曹，他可以割断绳索，烧死我的孩子。我告诉他，我的回答是"不"，而且我永远不会说出来。我只记得，当他们要割断绳子时，上帝回应了我的祈祷。一名赶到现场的日本军官心生怜悯，命令军曹将我的孩子带走。她被送回了家，而我被押回了牢房。
>
> 当我被押回监狱时，我已经在宪兵总部待了一个多月。

后来，卡迪卡素夫人接受了日本人的审判并被判处死刑，但这一判决最终被减轻为终身监禁。

本书不打算再作任何关于宪兵暴行的进一步描述，或讲述其他关于宪兵恐怖统治的例证，宪兵队所到之处，恐怖统治如影随形。描述其一便已是描述了所有。

在 1946 年 3 月 18 日于新加坡开庭的"双十事件"审判中，科林·斯利曼中校在检方的开场白中说道：

> 在本案中，我可以充满自信且毫不顾忌地作出关于案件事实的描述。为了准确说明这些人的罪行，我有必要描述一下人类做出的那些最为邪恶和堕落的行为。整个案件的基调可以用这个词来概括——难以言喻的恐怖。
>
> 赤裸裸的恐怖，自始至终渗透在案件的每一处细节，且程度从未减轻。我在大量的证据中努力地寻找，想在这些人的所作所为中找到一些可取之处、一些可以减轻他们罪行的因素，以使其行为变得高尚一点，至少能从纯粹的恐怖和兽性的层面上升到悲剧的层面。但是，我失败了。[1]

这些文字绝无仅有地描述了宪兵的故事，这是一个无法形容的恐怖故事，连博学的检察官也找不到任何可取之处——因为可取之处根本就不存在。

---

1 《双十事件审判》一书详尽叙述了宪兵队犯下的一项最为臭名昭著的暴行，即在新加坡樟宜监狱发生的"双十"审查事件。此书由斯利曼和西尔编辑，由威廉·霍奇有限公司出版。

第十五章

对 日 本 战 争 暴 行 的 惩 罚

一、对日本主要战犯的审判

1942年10月7日，毛姆勋爵在上议院发起了一场辩论，他提出当敌对行动结束后，设立一个国际刑事法院来审判某些战争罪行的问题。

他提醒上议院，英国和美国都"承诺对战争罪行进行报复的原则"是这场战争的主要目的之一，并敦促立即采取行动，建立一个"有组织的司法渠道"，以完成对此类罪行责任人的审判。

毛姆勋爵强调必须立即采取行动，因为拖延将意味着罪犯的逃脱。他提醒上议院，第一次世界大战后，盟军未能将战犯绳之以法，莱比锡审判也徒劳无功。如果不想让第二次世界大战的战犯逍遥法外，就必须建立机制去逮捕他们，建立法庭来审判他们。

回应辩论时，大法官西蒙勋爵发表了如下声明："建议在尽可能短的时间内成立一个负责调查战争罪行的联合国战争罪行委员会。"

该委员会将会调查那些对联合国国民犯下的战争罪行，并将特别关注那些有组织的暴行。这次调查的对象将不论军阶地涵盖各级战争罪犯，调查的目标则是"收集材料，尽可能以证言或其他文件为依据，以证实这些罪行，特别是那些系统实施的罪行，并确定这些犯下罪行的人的名字及身份"。

然而，直到一年之后，盟军和自治领的代表们才聚集在英国外交部，讨论成立战争罪行委员会的相关事宜。委员会的职能和组成得到确定，战争罪行委员会终于成立，并于1944年开始定期召开委员会会议。

在外交部举行的会议上，各方同意：战争罪行委员会应被授权设立小组，且这些小组应享有与委员会的中央协调职能相一致的最大程度的自主权。1944年5月1日，该委员会通过了中国大使提出的设立联合国战争罪行委员会远东分会的建议。

日本投降后，在1945年8月29日，中国大使以联合国战争罪行委员会远东分会主席的身份，向委员会提出建议，要求成立国际军事法庭，以审判那些对"犯罪政策"负有责任的日本人。他还建议在日本设立一个中央战争罪行署以收集证据和登记战犯；设立一个战争罪行检察厅；并作出将战犯移交给指控他们的国家的安排。

这些建议获得了批准。1946年1月19日，凭借麦克阿瑟将军发布的一份特别公告，一个拥有11国代表的远东国际军事法庭正式宣告成立。

28名被告被带上法庭，并被指控在1928年1月1日至1945年9月2日间犯下了反和平罪、常规战争罪以及反人道罪等55项罪名。1946年5月3日，审判在东京开庭，与处置日本战犯有关的《波茨坦宣言》正式生效。这一宣言由美国总统、中华民国总统以及英国首相联合发表，并于之后受到苏联的拥护。

除了其他内容以外，它还指出，虽然同盟国不打算奴役日本民众或者毁灭日本，但所有战争罪犯，包括那些曾经虐待盟军战俘的人，都将受到严厉的制裁。

1946年5月3日至4日，超长的起诉书在全体被告面前公开宣读，然后法庭休庭，直到5月6日才接收被告的抗辩。所有被告均辩称"无罪"，于是法庭定于6月3日为控方开庭审理此案。

结果证明，审判是一场马拉松。

控方举证于1946年6月3日如期开始，并于1947年1月24日停止。辩方提供证据的过程则持续了11个月，审判直到1948年11月才宣告结束。

其中两名被告，即在开庭日被带上法庭并受到指控的松冈和长野，均在审判过程中去世。第三个人，即被告大川，则被宣布不适合受审，且无法为自身辩护。

由于支配该法庭的《宪章》第12条要求"迅速审理这些问题"并采取"严格措施以阻止任何会导致无故延误的行动"，法庭认为在判决中对审判的漫长时间作出一些解释是适宜的。

如果不是安装了一个与纽伦堡法庭所使用的类似的系统，能够将证言同时翻译成英文、中文、俄文、法文及日文，审判的时间将会更长。

盘问、辩论以及其他附带的诉讼程序必须以缓慢的方式加以翻译。正如法庭所解释的那样，这些指控所涵盖的时期正是日本国内外局势动荡的时期之一。日本宪法成为军方与文官之间激烈权力斗争的对象。[1]如同经常在德国出现的那样，日本的军方获得了优势，这使得他们不仅能够在和平与战争问题上独行其是，而且能够在处理外交和内部事务时为所欲为。

"军方和文官之间的这场斗争旷日持久，"法庭说道，"许多事件标志着这场战争的兴衰起伏，对于任何有大量证据的争议事件，检方和辩方之间很少能够达成一致。"审理中必须调查所有被告在这些事件中所扮演的角色，每前进一步都是一场战斗。

日语也是一个在实际审判中面临的巨大困难，因为从日语到英语，或者从英语到日语的直译几乎不可能实现。许多内容只能加以改述，其差异之大，使得法庭不得不成立一个语言仲裁委员会，来解决有争议的翻译问题。

法庭还发现许多日本证人言辞冗长且无关紧要。同时，辩方提出的许多证据都因价值太小或根本没有价值而遭到驳回。许多控方证人不可避免地受到了代表不同被告的大量律师的盘问，其中许多人一遍又一遍地提出同一个问题。

除了以上这些拖延之外，法庭在一些文件证据的提供上也遇到了很大困难，特别是因为缺少许多日本陆军、海军、外务省和内阁的重要记录的原件。法庭经常用这些文件的所谓副本来满足需要。

法庭在其判决书中说道，原件的缺失应归因于在轰炸中燃起的大火，以及部队在投降后故意销毁记录的行为。在轰炸已经开始或者即将来临的时候，没有将这些重要文件转移至安全之处是很不符合常规的。

幸运的是，为了伸张正义，人们从被告木户所保存的大量日记中

1　如本书第一章所述。

找出了许多本可以从丢失的文件中获得的相关信息。这本日记涵盖了1930年至1945年间日本政治史上所有最重要的事件。在此期间，木户先后担任内大臣的秘书、国务大臣，并最后成为内大臣，即天皇在所有国家事务上的永久机密顾问。

法庭解释道，所有这些困难使审判的时间延长了不止一倍。

1948年11月12日，法庭对所有被告作出裁决并宣判了结果。下文列出了每名被告的一些生平事迹、法庭裁决的概要及被判处的刑罚。

荒木贞夫

在所有重要时期，荒木一直是一名高级军官。1927年，他成为一名中将，1933年他晋升为大将，在这段时间里，他在陆军高层委员会中占有重要地位。

作为军队对内实行政治统治、对外发动军事侵略政策的倡导者，他为激励日本青年的好战精神做出了巨大的"贡献"。1931年至1934年间，他还作为陆军大臣，在发动满洲战役和热河战役时发挥了积极作用。

然而，没有任何证据表明他对日军犯下的战争罪行负有责任，于是法庭宣判他无罪。不过，他因为发动对中国的侵略战争而获罪，并被判处终身监禁。

土肥原贤二

1941年4月，土肥原在日本陆军中荣获大将军衔，并被视为中国问题的专家。从1944年4月到1945年4月，他指挥着驻扎在马来亚、苏门答腊岛、爪哇和婆罗洲的军队。在此期间，在他的指挥范围内，盟军战俘的待遇并没有优于其他任何地方，许多人因饥饿或营养不良而死亡，营养缺乏症的发病率也高得惊人。

被告代表提出，由于日本在这些地区的战争地位不断恶化，通信中断，因此不可能向战俘提供最基本的物资。然而，值得注意的是，日军的生存条件比俘虏好得太多了。根据证据，虽然有食物和药品，但土肥原下令将它们扣下，不予发放。

法庭裁定他犯有起诉书中的几项罪名，并对他判处绞刑。

桥本欣五郎

桥本既是军人又是宣传员。当结束驻外武官的任期之后，他于1936年暂时从军队退役，开始写书，但又于次年重新入伍。

在1937年12月发生的南京大屠杀中，他指挥了一个炮兵团。他还指挥日军炮击了瓢虫岛和班乃岛。

从一开始，他就主张以武力来实现日本的所有目标，在侵略问题上，没有人比他更直言不讳。他在欧洲时迷上了独裁政府，并在他的权力范围内尽其所能地消除了议会制政体的政党制度。

在1931年3月和10月发生的两起旨在推翻现有政府，并让更有利于陆军政策的政府取而代之的阴谋事件中，他均为主要的策划者之一。

他是一个多产的宣传者，也是一个致力于破坏民主政府的秘密组织的无畏创始人。

没有证据表明他犯有常规战争罪，即以任何方式违反战争法规和惯例，因此法庭就所有关于桥本犯下此类罪行的指控，宣告桥本无罪。最终，他被判处终身监禁。

畑俊六

1938年以及1941年至1944年间，在他指挥驻华日军的日子里，其手下部队犯下了大规模暴行。

某些时候，他知道发生了什么，但并未采取任何措施加以制止，总的来说，他对中国平民在日本占领下所遭受的苦难漠不关心。

他没有采取任何措施来确定手下是否为战俘提供了人道待遇，显然，他十分清楚答案是否定的。最终，他被判处终身监禁。

平沼骐一郎

作为枢密院的成员和前议长，他大力支持各种涉及军方不同侵略计划的议案。在珍珠港事件前9天举行的重臣会议[1]上，就日本是应该与西方列强开战还是保持和平这一问题，他赞同大多数人的观点，并"建议加强公众舆论，反对发生长期战争的可能性"。他始终支持日本以战争手段实现对东亚和南海的统治。

法庭认为，没有证据能够直接证明他犯有战争罪。但是，法庭以"共同谋议侵略战争罪"判处他终身监禁。

广田弘毅

作为外务大臣、首相和高级政治家委员会成员，广田早在1933年就参与了发动侵略战争的长期密谋。他始终同意日本使用武力来满足诉求，尽管1941年他作为重臣会议成员向天皇提出建议，反对日本对西方列强开展敌对行动。

法庭认定，作为外务大臣，他于1937年12月至1938年2月间收到了关于南京沦陷后日军暴行的报告，并将此事交由陆军省办理。陆军大臣作出了将会停止暴行的保证。

法庭认为，广田"没有在内阁面前坚持立即采取行动制止暴行"是一种失职。他满足于信赖那些（有充分的证据证明）他已知但并未得到遵守的保证，而这时正每天发生着数以百计的谋杀、对女性的强奸以及其他的暴行。他的不作为构成了过失犯罪。

广田被判处绞刑。

星野直树

没有证据表明他犯有战争罪，因此法庭就此类指控宣判他无罪。然而，法庭发现他犯有共同谋议并积极参与发动侵略战争的罪行。

1941年10月，东条英机就任首相后，星野被任命为内阁官房长官

1　一群高级政治家聚集在一起，就重要政策向天皇提出建议。

和战争计划委员会委员。"从那时起，他就密切参与了侵略战争的所有准备工作……日本将于不久后的1941年12月对那些国家发起战争。"

法庭判处他终身监禁。

板垣征四郎

关于这场阴谋，这位军官自始至终都参与其中。

1931年，他是关东军参谋部的一名大佐，他参与了九一八事变的准备和执行工作，这些已在本书第一章中有所描述。

他亲自参与了致使傀儡政权建立"满洲国"的运动。成为关东军副参谋长后，他还积极参与了在内蒙古和华北地区建立傀儡政权的运动。1938年5月，他担任近卫内阁的陆军大臣，从那时起，日军对中国的攻击变得频繁且愈演愈烈。

他还参加了汪精卫傀儡政权建立之前的准备工作。是他试图欺骗天皇，并试图通过诡计使天皇同意在哈桑湖对苏联使用武力。[1]

作为日本在东亚和太平洋地区"新秩序"的倡导者，他非常清楚地认识到，要实现这一秩序，日本将卷入与苏联、法国和英国的战争，但他已经为这种可能性做好了充分准备。

法庭认为他犯有起诉书中的第54项罪状，该罪状指控他同一些其他被告一起，下令、授权并允许那些驻扎在日本国内及日占区领土内的战俘营、平民拘留营和劳动单位的负责人，对他们看管的成千上万名战俘和被拘平民，习惯性地犯下违反战争法规和惯例的罪行。

从1945年4月直至日本投降，板垣一直指挥着在爪哇、苏门答腊、马来亚、婆罗洲以及安达曼和尼科巴群岛的日军。作为总司令，他负责为辖区内所有战俘营和平民拘留营里的人员提供食物、药品以及医疗设施。在这一时期，情况几乎糟糕到了极点。每天都有许多人因营养不良和营养缺乏症而死，那些幸存下来的人则需要几个月的时间才能恢复正常的健康状态，许多人永久残疾。

1　见本书第一章。

板垣为自己辩护道，盟军对日本航运的攻击已经严重干扰了通信，致使其无法向许多地区提供物资。事实上，补给是充足的，但被告在证人席上辩称，日本预计这将是一场漫长的战争，因此不得不留有大量的储备。

法庭在判决书中说，这种论点等于板垣认为在这种情况下以严重不人道的方式对待囚犯和被拘留者是正当的。

法庭否决了辩方的辩护，并说："根据他所采取的政策，他应该对成千上万人的死亡或痛苦负责，因为为这些人提供适当的照料是他的职责。"

板垣被判处绞刑。

贺屋兴宣

这位东条内阁的文官被指控积极参与准备和发动在中国境内及针对西方列强的侵略战争。

没有证据表明他犯有战争罪，但他因其他罪状被判处终身监禁。

木户幸一

当木户成为内大臣时，他的主要职责是在政治事务上为天皇提供建议，因此，他才得以利用自己的影响力推进军方一心致力于战争的目标。

除了一个短暂的时期，即海军因为对太平洋战争的胜利结果感到怀疑而试图退缩的时期之外，木户是侵略战争的主要支持者，并在很大程度上对1941年10月天皇任命东条为首相负有责任。如果他愿意，他本可以尽力阻止战争，但他从未建议天皇停止开战。

没有证据表明他对暴行或其他战争罪行负有任何直接或间接的责任，事实上，作为天皇陛下的机密顾问，他的身份使其必然对此负有责任。因此，他并无犯战争罪，但法庭因为他的其他行为而将他判处终身监禁。

木村兵太郎

1941年4月，在陆军省拥有丰富经验的陆军军官木村被任命为陆军次官。

太平洋战争初期，他是计划委员会和总力战研究所的成员，但1944年8月他成了缅甸地区日本军队的总司令，并一直担任指挥官直至日本投降。

任职期间，他允许辖区内的战俘在恶劣的条件下从事被禁止的工作，最终导致"成千上万名人员死亡"。尤其是他还批准并下发了在缅甸—泰国铁路建设中雇用这些俘虏的命令。

当1944年8月他接任指挥官时，他完全了解日本军队在各地犯下的暴行，而当他到达后，这种犯罪行为依然有增无减。自始至终，他都没有采取任何措施来阻止手下士兵的暴行，也没有对违法者采取任何纪律处罚。

判决中，法庭在处理木村的刑事责任时如此说道：

> 在木村的辩护中，他极力主张，当他抵达缅甸时曾命令部下表现得像个军人，并且避免虐待俘虏。鉴于虐待俘虏的性质和程度，即日军在多数情况下，于其总部几英里范围内大规模虐待俘虏的事实，法庭认为木村玩忽职守，未能执行战争规则。

> 在这种情况下，军队指挥官的职责不能仅仅通过发出例行命令来履行，假如确实发出了这种命令的话。他的职责应该是采取措施并发布命令，以防战争罪行的发生，并确保手下执行命令。他没有这样做。因此，他故意无视了自己应该采取适当措施来阻止违反战争法的法定义务。

> 被告被法庭判处绞刑。

小矶国昭

当小矶成为首相时，举世皆知日本军队在所有作战地区都犯下了各种战争罪行。

小矶不可能不知道这些罪行的普遍程度及恶劣程度。无论如何，他不可能在1944年10月的最高战争指挥委员会会议之后，仍然对事态一无所知。在该会议上，外务大臣将日军对待盟军战俘的方式描述为"还有许多有待改进之处"，当时小矶也在现场。

小矶又继续担任了6个月的首相，在此期间，俘虏和被拘留者的待遇从未得到改善。

法庭认为小矶没有采取任何行动是"故意无视职责"，于是判处他终身监禁。

松井石根

松井于1933年在日本陆军中获得大将军衔，并于1935年被列入退役名单。

1937年他被召回现役，并被任命为上海派遣军司令。

松井在中国有丰富的军事行动经验，因为他曾是一名关东军参谋。后来，当他被任命为包括日本第十军以及他的前部队上海派遣军在内的华中派遣军司令官时，没有一个人对此事感到意外。1937年12月13日，正是这支部队攻占了南京。

本书第二章已经详细描述了这座城市被占领之后发生的一连串可怕的暴行。暴行于1937年12月13日开始，一直持续到1938年2月初才结束。在此期间，成千上万名妇女遭到强奸，约20万人惨遭杀害，大量但数额不明的财产被掠夺或烧毁。

关于松井将军对其军队犯下的难以名状的恶行的了解程度，法庭在其判决中这样说道：

在这些可怕的暴行最为肆虐的时候，松井于12月17日抵达了这座城市，并在此停留了5—7天。

根据他自己的观察以及参谋的汇报，他一定知道发生了什么。他承认宪兵队和领事官员告诉过他，他的军队有某种程度的不当行为。这些暴行每天都被报告给日本驻南京的外交代表，这些代表又转而向东京报告了这些暴行。法庭确信松井对此心知肚明。但他袖手旁观，或者说没有采取有效行动制止这些可怕的暴行。在攻占这座城市之前，他确实发布了命令，要求他的军队举止得体，并于之后发布了基于同一主旨的进一步命令。

他当时一定知道这些命令没有起到任何作用。有人代他辩称，他那时正在生病。然而，他的疾病并没有阻止他指挥军事行动，也没有阻止他在发生暴行的几天里访问这座城市。他指挥着对这些暴行负有责任的军队。他了解他们。他有权力也有义务控制他的军队，保护不幸的南京市民。他必须为他未能履行这一职责而承担刑事责任。

松井被法庭判处绞刑。

南次郎

没有证据表明这名被告犯有战争罪，但法庭认定他犯下了密谋发动对中国和苏联的侵略战争的罪行，并判处他终身监禁。

武藤章

这名军官曾在日本陆军中担任过包括军务局局长在内的许多重要职务。后来，他于1945年担任菲律宾地方军参谋长一职。

南京大屠杀发生时，他也是松井将军手下的一员。尽管他和他的总司令一样知道日本军队在大约7周的时间里犯下的暴行，但法庭认为，作为一名参谋人员，武藤无法采取任何措施阻止暴行的发生，因此不能被追究刑事责任。

1942年4月至1944年10月间，当他成为菲律宾山下将军的参谋长后，武藤指挥着驻扎在苏门答腊岛北部的第二帝国近卫师团。由他指挥的部队在那里犯下了大量暴行，法庭认为，作为指挥官的被告对此负有共同责任。

法庭认为，他在菲律宾任参谋长时的情况与他在松井将军手下任职时大有不同，因为作为参谋长，他有能力影响决策。

在他任职期间，日本军队对平民实施了屠杀、折磨以及其他暴行，战俘和被拘平民忍饥挨饿，惨遭折磨与杀害。武藤对这些严重违反战争法的行为负有共同责任。我们拒绝接受他所作的关于他对这些事件一无所知的辩解。这简直令人难以置信。

武藤被判处绞刑。

冈敬纯

被擢升为海军少将之后，冈敬纯于1940年10月担任海军省军务局局长一职，在该职位上，他积极参与制定并执行了针对中国和西方列强发动侵略战争的政策。

没有满足案情需要的证据能够表明他对已犯下的战争罪行负有任何责任，因此法庭就所有此类指控宣告他无罪。

冈敬纯被判终身监禁。

大岛浩

虽然他是一名陆军军官，但当他从驻柏林的武官晋升为大使时，他开始以外交官的身份而出名。

他十分赞赏希特勒以及他的所有理念，从担任在柏林的第一个职位开始，他就竭尽全力推进军方的计划，因为军方决心与德国建立一个全面的军事联盟。

他成为大使之前，也就是还只是高级武官的时候，他甚至不惜越过大使，直接与冯·里宾特洛甫打交道。

他是主要的阴谋者之一，但他并未积极参与发动对中国的侵略战争或太平洋战争，他的职责范围使得他没有义务对虐待战俘和被拘平民的行为负责。

因此，针对大岛浩犯所有战争罪的指控，法庭宣判他无罪，但因他参与日本侵略，他被判处终身监禁。

佐藤贤了

法庭认定，佐藤在担任政府要职期间，作为一名军队指挥官发动了侵略战争。对于日本军队的种种不端行为，他也同样一清二楚，因为盟军的许多抗议都传到了他担任军事科科长的军务局中。这些抗议在每周两次的会议上得到讨论，东条英机首相也会出席该会议，但法庭认为，佐藤处于从属地位，"无法针对其长官的决定采取防范措施"。

因此，针对佐藤犯下战争罪的指控，法庭宣告他无罪，但由于他的其他行为，法庭判处他终身监禁。

重光葵

这名被告在日本外务省有一段长期而杰出的职业生涯。1919年他成为一名参加巴黎和会的日本代表团的低级成员，这是他的第一个重要职位。

英德战争爆发时，重光葵正担任日本驻英大使一职，他的能力和他的明显亲英态度为他赢得了广泛尊重。

法庭认定他从未密谋发动任何侵略战争。相反，他曾多次向东京的领导人提出建议，直接反对他们的侵略政策。

因为继1943年他就任外务大臣之后，日本在太平洋上发动了一场侵略战争，所以法庭判定他犯有"发动侵略战争"的罪行。他还被判定犯有"故意和粗暴地无视其应采取适当措施"以查明战俘待遇的"法律义务"的罪行。出于该义务的重要性以及重光判刑较轻的事实，本章在此处将法庭判决中关于他未能敦促对战俘的条件和待遇进行调查的那部分内容完整列出：

　　1943年4月至1945年4月重光葵任外务大臣期间，各保护国向日本外务省转达了同盟国的抗议。这些都是相关国家的责任机构向保护国提出的严正抗议，许多抗议中还附带了大量细节。抗议的事项包括：（1）不人道地对待俘虏；（2）拒绝保护国检查除少数以外的所有战俘营；（3）拒绝保护国代表在没有日本证人在场的情况下会见俘虏；（4）未能提供有关俘虏姓名和所在地址的信息。

　　这些抗议首先由日本外务省进行处理。必要时，它们将被转交给其他部门，这些部门会被要求提供资料，以便外务大臣对抗议作出回复。

　　在阅读日本外务省与保护国之间的长篇通信时，人们无法不怀疑，日本军队未能向其外务省提供满意答复的事实之下隐藏着一个险恶的原因，或者至少说，这中间存在着一种由军方以外的代理人就抗议事项进行独立调查，而其行为令人生疑的情况。

　　一次又一次的抗议均没有得到回应，或者只是在数月的无故拖延之后才收到答复。保护国的一再提醒均被忽视。那些得到了回应的抗议，则无一例外地被日方以没有什么可抗议的说辞所否认。

　　现在看来，这种负责人提出的每一项投诉以及投诉中所附带的详情与细节全部毫无道理的情况似乎极不可能发生。此外，军方拒绝营地接受检查，拒绝保护国代表在没有日本证人在场的情况下访问俘虏，以及拒绝提供他们手中俘虏的详细信息，这些做法都令人怀疑他们有事隐瞒。

　　我们并没有冤枉重光葵，因为我们认为，他所知道的情况已经引起了他对俘虏并未受到应有待遇的怀疑。事实上，确有一名证人证实了这一点。然而，他并未立即采取适当措施对此事进行调查。作为一名政府成员，他负有保障俘虏健康的间接责任。在怀疑自己未能履行职责时，他就应该主动辞职。

这就是法庭的多数判决。

法庭的印度成员帕尔法官对该判决提出冗长异议，他认为"必须认定每名被告都未曾犯有起诉书中的任何一项罪状，并且应该就所有这些指控宣告他们无罪"。

但是，这名印度法官的判决结果既没有完全基于证据，也没有任何坚实的案情依据。这些结果似乎受到了其他因素的影响。

正如法官帕尔异议书的手写稿中所指出的那样，他提出这些"建议"的原因是："作为一个司法法庭，我们不能以任何方式使人产生这样一种感觉，即设立法庭本质上是为了实现一个政治性的目标，尽管这个目标披着司法的外衣。"

人们普遍赞同一种观点，即对重光葵的多数判决并不公正，因为他已在整个职业生涯中表明：他反对战争，进入日本内阁也只是为了服务于和平事业。但如下结论的得出则难以避免：如果他能更强硬一些，他本可以在反对日本犯罪的方面做得更多。

从法庭判刑较轻的结果中可以明显看出，法庭并不认为他的罪行极其严重。在减刑方面，他们将重光葵丝毫未曾参与制定阴谋，也未曾参与发动1943年以前的侵略战争考虑在内，原因是到1943年时，他的国家已经在一场战争的泥潭中深陷了一段时日，这场战争严重影响了日本的未来，并且在这段时间里，"当他担任外务大臣时，军队已经完全控制了日本，这种情况下，任何日本人谴责军队时都要鼓着极大的勇气"。

此外，法庭判处重光葵7年监禁时，明确规定判决应从传讯之日，即1946年5月3日起执行,因此到判决通过时,其刑期已经执行了两年半。

岛田繁太郎

在1941年10月成为东条英机内阁的海军大臣之前,岛田一直是一名普通的海军军官,并且只执行过海军任务。

直到1941年12月7日珍珠港和其他地方遭到袭击为止,他参与了所有与战争政策相关的重大政府决策。

然而,法庭认为既没有证据可以证实他对日本海军在太平洋岛屿上对战俘犯下的许多"可耻的屠杀和谋杀"负有任何责任,也没有证据可以证实他对被鱼雷击沉的船只上的幸存者负有任何责任,于是法庭裁决针对岛田的所有战争罪指控均被宣告无罪。

然而,由于1941年10月至1944年8月间他参与了侵略战争的策划和发动,法庭判处他终身监禁。

白鸟敏夫

这名被告自1914年以来一直从事外交工作,并于1938年被任命为驻意大使。在担任驻意大使期间,他与当时的驻德大使,即被告大岛浩合作,共同为日本和纳粹德国之间的全面军事联盟营造有利环境。他甚至扬言道,如果军方的目标不能实现,他就辞去职务。

他主张对中国采取敌对行动,攻击苏联,并在必要时对西方列强开战。1941年以后,由于患病,他在国家事务中不再发挥重要作用,因此,决定对他进行审判有点令人吃惊。

法庭判处他终身监禁。

铃木贞一

这名被告是一名陆军军官,1937年11月获得少将军衔。

他被裁定为无须对暴行和其他战争罪行负有责任。但作为计划委员会主席，他曾经常参加联络会议，并且积极支持侵略战争政策。

由于这些活动，法庭判处他终身监禁。

东乡茂德

东乡在发动侵略战争的阴谋中发挥主导作用的时期，只有以下两段：一是1941年10月到1942年9月间；二是日本投降前的最后几个月，由他担任外务大臣的这段时间。

1942年9月至1945年间，他没有参与任何公众事务。法庭认定，他无须因任何理由（包括玩忽职守）对战争罪行负责。

然而，他因阴谋发动侵略战争而被判有罪，并被判处20年监禁。判决自传讯之日即1946年5月3日生效。

东条英机

也许在日本的所有主要战犯之中，最臭名昭著也最应受到谴责的便是东条英机。

从1937年他任关东军参谋长时开始，他就与那些计划称霸中国、东亚和太平洋地区的日本人，特别是军事派别的人关系密切。

他制订了进攻苏联以及扩大在华军事行动的计划。1938年初，他放弃现役指挥权，成为陆军次官，并于1940年7月升任陆军大臣。

1941年10月，他组建内阁，并继续执政了将近三年。他在袭击珍珠港之前发生的事件中所扮演的角色已在本书第一章中作了较详细的描述。

法庭认定他"对日本针对其邻国实施的犯罪袭击负有主要责任"。关于针对战俘和被拘平民施加的虐待行为，事实上，他也责任重大，对此，法庭总结如下：

> 东条英机非常清楚日军对俘虏和被拘留者实施的野蛮虐待。然而，他并未采取任何适当措施惩罚违法者，以防日后

再有类似罪行发生。

他对"巴丹死亡行军"的态度就已经说明了他对俘虏的态度。1942年他就知道了那次行军的恶劣条件以及许多俘虏因此死亡的事实。然而，他并未要求其下属就这一事件作出报告。1943年在菲律宾时，他也只是敷衍了事地询问了"巴丹死亡行军"的情况，但并未采取任何行动。没有一个人为此而受到惩罚。

对此，他的解释是，战场上的日本军队指挥官被赋予了一项任务，执行这项任务时，他不受来自东京方面的具体命令的约束。

这名日本政府的领导人以这种方式，在明知其政府具有通过强制手段保障战争法得到遵守的义务的前提下，仍故意拒绝履行这种义务。

再举一个突出的例子。他曾建议，让战俘参与建设出于战略目的而建造的缅甸—泰国铁路。他既没有对战俘的住宿和饮食作出适当安排，也没有对那些在艰苦环境下生病的人进行护理。他得知参与建设的俘虏们状况不佳，派出一名官员前去调查。我们知道那位调查员在铁路沿线的许多营地中一定发现了这些恶劣的生存条件。作为此次调查的结果，日方采取的唯一措施是将一名中队长以虐待俘虏的罪名加以审判。

日方没有采取任何措施改善俘虏的生存条件。俘虏继续因营养缺乏症和饥饿而死亡，这种状况一直持续到该项目结束。在东条英机所主持的会议上，讨论了有关战俘营中因营养不良和其他原因造成的高死亡率的统计数据。

1944年，当东条内阁倒台时，俘虏的状况令人触目惊心，大量俘虏因缺乏食物和药品而死，这便是东条英机没有采取适当措施来照顾他们的确证。

在前文中，我们已经提到了日本军队对待中国战俘的态度。由于日本政府不承认这一"事件"是一场战争，因此有人辩称，战争规则并不适用于这场战斗，中国俘虏无权享有战俘的地位和权利。东条英机知晓并且并未反对这种令人愤慨的观点。

对于日本军队中流传的俘虏不工作者不得食的命令，东条同样负有责任。我们毫不怀疑，他对这一命令的一再重申，在很大程度上导致病人和伤员被迫参与工作，并使他们陷入了由此引发的痛苦以及死亡。

作出如此判决之后，法庭判处东条英机死刑也不足为奇。

梅津美治郎

按照英文字母顺序排列，最后一名被告是一名叫作梅津的军官。有压倒性的证据证明，他犯下了阴谋发动侵略战争以及带头对中国和西方列强发动战争的罪行，原因是他曾于1939年至1944年7月间担任关东军总司令，又于1944年7月升任陆军参谋总长，并在此后担任这一职务直至战争结束。

没有证据表明他犯下了暴行或其他战争罪行，因此他没有受到最高刑罚。

法庭判处梅津终身监禁。

二、审判其他日本战犯[1]

识别、确定和逮捕数以千计的其他日本战犯嫌疑人是一项艰巨的任务，为此必须建立一个复杂的盟军战争犯罪处理机构。

这项任务主要落在了英美军事当局的肩上，这两个国家分别成立了一个特别的战争犯罪组织，英国组织设在新加坡，美国组织则设在

1　有关为审判战犯而设立的机构的官方说明，请参见《联合国战争罪行委员会的历史》，英国文书局，1948年。

东京。

尽管他们的主要职能是处理所有针对其本国国民犯下战争罪行的案件，但他们与所有其他相关国家合作，收集到的情报资料和证据也向所有相关国家公开。

英国

调查和审判那些对英国国民犯下战争罪行的人成为东南亚盟军陆军总指挥部的责任，他们必须在多地展开行动：新加坡、马来亚、泰国、法属印度支那、缅甸、香港、天津、上海、英属北婆罗洲、荷属东印度群岛、安达曼群岛和尼科巴群岛。一个战争犯罪小组成立了，它由若干调查小组、一个登记科、一个协调科和一个法律科组成。

整个组织最终由军法署管理，直接对伦敦军法署署长的军事副官负责。这些组织的运作方式在《联合国战争罪行委员会的历史》中有所描述：

> 日本投降以后，东南亚的日本军队就落入了盟军之手，和他们一起的还有那些战俘营的工作人员，这些人的暴行同样臭名昭著。盟军给这些人拍了相片并分发出去，特别将它们分发给了那些在家中的前被俘盟军，这些人随后就他们所受到的待遇写了宣誓书。每名写了宣誓书的人都被要求出示了大约6张相片，其中一张是被指控者的相片，在相片被轮番出示的过程中，个别相片被识别了出来。一万多张相片被拍摄下来，并在被识别出来之后连同宣誓书一起送交至新加坡的登记科，再由登记科派发至调查小组。
>
> 这些小组在整个区域开展活动，有时在文明程度较高的地区，有时则在丛林深处。在相片、宣誓书、当地证据和被告有时自愿陈述的帮助下，他们最终立案，并将它们送交至战争犯罪小组的法律科。

如果经过初步认定，案件确实存在，法律科就会将被告送上法庭。来自英格兰的前俘虏作为证人出席了审判，但如果他们无法到场，他们在家中所写的宣誓书则会用作证据。并非所有案件都如此简单，许多嫌疑犯在日本投降之前已被转移到另一个战区，因此仍未查到踪迹，但追查工作已经步入正轨。

截至1948年2月，已有931名日本战犯在英国军事法庭受审。

美国

美国参谋长联席会议下发一项指示，要求调查、逮捕和拘留所有涉嫌战争罪的人，并就移交其他国家通缉的战争罪犯作出规定。它还授予了盟军最高指挥官麦克阿瑟将军设立特别国际法庭并为其制定程序规则的权力。

根据同一项指示，任何参与占领日本的军事指挥官，无论国籍，均有权设立军事法庭审判战犯。

根据该指示，两个战争犯罪办公室相继成立。第一个称为"国际检察处"，负责对本章第一节中提到的日本主要战犯进行起诉。

另一个办公室负责调查所有其他战争罪行，以及逮捕和起诉所有对这些罪行负有责任的人。

该办公室的第一个分支机构作为美国太平洋陆军总司令部的战争罪行处开设，并设立了两个地区分支机构，一个在横滨，另一个在马尼拉。[1]

除了这些机构之外，还在中国、印度和太平洋岛屿上成立了3个美国战争犯罪组织。

这张覆盖广阔空间的庞大网络成就非凡。它识别、确定、

---

1 《联合国战争罪行委员会的历史》，第384页。

逮捕并审判了数千名日本战犯。正是得益于此，调查处调查了近3000宗案件。它的工作使许多审判成为可能，其中最重要的一起是关于日本山下将军的审判。

这些调查覆盖下列战区：缅甸、泰国、法属印度支那、马来亚、新加坡、苏门答腊岛、爪哇岛、婆罗洲和西里伯斯岛。

另一个受到调查的重要案件是缅甸—泰国铁路案，在这条铁路上有大约640名美国陆军、海军和海军陆战队战俘受到雇用。

许多在缅甸和法属印度支那非法处决美国飞行员的案件也受到调查，罪犯被送上法庭，其中许多案件由英国军事法庭进行审理。

澳大利亚

1942年1月，日本入侵新不列颠之后，澳大利亚军事当局收到了第一份关于日本士兵对澳大利亚士兵犯下战争罪行的情报。这些情报来自那些逃往澳洲大陆的幸存者。

关于日本人在安汶岛犯下的其他暴行的情报也被设法逃脱抓捕的士兵带到了澳大利亚。

由于这一情报，澳大利亚方面开始了收集口供的行动，行动对象是所有能够提供有关日本人违反战争规则情报的现役军官和士兵。

1944年6月，澳大利亚政府任命一名专员负责调查日本人对澳大利亚军事人员犯下的战争罪行。被任命的专员是昆士兰最高法院首席法官威廉·韦伯爵士。后来，韦伯法官又被任命为远东国际军事法庭的庭长，该法庭负责在东京对日本主要战犯进行审判。

1945年日本投降后，澳方从获得解放的战俘和被关押者那里得到了更多关于日军犯下战争罪行的证据，这使得许多受到指控的战犯被逮捕和确认。

日本投降后不久，澳大利亚联邦通过了一项《战争犯罪法案》。根据该法案，召集军事法庭的权力由总督议会授予参与实战的某些军事指挥官和高级参谋。同时，在该法案的规定下，澳大利亚陆军总部也设立了一个专门的工作组处理战争犯罪案件。

该总部设立了许多"战争犯罪科"，其中一个是在新加坡与英国人合作的，另一个是在东京与美国人合作的。其他科室则负责在新几内亚和其他一些太平洋领土上开展活动。

设立在新加坡的澳大利亚战争犯罪调查科，主要负责处理在马来亚、缅甸—泰国铁路以及荷属东印度群岛上发生的案件，并且与在新加坡的英国战争犯罪调查当局和在爪哇的荷兰军事当局密切合作。

许多澳大利亚军事法庭都是为审判被指控的战犯而设立的，其他战犯则由英国军事法庭审判，其中有一名澳大利亚军官作为成员参加了审判。这个调查网络覆盖区域极其广泛：马来亚、缅甸、爪哇、新几内亚、新不列颠、西里伯斯、帝汶、塞拉姆群岛，还有安波纳、英属和荷兰婆罗洲以及其他一些领土。共计约800余名日本战犯受到审判，其中有近1/3的战犯被判无罪。

1946年3月，日本前首相兼战争指挥官东条英机接受审讯时发表了以下言论：

> 自战争结束以后，我已通过阅读知晓了那些由日本陆军和海军犯下的不人道行径。这当然不是那些当权者，即总参谋部、陆军部、海军部或我本人的意图。我们甚至没有想过会发生这样的事。尤其是天皇，他甚至可能因为仁爱之心而对此事抱有与之相反的人道态度。这样的行为在日本是不被允许的，日本人的性格即是如此，他们认为上苍不会允许这种事情的发生。如果全世界的人都认为是日本人的性格导致了这些不人道行径的话，那就太糟糕了。

对于东条英机发表的关于日本战争领导人甚至没有想到日军会犯下暴行和其他战争罪行的声明，东京国际军事法庭在判决书中表示：

在几个月的时间里，法庭听取了证人的证词，他们详细证实了日军在所有战区犯下的暴行，其规模如此之大，而其模式却如此统一，至此，我们只能得出一种结论，即这些暴行一定受到了日本政府或其个人成员以及武装部队领导人的秘密指令或蓄意许可。

在整个中日战争和太平洋战争期间，在每一个战区，日本各级官兵都对成千上万的盟军战俘和无辜平民实施了难以言表的残酷虐待和无情折磨，在此过程中，他们毫无愧疚之情，其中的大部分人甚至未存任何同情之心。

"我们是有武士道精神的骑士，我们听从天皇陛下的命令，我们的天皇犹如上升的太阳，所以我们从来不在日落时处决战俘，只在日出时行刑。"

1944年6月，当史拉兰战俘营的战俘全部被转移至樟宜监狱之后，该地区的所有教堂都被拆除。尊敬的安德鲁斯上校在靠近圣三一教堂旧址的地方建造了一座纪念祭坛。

他留下了一个卷轴，上面用日语写着：

此祭坛为纪念逝者而建。请您心怀慈悲，不要破坏此建筑，直至战争结束。

这是在最终搬至监狱地区之前，在樟宜地区建造的许多教堂中唯一幸存的一座。据我们所知，现如今，它依然屹立不倒。

附录

战争罪行审判中的一些法律内容

一、"上级命令不免责"的抗辩理由

在战争罪行审判中，辩方提出"上级命令不免责"的抗辩理由的频率要高于其他任何案件。

要理解这一抗辩理由，人们必须了解一些事情或者这一概念演变的历史。1919年，一个国际委员会受命成立，以就国家元首关于战争行为的豁免问题进行审议，并向盟国作出报告。这个机构被称为"1919年责任委员会"，在建议对国家元首以及其他高级国家行政人员进行审判时，他们提出了以下保留意见：

> 我们谨指出，民事和军事当局不能仅仅因为更高当局可能被判处犯有同一罪行这一事实而免除责任。法庭将决定"上级命令"的抗辩是否足以使被控者无罪释放。

尽管当时关于这个问题并不存在任何国际司法权威，但还是很少有国际法作者赞成以下这一原则，即服从"上级命令"是一个使战争罪行变得完全正当的理由。

《德国军事法典》规定，士兵必须执行所有命令，不要因害怕法律后果而退缩，但它补充道，在他明确知道命令违法的案件中，这并不能使其受到宽恕。

1921年，莱比锡德国最高法院持有并表达了这一观点。那时，该法庭正在审判两名中尉，他们是一艘德国U型潜艇的船员，在战争期间，这艘潜艇击沉了一艘英国医疗船兰德福瑞城堡号。根据潜艇指挥官不留下任何痕迹的命令，这两名下级军官下令向这艘医疗船的救生艇开火。

出于以下原因，该法院的此次判决意义重大。自从上次战争结束以来，人们逐渐形成了这样一种印象，即1944年《英美军事法手册》中所插入的关于这一问题的法律陈述并未遵循多年以来的公认规则。尽管这种印象是错误的，但它的存在有因可循。1914年，《英国军事法手册》作了某些修订和扩充，在标题为"陆上战争的法规与惯例"的一章中，关于"上级命令"的原则被宣布如下：

> 因执行其政府或指挥官的命令而违反公认的战争规则的武装部队成员不是战争罪犯，因此敌人不能惩罚他们。如果对这类命令负有责任的官员或指挥官落到敌人的手里，敌人可以对其实施惩罚，但在其他情况下，敌人只能诉诸其他方法求得补偿。

类似的声明也曾在《美国陆战规则》中出现。

1955年，《每日电讯报》的专栏上刊登了一篇题为《士兵的职责》的关于"上级命令"抗辩理由的往来书信，我的信件也被纳入其中。在其中一封信中，我曾指出，在1914年版本的手册中出现，并且一直到1944年都没有修改的这段声明，是基于奥本海姆的第五版国际法提出的，然而该版国际法的内容在1940年出版的第六版国际法中得到了修正；该声明不仅未与大多数国际法制定者关于这一主题的观点保持一致，而且也未与第一次世界大战后德国最高法院的裁决保持一致。法院适用上文已提及的《德国军事法典》，在其判决中表示，指挥官下令不留痕迹并不能使被告免于罪责。一个服从上级命令的下属如果知道命令涉及违反法律，在本案中即违反了国际法，他就应该受到惩罚。此规则正适用于这两名被告。判决继续指出，尽管应该竭力主张支持军方下属，即他们没有义务质疑上级军官的命令，他们可以指望其命令合法，但是，如果包括被告在内的每个人都知道该命令确实违法，那么这种抗辩就不成立。此类事件只在极少数特殊情况下发生，但本案正属于其中之一，因为在目前的案情中，被告非常清楚，杀死救生艇上那些手无寸铁的人一定是一种违法行为。

在估算惩罚时，人们应该牢记，主要的罪责在于潜艇的指挥官，被告也是在他的命令下行事。被告们当然应该拒绝服从命令。这将需要极大的决心，因此，这一事实证明，根据《国家刑法》确定刑罚时，将"上级命令"视作减轻情节的建议具有其合理性。

然而，法庭必须作出严厉的判决。

要理解"1914年《军事法手册》中的声明多年来一直是公认的规则"这一说法的错误性，只需要记住上面的判决即可，该判决显示，早在1921年，该声明就已经不再是德国国内公认的原则了。

"从1912年到1944年，30年来它没有受到任何质疑，"准将詹姆斯·埃德蒙兹爵士如此写道。埃德蒙兹是研究1914年至1918年间第一次世界大战西线战争的官方历史学家，也是1919年至1945年间内阁办公室历史科军事部门的负责人。尽管其原因令人费解，但我们可以肯定，这些年来，《军事法手册》中的这段声明从未作过任何修改。对此，一种解释是，它所涉及的主题在1918年至1940年间与陆军没有任何直接关联，而只有在第二次世界大战期间，该主题自然而然地重新引起了人们的兴趣时，它的不足才变得明显。不幸的是，直到战争的发展趋势对我们有利时我们才对它进行修改，因为这使得一些人相信，是法律被轻易修改了，而不是它的错误陈述获得了纠正。然而，这并不能改变一个事实，即这段声明并不是对几乎获得普遍接受的国际法的正确表述。

德国最高法院的判决表明，德国法律在这一问题上与其他国家所接受的国际法保持一致，这本身就驳斥了许多德国和日本律师在战后各种战争罪行审判中所提出的论点，即英国军事法庭按照《军事法手册》第14章第443段的修订版本进行审判遵循的是过去的法律。这本手册并不是法律依据，而手册中对法律的错误陈述出于某种原因长期未得到纠正的事实，也并不能成为支撑上述论点的正当理由。

那些强烈支持以没有事实依据的"上级命令"为借口的人，对此提出抗议，他们说道："让士兵为执行合法指挥官下达的命令的结果而承担部分责任，可能会有损军纪。"他们中的一人曾经说道：士兵的本质是前进、射击和服从。他们无需知晓原因。

没有人会认为德国人对无条件服从的必要性视而不见；然而我们发现了什么呢？我们发现：德国联邦政府在《士兵法》（为新的德国军队制定行为准则的法律）草案的第9条中阐述了30年前德国最高法院在兰德福瑞城堡案的判决中所确立的相同原则。该条规定，士兵不得执行任何会导致他犯下战争罪行的命令，但如果他并不知道并且也没有情况表明服从命令会使他犯下罪行的话，那么他就不必承担罪责。该规定并没有将士兵的地位降低为单纯的机器人，也并没有提出"士兵的本质是前进、射击和服从"的学说；但它陈述了我认为是法律并且多年来一直是法律的东西。

毋庸置疑，士兵的主要职责就是服从军官的命令，但如果该命令从表面上看来便已显属非法，那么士兵也有同样的义务拒绝执行命令。这可能并不容易，也正是因为这个原因，思考应该如何量刑时，应该将士兵的困难处境作为减刑因素加以考虑。

如果士兵只应被视作机器人，那么便会出现以下这种情况：一个年轻的英国排长在敌方领土上战斗，他的上校命令他，将所有的妇女和儿童带入村里的教堂，将教堂用稻草填满，然后放火焚烧，正如德国人于1944年在格拉讷河畔奥拉杜尔镇所做的那样，对此，除了服从之外，他别无选择。我还没有遇到任何会毫不犹豫执行命令，并欣然面对后果的英国军官。

有趣且令人欣慰的是，那些正在组建德国新军队的人并没有对士兵的职责抱有如此野蛮的看法。

1914年版《军事法手册》的修订版姗姗来迟，它到底修正了哪些东西呢？其具体内容如下：

> 根据交战国政府或个别交战方的命令而违反战争规则的事实，并不能使有关行为失去战争罪的性质，也不能在原则上使行为人免受受害交战国的惩罚。毫无疑问，法庭在面对这种为战争罪行辩护而援引"上级命令"理由的情况时，必须考虑到这样一个事实，即服从并非显属违法的军事命令是武装部队每名成员的职责，而在战争纪律的条件下，不能指望士兵能够认真权衡所收到的命令的法律价值。然而，这个问题应遵循的主要原则是，武装部队成员必须只服从合法的命令，并且如果他们在服从命令的情况下做出的行为既违反了不容置疑的战争规则，又激起了人民公愤，他们就不能逃避责任。

诚然，这段话并没有用这么多字来说明对命令的合法性的无知是一种完全的法律辩护。然而，它向法院表明，他们不应将被告因上级命令而犯下的战争罪行定罪，除非他们能够确信他很清楚自己的行为既违反了无可争议的战争规则，又激起了人民公愤。据我所知，在英国战争罪行审判的大量案例中，没有任何一名法官或法律人员（没有法官时）未曾提醒法院要在确信被告已知命令违法之后再将其定罪。

因此，实际上，对命令非法性的无知确实提供了一种完整的辩护，遗憾的是1944年《军事法手册》的修订版并没有明确说明这一点。关于"上级命令"的抗辩理由，许多司法判决的普遍结果是，如果所涉及的命令已为被告所知非法，或者必须被推定为被告已知它非法，再或者它从表面上看来便已属非法，那么被告便不能凭借"上级命令"的抗辩理由为自己脱罪。

1942年2月，新加坡沦陷之后，遵照山下将军的命令，5000多名中国居民惨遭屠杀。该命令规定，所有在新加坡岛上怀有反日情绪的中国人都应被处死。这些命令得到了严格执行，毫无疑问，在下级指挥官们的心中，山下将军的这一命令一定"既违反了不容置疑的战争规则，又激起了人民公愤"。

在我看来，关于接受"上级命令不免责"抗辩理由的一项正确的法律解释是，对命令非法性的无知应该被视为一个合法的理由，但被告应有责任使法庭确信，按理来说，在所有考虑到的情况下，他都不可能知道该命令非法。这一抗辩理由在日本战争罪行的审判中曾被多次提出，虽然这一抗辩很少成功，但在许多案件中，它都曾作为一种减刑因素而被法庭接受。

1946年，在后泽贞一和其他一些人于新加坡受审时，英国军事法庭针对其中一些被告作出了以下判决：

> 千叶正美，你参与了本法庭所描述的恐怖场面，这一事实已经确凿无疑。但是，如若对你处以和你的上级官员相同的惩罚，则实属不公。经确认，本法庭的判决是，你将被监禁7年。

> 丹野、升三、矢部、仁一郎，本法庭认为你们的暴行是在上级军官的命令下实施的，但你们并不是不愿意施暴，也并不是不懂得施暴。因此，经确认，本法庭的判决是，你们将被监禁3年。

二、"军事必要性"的抗辩理由

在对德国和日本高级军官进行的审判中，这一抗辩理由经常出现。有人争辩道：由于战争的目的是打倒敌人，那么为了达到这一目的而采用的任何手段均属正当，包括在必要的情况下违反战争法，只要这种违法行为能够提供方法以逃避迫在眉睫的危险或来自敌方的压制即可。在战争史中，这个理论可以追溯到很久以前。它产生于战争不受战争法约束而只受战争惯例约束并得到认可的时代。它起源于德国，这并非毫无意义，尽管它并没有受到所有德国国际法制定者的赞同。其中一名叫作斯特拉普的国际法制定者曾如此评价这一理论："如果这种观点被视作正当，那么战争法将不复存在，因为它的每一条规则都有可能因违背军事需要而被宣布为无法施行。"

这位法官对冯·曼施坦因一案进行总结时说道："一旦战争惯例成为法律，它们就不能因必要性而被推翻，除非法律本身已为这种可能性作出规定。"

1947年，马场中将在拉包尔接受澳大利亚军事法庭的审判时提出辩护，他指出，1944年12月以及1945年5月，大约1000名英国和澳大利亚战俘从山打根的一个营地通过陆路撤离是"出于作战需要"。

第一次行军命令在马场接管婆罗洲之前便已经下达，但他承认他知道俘虏们身体状况很差，也曾下令对他们行军要经过的地区进行侦察。本书已在第八章中对此次行军作出描述，在这次行军途中，许多俘虏因不得不遭受的苦难而失去了生命。

1945年3月初，马场收到了一份关于这次行军的报告。然而，1945年5月，他还是下令要求剩余的540名俘虏按照同一路线撤离。事实证明，第二次进军比第一次更具灾难性。法院并未接受这一抗辩。

《海牙第四公约》的序言中明确指出，战争规则依军事需要而定，"《公约》的条款是出于在军事需要所许可的范围内[1]为减轻战争祸害的愿望而制定的"。

上述辩护不断遭到公认的国际法权威机构以及收到这一辩护的法庭的拒绝，然而审判冯·曼施坦因的法庭，曾就其焦土政策和破坏供应的指控接受了这一辩护。

1　原作者在此处使用了斜体。——译者注

三、游击战争

作为军事必要性抗辩理由的另一个例子，辩方在战争罪行审判中常常就游击战争问题作出争辩，他们说道：指挥官有权采取任何必要措施，以保护他的部队不受游击队、游击队员等的伤害，只要他不肆意采用武断的方法即可。此外，他们还指出，被占领土上的平民居民只有在保持和平态度的情况下才有权得到保护，如果个别居民对占领者采取敌对行动，后者可以要求前者提供帮助以防止此类情况再次发生。如果占领者得不到这种帮助，他便有权惩罚居民，以确保不再发生进一步的敌对行动。

关于义勇兵，辩方也提出了同样的意见，即他们无权根据战争法规或惯例接受任何形式的审判，且可以在被俘时受到枪决。

因此，我们有必要将交战各方非正规部队的情况纳入考虑。有时，在整场战争中，交战各方的武装力量只包含正规部队，但是，这种有非正规部队参与作战的情况也会时常发生。这些非正规部队可能分为两种：

> 1. 那些经交战方授权的部队，例如1940年在英国成立的地方志愿军，便构成了皇家武装部队的一部分。
>
> 2. 那些未经特别授权而自发建立、自给自足的部队。

自20世纪初以来，即便是后一类武装部队也一直享有交战各方武装部队成员应有的特权，无论其规模大小，只要它符合特定条件并以单位作战即可。

单独和共同拿起武器的个人仍有可能被当作战犯对待并遭到枪决，但这一结果只有经过一场真正的审判之后才能出现。

有时会发生以下这种情况，即当入侵的敌人接近时，交战一方会召集全体民众武装起来抗击敌人。在这种情况下，只要他们有一定的组织，并且遵守战争的法规和惯例，那么参加这种全民动员的战斗人员便能够享有武装部队成员应有的特权。这种全民动员甚至可能是自发的，因为当一片尚未被占领的领土上的人民拿起武器抵抗入侵的敌人时，他们没有时间在负责任的指挥官手下组织起来，也没有时间遵守上述条件。这些人同样享有武装部队的特权，只要他们公开携带武器，并在其他方面遵守战争法规和惯例即可。

在冯·曼施坦因案中，控方辩称：事实上，辩方所提供的证据已经非常清楚地表明，苏联在这次入侵之初便组织了一次全民动员，因此，所有参与了此次动员的人都享有武装部队成员应有的特权，前提是他们遵守了相关要求，而他们是否做到了这一点则是一个应该对每名相关人员进行调查并纳入考量的问题。

我用斜体标出的文字至关重要。在冯·曼施坦因案中，所有此类人员都未经审判就被枪决，而这个人是否有权成为战俘，或者是否能够被当作战犯对待并受到枪决，都已无关紧要。此类人员是在被怀疑参与游击战争的情况下被逮捕的，这一事实本身不能基于其怀疑是正确的而变得合理。法庭在对人质审判的判决中如此评判这一问题：

> 怀疑是指指控者的心理状态，而不是指被指控者的心理状态或行为。在没有罪证的情况下"原告的心理应成为决定被告是否应被就地正法的决定因素"是一个荒谬的命题。

另外，还有一项关于鲁特的重要案件的判决。鲁特是纳粹党卫军的一名上将，他被指控对荷兰人民犯下大量罪行，其中包括把许多犹太人当作奴工送往德国，以及报复和杀害人质。他的案件在《战争犯罪法报告》第十四卷中有所记载。此案被提交至荷兰上诉法院，根据他们的裁决，占领者与被占区居民之间的关系应以下列原则为指导：

> 被占区居民应对占领者保持和平态度。但是，这不是一项法律义务，法律也不会阻止居民对占领者采取敌对行动。

这种情况的主要法律效力是，当居民采取敌对行动时，占领者必须履行遵守法律和战争惯例的义务，这些法律和惯例支配着他对居民做出的行为，正因如此，占领者也不得任意对居民进行报复。

根据规定，犯罪者应该受到公正的审判，其辩护权应得到充分的保护，其罪行的性质以及其犯罪的程度也都应纳入考量，审判者不得对其施加与其罪行不符的过重惩罚。

例如，在苏联，义勇兵、恐怖分子、游击队员和游击队，他们中的每一个人都有权接受他从未受到的审判。法官在法庭上如此说道：

显而易见，苏联人惯于开展大规模的游击战争。而同样清楚的则是，这对德军构成了持续不断的威胁。任何能被证明以游击队员身份活动的人，都不得要求享有战俘身份。这预先假定了某种形式的审判，就像在间谍案件中一样，指挥官说他没有时间接受审判是没有用的。战争规则不能仅仅因为不便于遵守就遭到忽视。

在马尼拉及其周边地区，数百名游击队员未经任何形式的审判就被处决。毋庸置疑，这一行为已经构成了战争罪行。

四、"合法报复"的抗辩理由

这一理由包含两个方面：它可以用来为交战方之间原本不合法的行为进行辩护；也可以被引述为占领者对被占区居民采取的非法措施的正当理由。《日内瓦战俘公约》的第二条规定，禁止对战俘进行报复。

在第二次世界大战期间，德国和日本的武装部队经常对被占领区的大量居民进行可怕的报复。也许最广为人知的便是以下3次报复行动：一是对格拉讷河畔奥拉杜尔镇上几乎所有居民的屠杀，这场屠杀被视为对约50英里外一名德国通信兵遭到射杀的报复；二是对捷克斯洛伐克利迪策村所有居民的杀害，这是对海德里希遭到谋杀的报复；三是当时的德国驻意大利最高指挥官阿尔伯特·凯塞林元帅奉希特勒之命，在罗马附近的阿尔帖亭洞窟报复性杀害了300余名俘虏。

在战争后期的最后几个月里，缅甸发生了许多类似的报复行动，这些行动针对的是那些被认为向英国伞兵和缅甸游击队提供了援助的村庄居民。

人质和出于报复原因被捕的俘虏之间是有区别的，尽管受害者对此毫无兴趣。前者被拘留是为了用他们的生命来保证他们所属社区未来的良好行为；而后者则会在某些事件已经发生之后遭到逮捕，并以反击或报复的方式受到处决。在这两种情况下，无辜的受害者皆因他人的罪行而丧失生命。

虽然在1949年《日内瓦公约》缔结之前，国际法允许在某些情况下扣留人质，但是除了那些正在被确定为死罪的情况之外，这些人质之后受到的处决显然被1907年《海牙公约》的第50条所禁止，该条规定："不得因个人行为，而对种群施以罚款或其他形式的集体惩罚，种群对个人的行为并不承担连带责任。"

在第二次世界大战期间以及1949年《日内瓦公约》缔结之前存在的国际法中，关于报复的内容可以表述如下：报复行为应该在进行调查并做出真正的努力以逮捕那些对能够证明报复合理的事件负有责任的人之后进行。报复行为决不能过于极端，也不应该超过敌人的侵犯程度。

德国人经常发出这样的命令：每当有一名德国士兵或平民遭到杀害，就将有100名从事发地点被带走的士兵受到射杀。如果有几名士兵或平民被杀或受伤，那么该地的所有男子都将被枪毙，该地将被放火焚烧，该地的妇女和儿童则将被拘留在集中营里。

当一支日本部队被派去对卡拉贡村的居民进行报复时，指挥官被授予了在必要时"杀死所有居民"的权力。

这种命令显然违反了公认的国际法。日方肆意报复，没有采取任何适当措施发现犯罪者，其报复的严重程度也远远超过了适当或必要的范围。它们不是国际法学家们所理解的真正的报复。它们是野蛮的、不分青红皂白的复仇行为，既违反了不容置疑的战争规则，也激起了人民公愤。

专有名词对照表

人名

安东尼·海德	Anthony Head
李顿	Lytton
冯·里宾特洛甫	Von Ribbentrop
斯塔默	Starmer
格鲁	Grew
艾登	Eden
杜利特	Doolittle
怀尔德	Wild
C.H.卡佩	C. H. Kappe
斯蒂德汉姆	Stidham
斯切瓦	Sceiva
科祖克	Kozuch
艾尔斯	Ayres
黑尔	Hale
范·德卢特	van der Loot
博特里尔	Botterill
汉弗莱斯	Humphries
威尔金森	Wilkinson
泰特	Tait
皮茨	Pitts
布莱克本	Blackburn

瑟尔	Searle
珀西瓦尔	Percival
路易斯·希思	Louis Heath
温莱特	Wainwright
考克斯	Cox
莫汉·辛格	Mohan Singh
阿里·海德尔	Ali Haider
贾马达尔·莫汉·辛格	Jamadar Mohan Singh
穆罕默德·丁	Mahomed Din
克劳斯	Croes
斯托尔兹	Stolz
沃斯	Voss
沃尔夫	Wolff
斯米特	Smit
刘易斯	Lewis
南宁	Nanning
威尔金森	Wilkinson
多兹	Dodds
厄舍	Usher
蒙哥马利	A. J. Montgomery
马弗里克	Maverick
亨伯	Humber
登克尔	Dencker
奈德林格	Nerdlinger
克利夫兰	Cleveland
斯佩克	Speck
沃尔什	Walsh
欣奇克利夫	Hinchcliffe

温顿	Weynton
米尔斯	Mills
斯莫尔	Small
马修斯	Matthews
威尔斯	Wells
泰勒	Taylor
梅弗	Mavor
雷泽	Reither
普林斯	Prins
艾肯斯	Eikens
舒德布姆	Schuddeboom
西尔维娅·萨尔维森	Sylvia Salvesen
吉登	Tjideng
克拉玛特	Kramat
莫里斯	Morris
理查森	Richardson
沃克	Walker
休森	Hughson
迪尔	Deal
赫斯	Hess
麦克杜格尔	McDougall
苏厄德	L. A. Seward
金	King
派尔	Pyle
巴特勒	Butler
昌吉·拉姆	Chandgi Ram
奥雷利奥·阿尔塔乔	Aurelio Artacho
卢卡斯·多克托莱罗	Lucas Doctolero

卢莱	Lou Lai
迪克森	M. J. Dickson
卡迪卡素	Kathigasu
斯特拉普	Strupp
鲁特	Rauter
东条英机	Tojo Hideki
裕仁天皇	Emperor Hirohito
田村	Tamura
丰田	Toyoda
大川	Okawa
田中	Tanaka
币原	Shidehara
桥本	Hashimoto
滨口	Hamaguchi
宇垣	Ugaki
若槻	Wakatsu ki
重光	Shigemitzu
板垣	Itagaki
森岛	Morishima
花谷	Hanaya
南次郎	Minami Jiro
犬养毅	Tusyoshi Lnukai
荒木贞夫	Araki Sadao
广田弘毅	Hirota Koki
林铣十郎	Senjuro Hoyashi
大岛浩	Hiroshi Oshima
东乡茂德	Shigenori Togo
白鸟敏夫	Shiratori Toshio

平沼骐一郎	Kiichiro Hiranuma
有田	Arita
阿部信行	Nobuyuki Abe
野村	Nomura
吉三郎	Kichisaburo
米内光政	Mitsumasa Yonai
重光葵	Shigemitsu Mamoru
佐藤贤了	Sato Kenryo
木户幸一	Kido Koichi
近卫文麿	Fumimaro Konoe
来栖三郎	Kurusu Saburo
松冈洋右	Matsuoka Yosuke
科德尔·赫尔	Cordell Hull
小矶	Koiso
松井	Matsui
畑俊六	Hata
梅津	Umezu
斋藤	Saito
冈本	Okamoto
黑川	Kurokawa
西口	Nishiguchi
八幡	Yawata
驹井	Komai
清水	Shimizu
寺内	Terauchi
福田	Fukuda
工藤	Kudo
小野寺	Onodera

若松	Wakamatsu
杉山	Sugiyma
畠山	Hatakiyama
中川	Nakagawa
林	Hayashi
立花	Tachibana
榊原	Sakibara
伊藤	Ito
安倍	Abe
佐藤	Sato
齐藤	Saito
小原	Kohara
小村	Kohara
高村	Takamura
和田	Wado
富永	Tominaga
阿南	Anami
栗岛	Kurishima
森	Mori
本间	Homma
村田	Murata
细谷	Hosotani
片山	Katayama
冈村	Okamura
渡边	Watanabe
田中	Tanakua
木村	Kimura
樫山	Kasiyama

植村	Uemura
今村	Imamura
须沢	Suzawa
五泽	Gozawa
久保田	Kobuta
吉田	Yoshida
中井	Nakai
宇城	Uki
星岛	Hoshigima
须贺	Suga
冈原	Okahara
百吉	Morotiki
马场	Baba
高仓	Takakura
铃木	Suzuki
高须	Takasu
左近允尚正	Sakonju Naomosa
黛治夫	Mayuzumi Harus
岛内	Shimanuchi
格林	P. J. Green
永井	Nagai
三池	Mii
石原	Ishihara
谷	Tani
大塚	Otsuka
坂部	Sakabe
堀江	Horie
加藤	Kato

寺木	Teraki
久松	Hisamatsu
杉田	Sugita
山口	Yamaguchi
山本	Yamamoto
山口洋	Singkawang
冈岛	Okajima
吉村	Yoshimura
长野	Nagano
后泽贞一	Gozawa Sadachi
千叶正美	Chiba Masami
丹野	Tanno
升三	Shozo
仁一郎	Jinichiro

地名

符拉迪沃斯托克	Viadivostok
巴东勿刹	Padang Besar
本州岛	Island of Houshu
毛淡棉市	Moulmein
阿拉干	Arakan
堤岸区	Cholon
樟宜	Changi
下缅甸	Lower Burma
皮蓬	Pypon
渺弥亚	Myaungnya
萨拉马瓦	Salamua
莫尔兹比	Moresby

丹那沙林	Tenasserim
耶城	Ye
班蓬	Bangpong
丹彪扎亚	Thanbuyazat
下尼基营	Lower Niki
班松卡里亚	Sonkurai
梅泽利营	Mezali
尼基营	Niki Camp
拉哈	Laha
托尔	Tol
沃加沃加	Waga Waga
利里希	Lillihi
阿希奥马	Ahioma
夸贾林环礁岛	Kwajalein
打拉根	Tarakan
普林塞萨港	Puerto Princesa
巴拉望岛	Palawan Island
吴港	Kure
丸海	Maruumi
门司	Moji
京那巴鲁山	Kimabula
拉卜	Labuk
拉哈特	Lahat
摩鹿加群岛	Moluccas
塞兰岛	Seram
安汶岛	Ambon
泗水	Sourabaya
哈鲁库岛	Haroekoe

花拉公园	Farrior's Park
樟宜监狱	Changi Gaol
巴伯尔图阿普岛	the island of Babel Thuap
哥打塔雷	Kota Thare
琼瓦战俘营	Chungwa Camp
松艾格鲁战俘营	Soengei Geru Camp
帕拉尼亚克	Paranque
达沃流放地	Davao Penal Colony
比利比德监狱	Bilibid Prison
福冈	Fukuoka
九州岛	Kyushu
纳闽岛	Labuan
马达山镇	Brastagi
棉兰	Medan
瓜廖尔	Gwalio
德里	Delhi
特鲁克岛	Truk
迪耶果苏瓦雷斯港	Diego-Suarez
科伦坡	Colombo
亚丁	Aden
槟城	Penang
班卡海峡	Banka Straits
科科斯群岛	Cocos Islands
孟买	Bombay
坎多克	Khandok
坎安盖	Canangay
婆罗洲	Borneo
巴厘巴板	Balikpapan

托塔比尔	Totabil
苏耶吉泰	Suyeyoshi Tai
布纳	Buna
炽布	Tjepu
布洛拉	Blora
丹戎巴葛	Tanjong Pagar
布拉坎马蒂岛	Blakan Mati
惹兰勿刹区	Jalan Besar
马塔伊坎	Mata Ikan
塔纳马什	Tana Marsh
乌德路	Ord Road
帕拉迪斯	Le Paradis
桑巴伊卡特	Samba Ikat
艾米塔	Ermita
万岁桥	Banzai Bridge
丹萨兰城	Dansalan City
古打毛律	Kota Bolud
曼塔那尼岛	Mantanani Island
曼格鲁姆岛	Mangolum
乌达尔岛	Udar
东万律	Mandor
双溪杜瑞	Sunggei Durian
卡塔邦	Katapang
罗昂岛	Loeang
塞尔马塔岛	Sermata
摩瓦岛	Moa
阿特萨贝	Atsabe
卡特莱	Katrai

利利霍尔村	Lilihoa
西万达拉村	Wandala West
多巴杜拉	Dobadura
波宾德塔	Popindetta
哈鲁鲁	Haruru
塔西姆博科村	Tasimboko
卡拉贡	Kalagon
哈夫洛克岛	Havelock
泰木里岛	Taimugli
坎贝尔	Campbell
金马仑高原	Cameron Highlands
戈浜	Gopang
波普	Popan
怡保	Ipoh
瓢虫岛	Ladybird
班乃岛	Panay

机关机构

东京偕行社	Tokyo Army Club
后方司令部	Rear Headquarters
荷属印度群岛政府信息服务处	Netherlands Indies Government Information Service
直落古楼英文学院	the Teluk Kuran English School
上议院	House of Lords
联合国战争罪行调查委员会	United Nations War Crimes Commission

武器装备

"神风"号	Kamikaze
里斯本丸	Lisbon Maru
新加坡丸	Singapore Maru
马洛斯丸	Maros Maru
甘木丸	Amagi Maru
明丸	Ake Maru
"青叶"号	Aoba
"利根"号	Tone
"筑摩"号	Chikuma
泰晤士丸	Thames Maru
鸭绿丸	Oryoku Maru
巴西丸	Brazil Maru
江之浦丸	Enoura Maru
"黛西·莫勒"号	SS Daisy Moller
"英国骑士"号	SS British Chivalry
"萨特利"号	MV Sutley
"阿斯科特"号	SS Ascot
"毕哈尔"号	MV Behar
"南希·莫勒"号	SS Nancy Moller
"吉萨拉克"号	SS Tjisolak
"让·尼克莱特"号	SS Jean Nicolet
"约翰·A.约翰逊"号	SS John A. Johnson
"斯特拉特·索恩达"号	MV Straat Soenda
"霍克希"号	HMS Hoxa

军衔封号

陆军元帅	Field−Marshal

上校/大佐	Colonel
少校/少佐	Major
男爵	Baron
伯爵	Earl
少将	Rear Admiral
下士	Lance–Corporal

缩略语及其他称谓

大英帝国司令勋章获得者	CBE
军功十字勋章获得者	MC
远东国际军事法庭	IMTFE
纽伦堡国际军事法庭	IMT

译者后记

历经数月，《对审判的审判：罗素勋爵眼中的日军战争罪行》中译文终于定稿，作为译者，内心的激动与欣喜自然无需言表；同时，书中记载的日本军国主义犯下的令人触目惊心的暴行也久久萦绕在心头，挥之不去。

本书内容丰富、资料翔实、条理清晰、例证真切，是一本对日本战争罪行进行了准确描述的经典巨著。1931年至1945年间，日本军队在一个又一个战败国横冲直撞，处决平民，掠夺城市，屠杀俘虏，残酷剥削战俘和当地居民。这本精心构建的历史著作记录了这段残酷的霸行，客观地审视了个人罪行，并详细描述了日本对公认的人道主义原则前所未有的漠视背后的原因。同时，从这本书里我们还可以看到日军多种多样的惨无人道、灭绝人性的残暴罪行，其杀人手法种类之多，简直是无奇不有。他们蹂躏、虐待并处死包括老弱妇孺在内的平民以及手无寸铁的战俘，并且无所不用其极地对他们进行身体和精神上的双重凌辱。这不仅是一份对日军暴行进行全面控诉的档案资料，还是一份详细且严谨的研究文献，它揭示了第二次世界大战中最令人不安的部分事件。化用梅汝璈先生对本书姊妹篇《卍字旗下的灾祸》的评价：我们应该肯定，本书是叙述日本军国主义在整个第二次世界大战期间对各国人民所犯战争罪行的一本比较全面、完整且系统的著作。

翻译这样一本著作，是一个不小的挑战。面对第二次世界大战后盟国国际法庭和各国国内法庭对于日军大小战犯的浩如烟海的审判文件和记录，本书作者罗素勋爵以敏锐的思维、坚韧的毅力最终完成了这样一部记录日军战争罪行的全面且有重点的著作。然而，原著中出现的数以百计的人名、地名以及各类专有名词已然令译者眼花缭乱，幸得数位朋友、老师的帮助，同时借助于丰富的网络资料，通过多方查找、反复搜索，终得一一解决。在此，谨向诸位师友致以诚挚的感谢。

本书中也曾提到，日本军队在对中国的战争中表现得相当残暴，这是一场旨在"惩罚中国人民"的战争。1937年12月的南京大屠杀只是日本人对被征服的中国人犯下的一系列骇人听闻的暴行中的一个例子。值此中国人民反法西斯战争暨世界反法西斯战争胜利77周年之际，希望这本书的出版能够为我国的二战历史研究提供一点参考，为国人更为细致地了解二战历史做出一点贡献。

当然，铭记这段日军犯下的滔天罪行，不是为了铭记仇恨，而是在当下面向未来，防止日本军国主义抬头，联合全世界爱好和平的人民，共同保持当下东亚来之不易的和平。任何人都清楚，只有和平安定的环境，才有个人的幸福。这种努力，不是政治家的本分，需要的是全世界人民的参与。

译者识

2022年11月20日

译者介绍

　　崔学森，博士毕业于北京大学，曾留学日本福冈教育大学、九州大学和东京大学，研究方向为中外关系史、当代日本政治与社会，现为大连外国语大学教授，出版学术专著《清廷制宪与明治日本》等，在《历史档案》《政法论坛》等国内外学术杂志上发表论文20余篇，翻译出版《哲学复兴的对话》《文艺复兴史》等著作10余部。

　　李应鹰，本科毕业于中央民族大学新闻学专业，硕士毕业于英国利兹大学企业传播、市场与公共关系专业，翻译出版《神圣罗马帝国》《圣殿骑士传奇》《西方民俗、童话及怪兽》等著作多部。